AF799114

VERÖFFENTLICHUNGEN DER

HISTORISCHEN KOMMISSION ZU BERLIN

BAND 81

Walter de Gruyter · Berlin · New York

1992

HANS HERZFELD

AUS DEN LEBENSERINNERUNGEN

Herausgegeben von

WILLY REAL

Walter de Gruyter · Berlin · New York

1992

Die Schriftenreihe der Historischen Kommission zu Berlin erscheint mit Unterstützung des Senators für Wissenschaft und Forschung, Berlin.

Lektorat der Schriftenreihe

Christian Schädlich

∞ Gedruckt auf säurefreiem Papier, das die US-ANSI-Norm über Haltbarkeit erfüllt.

Die Deutsche Bibliothek — CIP-Einheitsaufnahme

Herzfeld Hans:
Aus den Lebenserinnerungen / Hans Herzfeld. Hrsg. von Willy Real. — Berlin ; New York : de Gruyter, 1992
(Veröffentlichungen der Historischen Kommission zu Berlin ; Bd. 81)
ISBN 3-11-013520-5
NE: Real, Willy [Hrsg.] ; Herzfeld, Hans: [Sammlung] ; Historische Kommission <Berlin> : Veröffentlichungen der Historischen ...

© 1992 by Walter de Gruyter & Co., D-1000 Berlin 30

Dieses Werk einschließlich aller seiner Teile ist urheberrechtlich geschützt. Jede Verwertung außerhalb der engen Grenzen des Urheberrechtsgesetzes ist ohne Zustimmung des Verlages unzulässig und strafbar. Das gilt insbesondere für Vervielfältigungen, Übersetzungen, Mikroverfilmungen und die Einspeicherung und Verarbeitung in elektronischen Systemen.

Printed in Germany
Datenerfassung und Umbruch: Historische Kommission zu Berlin, Berlin.
Druck: Werner Hildebrand, Berlin.
Buchbinderische Verarbeitung: Lüderitz & Bauer, Berlin.
Das abgedruckte Foto von Hans Herzfeld befindet sich im Besitz von Frau Marie Clementine Herzfeld.

Hans Herzfeld
(Ende 1920 in Halle)

GELEITWORT

Mit dem Band *Aus den Lebenserinnerungen* Hans Herzfelds legt die Historische Kommission zu Berlin zu dessen 100. Geburtstag am 22. Juni 1992 ein Werk vor, mit dem sie auch eine Dankesschuld an ihren Initiator, Gründer und langjährigen 1. Vorsitzenden (1959–1978) abtragen will.

Die Memoiren sind zwar zunächst in „erster Linie" für seinen „Jungen" – seinen Sohn Frank Herzfeld – geschrieben worden. Spätere Korrekturen – vor allem in den Kapiteln über die Untersuchungshaft 1943 – wie auch der in der Einleitung geäußerte Wunsch, durch die „bewußte Pflege der Erinnerung" einer Vertiefung der Kluft zwischen den Generationen entgegenzuwirken, weisen jedoch darauf hin, daß Herzfeld selbst eine spätere Veröffentlichung des Werkes, das ein Torso geblieben ist, nicht grundsätzlich ablehnte.

Die *Erinnerungen* ersetzen keine Biographie Hans Herzfelds, für die sich wesentliches Material in seinem Nachlaß im Bundesarchiv Koblenz finden ließe, oder gar eine Einordnung und Interpretation seines wissenschaftlichen Werkes.[1] Sie geben jedoch Einblick in die Herkunft und die Lebens- und Gedankenwelt eines der profiliertesten deutschen Historiker seiner Zeit und haben zudem auch als Berichte eines scharf beobachtenden Zeitzeugen Quellencharakter. Insbesondere in der Darstellung seiner Jugend und Studentenzeit erfährt man mehr über das Leben eines Sohnes aus gebildetem Bürgerhaus vor dem Ersten Weltkrieg als in manchem historischen Werk. Und die präzise Wiedergabe der Verhöre, denen sich Herzfeld bei seiner Verhaftung durch die Gestapo 1943 in den berüchtigten Gefängnissen des Dritten Reiches am Alexanderplatz und in der Lehrter Straße in Berlin unterziehen mußte, gibt tiefen Einblick in die Schrecken der Zeit.

[1] Vgl. dazu als ersten Versuch Gerhard A. Ritter, *Hans Herzfeld. Persönlichkeit und Werk*, in: Otto Büsch (Hrsg.), *Hans Herzfeld. Persönlichkeit und Werk*, Berlin 1983, S. 13–91.

Neben den Lebenserinnerungen Hans Herzfelds enthält dieser Band das Faksimile eines Erlasses des Reichsministers und Chefs der Reichskanzlei Heinrich Lammers vom 16. Dezember 1937, in dem Herzfeld die Veröffentlichung seines großen Werkes über den nationalliberalen Parteiführer und späteren preußischen Finanzminister Johannes von Miquel gestattet wird, aber gleichzeitig zur Bedingung gemacht wird, daß er keinerlei Hinweise auf die von ihm benutzten amtlichen Akten der Reichskanzlei machen dürfe. Der Grund für diese Auflage, die den anderen Reichsministern und preußischen Ministern unter Verweis auf eine Anordnung Hitlers mit der Bitte um gleiches Verfahren mitgeteilt wurde, lag in der „nichtarischen" Abstammung Herzfelds, dem wegen seines „jüdischen" Großvaters wenig später, 1938, die Lehrbefugnis entzogen und die Führung des Professorentitels untersagt wurde.[2] Der Erlaß erklärt die undurchsichtige Stelle im Vorwort der Miquel-Biographie, in der einerseits erwähnt wird, daß für die Jahre der Tätigkeit Miquels als preußischer Finanzminister nach 1890 die Forschungsarbeit „über den begrenzten Inhalt des persönlichen Nachlasses hinaus die Grundlagen für eine geschichtliche Darstellung der innenpolitischen Entwicklung des Neuen Kurses wesentlich" erweitern konnte, und andererseits bemerkt wird, daß der Anmerkungsapparat des Buches „auf die Nachweise aufgrund des Miquelschen Nachlasses und die Belege nach der gedruckten Literatur beschränkt bleiben" mußte.[3] Er ist aber auch ein Beispiel dafür, bis in welche administrativen Details sich Hitler einmischte, wenn es um die Benachteiligung von „Nicht-Ariern" ging.

Die Historische Kommission dankt Willy Real, einem der Schüler Herzfelds aus seiner Lehrtätigkeit in Halle in den 1930er Jahren, für die mühselige Arbeit der Herausgabe des Manuskripts, Marie Clementine Herzfeld für die Erinnerungen an ihren Mann, die vor allem dessen Jugend in Halle lebendig werden lassen, und Thomas Jersch für die Überlassung des von ihm aufgefundenen Schreibens von Lammers.

Gerhard A. Ritter

[2] Ministerialerlaß des Reichs- und Preußischen Ministeriums für Wissenschaft, Erziehung und Volksbildung vom 15. Juni 1938. Vgl. dazu G. A. Ritter, *Hans Herzfeld...*, S. 37, 90 f.

[3] Hans Herzfeld, *Johannes von Miquel. Sein Anteil am Ausbau des Deutschen Reiches bis zur Jahrhundertwende*, 2 Bde., Detmold 1938, S. XIV.

VORWORT

Die Lebenserinnerungen eines Zeitzeugen wie Hans Herzfeld, der mit einem untrüglichen Sinn für die geschichtliche Bedeutsamkeit der von ihm durchlebten Jahrzehnte ausgestattet war und mit einer stets sachgerechten Beharrlichkeit die Hand am Pulsschlag der Zeit gehalten hat, dürften weit über die engere Fachwelt hinaus von allgemeinerem Interesse sein. Ich habe den Auftrag der Historischen Kommission zu Berlin dankbar entgegengenommen, die Herausgabe vorzubereiten und damit meinerseits meinem Lehrer einen kleinen Dank abzustatten, bei dem ich im Sommer-Semester 1930 die erste Vorlesungsstunde über „Russische Geschichte von den Anfängen bis zur Gegenwart" gehört habe. Ich habe seitdem die menschlichen und wissenschaftlichen Spuren seines langen Lebens mit besonderer Anteilnahme verfolgt, und somit schließt sich der Kreis der mehr als ein halbes Jahrhundert dauernden Verbindung in beglückender Weise. Ich danke seiner Frau Marie Clementine Herzfeld, seinem Sohn Professor Frank Herzfeld, Frau Dr. Irmgard Kamlah, seiner einstigen Schülerin, und so manchen Freunden und Kollegen für die zahlreichen Auskünfte, die für die Anmerkungen erforderlich waren. Insbesondere danke ich auch der Historischen Kommission zu Berlin für die Bereitschaft, das Erinnerungswerk in ihr Publikationsprogramm aufzunehmen.

Bonn-Bad Godesberg,
im April 1992 *Willy Real*

INHALT

EINLEITUNG

Die Lebenserinnerungen bedeutender Menschen haben bei den Zeitgenossen wie bei den Nachfahren stets ein vielfältiges Echo gefunden. Niedergeschrieben aus dem Blickwinkel persönlichen Erlebens, gewähren sie dem Leser einen Einblick in die Gedanken und Vorstellungen, in die Wünsche und Enttäuschungen menschlichen Daseins, und wenn sie angesichts der personalen Einmaligkeit des jeweiligen Autors zuweilen auch nicht frei sind von subjektiven und, das heißt doch wohl auch, einseitigen Eindrücken, so besteht ihr Reiz doch gerade darin, Anteil nehmen zu können an dem ganz anderen, letztlich fremden und geheimnisumwitterten Sosein menschlicher Existenz, die ihre inneren Fortifikationslinien dem aufmerksamen und interessierten Leser öffnet. Die menschliche Natur scheint darauf angelegt, die Wege der Mitmenschen zuweilen noch einmal zu gehen, prüfend und bewundernd, kritisch abwägend und sich selbst bestätigend, immer aber sich begreifend als nehmender und dankender Weggenosse. Die Neugier mag dabei das vordergründigste Motiv sein, sich mit den Erinnerungen eines Menschen zu beschäftigen; ein fachliches Informationsbedürfnis lotet sie schon tiefer aus, und die kritische Würdigung schließlich wird bemüht sein, sachliche Irrtümer aufzuhellen und fehlgesetzte Akzente zurechtzurücken.

Dennoch sollten wir uns hüten, gerade mit diesem letzteren Anliegen, gleichsam auf der Jagd nach Fehlern und Ungereimtheiten, uns einem Werk der Memoirenliteratur zu nähern. Derlei Werke stellen jeweils für sich ein geschlossenes Ganzes dar. Sie wollen nach anderen Kategorien und mit anderen Maßstäben gemessen werden als historisch-kritische Ausgaben der Werke unserer Dichter und Denker. Sie sind in sich „wahr", auch wenn es zuweilen ein Leichtes ist, diese oder jene Einzelheit als unzutreffend zu vermerken. Das gilt von Bismarcks Erinnerungswerk, aus dem doch das Gesamtbild einer Persönlichkeit uns entgegentritt, wie es in den großen Biographien bestätigt wird, wie auch von Friedrich Meineckes Erinnerungsbüchern von 1941 beziehungsweise 1949 oder von Peter Wusts *Gestalten und*

Gedanken von 1940, und es gilt naturgemäß in besonderem Maße für die „Erinnerungen" all derer, die in unserem Jahrhundert an mitentscheidender Stelle auf der Ebene des Politischen, Militärischen, Wirtschaftlichen oder Gesellschaftlichen hervorgetreten sind. Für die Memoiren der Philosophen, der Dichter, der Gelehrten oder auch der Künstler drängt sich dabei freilich noch eine besondere Bemerkung auf. In ihnen geht es weniger um die Abfolge geschichtlich relevanter Tatbestände, um ein differenzierteres Wissen von politischen oder militärischen Ereignisketten oder um die Klärung sozialgeschichtlicher Einwirkungen auf die Mit- und Nachwelt, als vielmehr um die Persönlichkeit des Autors selber, um seine Einbettung in die ihn umgebenden engeren und weiteren Ordnungszusammenhänge und um seine Ausstrahlungskraft auf die Zeitgenossen, die sich in seinem Kraftfeld bewegten oder umgekehrt durch ihr Sosein ihn in seiner Entfaltung bereicherten. In ihren Erinnerungen spiegeln sich die Tendenzen ihres Zeitalters wider, die manchmal geheimen und sonst kaum wahrnehmbaren, zuweilen auch die offenkundigen, wenn auch seltener artikulierten Befunde der durchlebten Jahrzehnte, wie andererseits der Autor uns nacherleben läßt das Wachsen und Ausreifen seiner Persönlichkeit und ihre Teilhabe am Kräftespiel zeitimmanenter Prozesse, erwogen und dargestellt aus der Optik des eigenen Erlebens.

Diese Erwägungen mögen den Leser nachdenklich begleiten, wenn er sich den hier vorgelegten Lebenserinnerungen eines bedeutenden Gelehrten unseres Jahrhunderts nähert. Der jetzt im Bundesarchiv in Koblenz aufbewahrte Nachlaß des Berliner Historikers Hans Herzfeld enthält unter anderem ein umfangreiches, annähernd 700 Seiten umfassendes Typoskript der bis zum Ende des Zweiten Weltkrieges reichenden Lebenserinnerungen, die oberhalb aller historischen Einzelvorgänge in gewisser Weise exemplarisch die Persönlichkeit eines Hochschullehrers erkennen lassen, der, aus dem Umkreis gepflegter Bürgerlichkeit hervorgegangen, noch entscheidende Eindrücke vom Universitätsleben der Kaiserzeit gewonnen, dann die Krise des Ersten Weltkrieges miterlebt, die Jahre der Weimarer Republik in sich aufgenommen und schließlich die nationalsozialistische Herrschaftsentartung bis zu ihrem Ende mit durchlitten hat. Einem kleinen Kreis von Freunden und Kollegen waren sie schon des längeren bekannt. Daß sie jetzt zu ihrem größeren Teil der interessierten Öffentlichkeit bekannt gemacht werden, ist nicht nur ein Ausdruck des Dankes gegenüber einem stets so hilfsbereiten Lehrer, einem so maßgeblichen Deuter der Geschichte der letzten hundert Jahre, gegenüber einem

Historiker, der sein Arbeitsrevier, die Nationalgeschichte des Bismarckreiches, immer eindringlicher auf welthistorische Aspekte ausgeweitet und auch als Wissenschaftsorganisator seinen Namen unverwischbar in die deutsche, namentlich die Berliner Bildungsgeschichte eingegraben hat.

Auch in seinen Erinnerungen spiegelt sich Herzfelds Persönlichkeit wider: In einem kultivierten Elternhaus wächst der sorgsam behütete Knabe auf; in frühen Jahren schon verliert er seine Mutter; der frohe und stets wohlgemute Wandervogel lernt die Schönheiten der Natur kennen und lieben. Nach dem Besuch des humanistischen Gymnasiums der Franckeschen Stiftungen erkennt der stets so aufnahmebereite Student vor dem Hintergrund breitgefächerter Studienmöglichkeiten in Halle und Freiburg, was die Historie ihm an Bildungs- und Erlebniswerten zu vermitteln hat. Der als Kriegsfreiwilliger an der Ost- und Westfront bewährte Soldat lernt die Grenzsituationen menschlicher Existenz ebenso kennen wie die Nöte langer Kriegsgefangenschaft. In den Jahren nach dem Ersten Weltkrieg sucht er nach den tieferen Ursachen des deutschen Zusammenbruches, begründet und festigt er als junger Dozent der neueren Geschichte in seiner Heimatstadt Halle sein Ansehen in der wissenschaftlichen Welt und weist mit einer monumentalen Miquel-Biographie neue und bis heute unverzichtbare Wege zu einem Verständnis des Kaiserreiches. Dann wird er ein Opfer nationalsozialistischer Willkürherrschaft. Als Enkel des zwar getauften, aber seine jüdische Abstammung nicht verleugnenden Geheimen Justizrats Ludwig Herzfeld, eines Ehrenbürgers der Städte Sprottau und Halle und Trägers des Roten Adlerordens, wird ihm im Sommer 1938 die Lehrbefugnis entzogen. Er verliert Amt und Titel.

In der bergenden Anonymität der Kriegsgeschichtlichen Forschungsanstalt des Heeres findet er zunächst eine Möglichkeit weiteren Arbeitens. Zwar fehlt ihm hier die tägliche Zwiesprache mit seinen Schülern und damit das Echo seines Wirkens, aber er liegt nicht völlig brach. Dann aber, auf der Höhe des Zweiten Weltkrieges, gerät er unerbittlich in die Fallgruben der Machthaber jener Jahre. Gespräche mit Frau Dr. Irmgard Kamlah, einer seiner Schülerinnen, die sich mit der allgemeinen Kriegslage und den Möglichkeiten einer Weiterentwicklung befaßten, werden von einem karrierebewußten Zeitgenossen denunziatorisch weitergeleitet. Seit dem 15. Februar 1943 befindet er sich in Untersuchungshaft, und am 22. Februar wird er in das Gefängnis in der Lehrter Straße in Berlin überführt; jedoch sieht sich der Generalstaatsanwalt beim Berliner Kammergericht in der Lage, das gegen ihn eingeleitete Ermittlungsverfahren wegen staatsfeindlicher Äußerungen am 25. März einzustellen. Sechs und eine halbe Woche war Herzfeld inhaftiert. Am 30. März 1943 wird er entlassen. Frau Kamlah, am 11. Februar verhaftet, sieht nach etwas mehr als einem Jahr, am 22. Februar 1944 die Freiheit wieder.

Man hätte annehmen können, daß Herzfeld nunmehr wieder ungestört hätte arbeiten können. Tatsächlich veranlaßt Wolfgang Foerster, der Präsident der Kriegsgeschichtlichen Forschungsanstalt, seine Wiedereinstellung. Doch bereits im Juli wurde er von der Gestapo gezwungen, seinen Mitarbeiter, der bereits zur Zeit seiner Verhaftung entlassen worden war, umgehend erneut zu entlassen.

So war er von diesem Zeitpunkt an zunächst ohne jede dienstliche Stellung, bis er am 20. Februar 1946 endlich zum beamteten Dozenten der Geschichte an der Universität Freiburg ernannt wurde.

Die Freiburger Jahre waren beglückend und enttäuschend zugleich. Seine Stellung begann erst allmählich festere und in die Zukunft weisende Formen anzunehmen. Lange galt es für ihn, abzuwägen zwischen den aussichtsreichen, jedoch keineswegs sicheren Verlokkungen der Universität Würzburg und der wohl doch sich stabilisierenden Stellung an der ihm vertrauten Universität des Schwarzwaldes. Ein Übermaß an Arbeit kam auf ihn zu. Neben dem akademischen Unterricht waren es Vortragsreisen, Historikertagungen, Umschulungskurse auf verschiedenen Ebenen, die ihm für eigene Forschungen nur sehr begrenzt Zeit ließen. Vor allem aber waren es die ungezählten, Zeit und Nerven raubenden Pflichten des Werktags, die ihn wie alle Zeitgenossen in den ersten Nachkriegsjahren oft zu lähmen drohten, wo es doch galt, die vordergründigen Sorgen für den engsten Kreis der Familie zu bannen. Für Hans Herzfeld kam insbesondere hinzu, hin- und hergerissen zu werden zwischen Hoffnung und Verzagtheit angesichts der über mehrere Jahre sich hinziehenden Krankheit seiner Frau, bevor sie im Frühjahr 1947 aus dieser Zeitlichkeit abberufen wurde. In dieser so schwierigen Gesamtsituation sein Leben zu gestalten, auszubauen, die Zukunft ins Auge zu fassen, ist nicht die geringste Leistung des damals mehr als fünfzigjährigen Hans Herzfeld. Daß er dabei oft von Freunden, Kollegen und Schülern ermutigt und unterstützt wurde, hat er stets dankbar verzeichnet.

Dann endlich lenkte ein freundliches Schicksal seinen Lebensweg wieder in glücklichere Bahnen. Bei Friedrich Meinecke hatte er einst die entscheidenden Eindrücke gewonnen. Bei ihm wurde ihm klar, daß die Aufgabe des Historikers sich nicht darin erschöpfen konnte, die Kette der geschichtlich relevanten Ereignisse zu sichten, zu überprüfen, zu sichern und aneinanderzureihen. Die Ehrfurcht vor dem Buchstaben des Textes und die Fixierung der Jahreszahl waren für ihn nur die unverzichtbaren Voraussetzungen, um zum Eigentlichen und Wesentlichen vorzudringen, nämlich geschichtliche Zusammenhänge aufzudecken und die Vorgänge einzubetten in das Geflecht größerer, letztlich universalhistorischer Ereignisebenen. Da er mit einem feinen Gespür für die geschichtliche Bedeutung sich anbahnender Ereignisse ausgestattet war, waren es die Fragen der großen Politik, die ihn nachhaltig beschäftigten. In diesem Sinne ist er seit der ersten Begegnung mit Friedrich Meinecke stets ein politischer Historiker gewesen. Sein Lehrer ist es dann auch vor allem gewesen, der ihn auf die Möglichkeiten hinwies, die sich für einen Historiker seines Ranges auf einem Lehrstuhl der Freien Universität in Berlin ergaben. Er hat ihm den Weg dorthin geebnet, und so beginnt im Sommer 1950 seine letzte große Schaffensperiode auf dem Lehrstuhl für Geschichte jenes Seminars, das fortan den Namen seines Lehrers tragen sollte. Durchdrungen von der Geschichtstiefe der selbst erlebten Jahrzehnte erkennt er hier immer deutlicher, wie die während des Ersten Weltkrieges oder kurz nach ihm Geborenen keine konkrete Anschauung von dem haben können, was für die Generation der Väter von Bedeutung gewesen ist. Und eben deshalb kommt es nach seinen eigenen Worten darauf an, durch bewußte Pflege der Erinnerung zu verhüten, „daß der seit langem deutliche Bruch zwischen den Generationen sich schicksalhaft weiter vertieft".

Die ständige Bereitschaft, sich und sein Werk zu überprüfen, die Kategorien, in denen er groß geworden war – das junge Reich als Nationalstaat, geschaffen auf der Basis des preußischen Rechts- und Machtstaates –, immer wieder in Frage zu stellen, angelsächsische, ja weltumfassende Aspekte in sein Geschichtsdenken mit einzubeziehen, war keine Entfremdung von seinen Ausgangspositionen, sondern die Einsicht in die Notwendigkeit, die Geschichte unseres Zeitalters als ein universales Geschehen zu begreifen. Das konnte nach seiner Überzeugung nirgends so umfassend möglich sein wie in dem Berlin der ersten Nachkriegsjahrzehnte, jenem Schmelztiegel aller Kräfte und Tendenzen, die jedermann aufriefen, sein eigenes Dasein stets erneut zu überprüfen und zu ordnen. Das war auch der Ertrag von Herzfelds Berliner Jahren, in denen er sich bemühte, die zeitgeschichtlichen Probleme vom Friedrich-Meinecke-Institut, vom

Deutschen Institut für Urbanistik und nicht zuletzt von der Historischen Kommission zu Berlin aus in immer weiteren konzentrischen Kreisen zu analysieren und tragfähige Interpretationen zu suchen. Das Berlin der Nachkriegszeit war Mittel- und Ausgangspunkt aller Überlegungen Herzfelds, der das Glück und Leid des Zeitalters stets wie selbsterlebtes Glück und selbsterlebtes Leid empfunden hat. Ihn mußte es geradezu drängen, durch die Niederschrift seiner Lebenserinnerungen selbst einen Beitrag zu leisten, um – mit den Worten Schillers zu sprechen – an dieser unvergänglichen Kette, die durch alle Menschengeschlechter sich windet, auch sein fliehendes Dasein zu befestigen.

Während der Untersuchungshaft im Berliner Polizeigefängnis, wo er sich dem Vorwurf staatsfeindlicher Erörterungen wehrmachtzersetzenden Charakters ausgesetzt sah, ist in ihm der Plan entstanden, seine Erinnerungen niederzuschreiben. Aufgewachsen in der freien Luft einer mitteldeutschen Universitätsstadt der Kaiserzeit, ist ihm, sich schon andeutend im Ersten Weltkriege, immer mehr bewußt geworden, wie schwankend doch der Boden war, auf dem es sich bis dahin so behaglich hatte leben lassen. Die düsteren Zukunftsvisionen einzelner Zeitgenossen wurden von der vor 1914 heranwachsenden Generation beiseite geschoben, oft nicht einmal wahrgenommen. Man fühlte sich in Sicherheit und vertraute den überkommenen Kräften, dem Staat und seinem Herrscherhaus, daß sie die Stabilität verbürgten, deren die eigene Existenz bedurfte. Den Zeitgenossen war mehr und mehr fremd geworden, daß das Anderswerden und die ständige Verwandlung der Dinge die eigentliche Grundkategorie aller Geschichte ist. Nur hellwachen Naturen wie Hans Herzfeld wurde mit dem Ersten Weltkrieg immer deutlicher, daß die Völker der führenden Staaten in eine krisenhaft sich zuspitzende neue Phase ihrer Beziehungen eingetreten waren, die zunächst noch dem Ablauf eines Fiebers nicht unähnlich war, an deren Ende aber doch nach weniger als drei Jahrzehnten das apokalyptische Chaos stand. „Der Historiker", so schrieb er damals, „der immer wieder um die Vergangenheit ringt, hat vielleicht auch das Recht, seinen kleinen Beitrag an dem Versuch zu wagen, die lebendige Atmosphäre der selbst erlebten Zeit mit festzuhalten, dasjenige im Wort einfangen zu wollen, was in späteren Generationen niemand aus Büchern und schriftlichen Quellen, es sei denn der allerpersönlichsten Art erfahren kann." Was er niederschrieb, sollte eine „Rechenschaft über das eigene Leben werden, dessen Grundlagen mit einem Schlage durch die Haft fragwürdig geworden schienen; es sollte zugleich den Versuch wagen, das geschichtliche Element im eigenen Leben zu entdecken und festzuhalten."

Damit deutet sich auch Herzfelds Auffassung von den Aufgaben des Historikers an. Selbst in unausgesetzter Konfrontation mit den zeitimmanenten Strömungen und Tendenzen, weiß er, daß jedes Geschichtserlebnis immer wieder überprüft werden muß und in jedem Zeitalter letztlich die Geschichte erneut thematisiert werden sollte. Man könnte sich dabei an Hermann Onckens seinerzeit viel diskutierten Aufsatz *Vom Wandel des Geschichtsbildes in revolutionären Epochen* erinnert fühlen. So wird auch verständlich, daß Herzfeld sich stets erneut mit Ranke und Meinecke auseinandergesetzt hat. Das ist schon erkennbar seit jenem ersten Freiburger Semester im sonnenüberfluteten Jahre 1911 und tritt beherrschend in den Mittelpunkt seines Denkens in den Jahren nach 1945. Beide sind für ihn die Leuchtfeuer auf den oft dunklen Wegen und Irrwegen durch die Geschichte, Orientierungshilfen, um auch seinen eigenen Standpunkt zu überprüfen. Beide waren für ihn nicht zuletzt auch dadurch vorbildhaft, weil auch sie sich der prägenden Kraft der selbst erlebten Zeitereignisse nicht zu entziehen vermochten und Politik, Zeitgeschehen und eigene wissenschaftliche Arbeit bei ihnen in einem fruchtbaren Spannungsverhältnis zueinander standen.

Und wie fesselnd hat er dann all diese Eindrücke und Erinnerungen niedergeschrieben! Wir erleben seine kleinen und großen Freuden in der weitgespannten Großfamilie, die ersten Ferienfahrten in der näheren Umgebung von Halle, die Kinderfreundschaften und die zuweilen enttäuschenden Begegnungen auf der altehrwürdigen Latina, den Schmerz über den frühen Tod der geliebten Mutter, die ersten schriftstellerischen, meist historischen Themen sich zuwendenden Versuche. Zwei Erlebniselemente treten beizeiten deutlich hervor: das feine Gespür für die Schönheiten der Natur, mit der nicht zuletzt auch seine Begeisterung für die Ideale des Wandervogels im ersten Drittel unseres Jahrhunderts verknüpft ist, und das ihn immer ernster beschäftigende Interesse an der Geschichte – nicht etwa der Geschichte des letzten Jahrhunderts, sondern der ganzen Geschichte als dem umfassenden abendländischen Bildungsgut. Wir stoßen hier schon früh auf ein wesentliches Element seiner stilistischen Kunst in der Würdigung all der Menschen, die in seinem langen Leben seine Wege gekreuzt haben. Menschen sind es für ihn, die den Weg der Geschichte bestimmen, und mit ihnen Zwiesprache zu halten, ist für ihn ein

Hauptbedürfnis der Selbstorientierung. Diese seine Schilderungen gehören zu den anschaulichsten und lebendigsten Passagen seiner Erinnerungen. Das gilt schon für die frühen Kinderjahre im Elternhaus wie auch für die Freiburger Studienzeit, und es gilt nicht minder für die sich anschließende Zeit in Halle und den Kriegseinsatz im Osten wie im Westen. So beschreibt er das ausgeprägte Sosein der Wandervogelfreunde, die unverwischbare Eigenart seiner akademischen Lehrer, die charakterisierende Abhebung etwa Meineckes von Georg von Below und anderen. Wo er sich äußert, geschieht es behutsam und treffsicher und in jedem Falle mit einem Höchstmaß menschlichen Verständnisses und gebotener Zurückhaltung. Er weiß um die politischen Irritationen seines Lehrers Richard Fester, bei dem er sich habilitierte und der nach vielversprechenden Leistungen seiner ersten Schaffensperiode sich mehr und mehr dem „Reichsinstitut für Geschichte des neuen Deutschlands", einem Mittelpunkt der um sich greifenden NS-Geschichtsideologie, näherte. Von diesem „späten" Fester weiß er sich unendlich weit getrennt, und doch spricht er über ihn teilnehmend und würdig und ohne jedes Ressentiment. Diese Noblesse der Gesinnung, die ihn fernhält von pauschal verurteilenden oder unkritischen Aussagen, wahrt er auch in den wechselnden Situationen des Kriegseinsatzes. Wie behutsam urteilt er auch hier, wie differenziert er doch seine Aussagen über die Kriegskameraden und wie bewahrt er doch in den Schrecknissen des Krieges seine um sachgerechte Würdigung bemühte Aussage vor jedem ausgearteten Urteil. Da wird er dem Kaiser Franz Garde-Grenadierregiment Nr. 2, dem er angehört, ebenso gerecht wie den Offizieren, die in ihren menschlichen und militärischen Qualitäten so unterschiedlich sind wie eh und je, etwa dem Regimentskommandeur Oberst von Krosigk, dem aus einer rheinischen Familie stammenden Hauptmann Pagenstecher oder jenem von ihm so bewunderten Hauptmann von Vietinghoff-Scheel, der im Zweiten Weltkrieg noch bis in die obersten Ränge der militärischen Hierarchie emporsteigen sollte.

Mit der gleichen Anteilnahme wird man seinen Bericht über die letzte Berliner Zeit verfolgen, über seine Verhaftung wegen des Verdachts staatsfeindlicher Äußerungen, über die zahlreichen Verhöre, die er in der Untersuchungshaftanstalt Lehrter Straße in Berlin über sich hat ergehen lassen müssen, über die Zustände in der Haftanstalt selbst, über die Begegnungen mit den Zelleninsassen unterschiedlichster Observanz, mit Großen und Kleinen, Schuldigen und Unschuldigen, Kriminellen und politisch Verfolgten. Da finden wir kein Wort einer pauschalen Verurteilung, keine – menschlich verständliche – emotionale und lautstarke Entgleisung, aber wir spüren etwas von der Wärme, mit der er das völlig ungewisse Schicksal seiner Schülerin, Frau Dr. Irmgard Kamlah, begleitet, und wir nehmen teil an der ungewöhnlichen und tiefen Gedankenarbeit, mit der er sich auf die einzelnen Verhöre vorbereitet. Was er hier schreibt, schreibt er mit gebändigtem Zorn, differenzierend über seine Bewacher und Richter, und dankbar gegenüber denen, die in jenen trostlosen Stunden der wochenlangen Untersuchungshaft sich und ihn mit ihren Gesprächen aufzurichten suchten. Die Disziplin seiner Gedanken, die Sachlichkeit seiner Niederschrift, die Ausgewogenheit seiner Urteile, das sind doch wohl die Qualitätsmerkmale, die die Aufzeichnungen Herzfelds kennzeichnen. Wer die Erinnerungen liest, wird sich nachdenklich der Tatsache bewußt werden, in welchem Ausmaß die Menschen unseres Jahrhunderts den vielfältigen Stürmen, den politischen, geistigen und gesellschaftlichen Krisen und Umwälzungen zuweilen ausgesetzt waren, und er wird registrieren, wie Menschen vom geistigen und charakterlichen Zuschnitt Herzfelds diesen Erschütterungen begegneten.

Über die Genesis der Lebenserinnerungen Hans Herzfelds können wir uns nicht mit letzter Sicherheit äußern. Immerhin haben wir einige Anhaltspunkte, die Herzfeld uns noch selbst gegeben hat. So wissen wir, daß er das Kapitel über die Berliner Zeit seiner Untersuchungshaft im Mai 1943 niedergeschrieben hat. Im gleichen Jahr noch ist das Kapitel „Jugend und Schulzeit" entstanden, während das sich daran anschließende Kapitel über seine Studienjahre in das Jahr 1944 fällt. Das nicht zum Abschluß gelangte Kapitel über den Ersten Weltkrieg enthält keinen Hinweis auf den Zeitpunkt seines Entstehens. Das letzte Kapitel über die Freiburger Jahre und das Kriegsende enthält den Vermerk „Niederschrift begonnen am sonnigen 2. Dezember 1944 unter dem Brummen feindlicher Flieger über dem am 27. November zerstörten Freiburg". Es ist unterteilt in „Schanzarbeit in den Vogesen und der Untergang des alten Freiburg" und „Volkssturm und Zusammenbruch, Niederschrift Mai/Juni 1945 nach dem Fall von Freiburg und bei und nach dem Kriegsende". Die Niederschrift seiner Erinnerungen fällt somit in die Zeit der wiedererlangten Freiheit, in der er nach Freiburg übersiedelte, wo seine damals schon schwer erkrankte Frau – vergebens – auf ihre Genesung hoffte. Herzfeld, selbst ein Mann der kontinuierlichen Arbeit, hat die Erinnerungen somit nicht in ihrem zeitlichen Nacheinander abgefaßt, sondern er hat wohl bewußt mit der Darstellung seiner schweren Berliner Zeit begonnen. Es ist durchaus möglich, daß er sich die Berliner Leidenszeit erst einmal von der Seele hat schreiben wollen, und vielleicht ist ihm hierbei erst der Gedanke gekommen, auch über die übrigen großen Kapitel seines Lebens Erinnerungen niederzuschreiben. Möglicherweise hängt damit auch zusammen, daß er dem jetzt vorliegenden Gesamtmanuskript keine das Ganze umfassende Überschrift gegeben hat.

Es fällt auf, daß das Kapitel über den Ersten Weltkrieg ein Torso geblieben ist. Von Herzfeld noch mit „Weltkrieg und Kriegsgefangenschaft 1914–1920" überschrieben, behandelt es jedoch nur die Zeit bis etwa zur Jahreswende 1915/16, und über die Zeit der Niederschrift gibt es keinerlei Anhaltspunkt. Und noch ein Weiteres muß hier angeführt werden: Die Lücke klafft nicht nur bis zum Ende des Ersten Weltkrieges, sondern wir erfahren auch nichts über die folgenden Jahre bis 1942. Jedenfalls ist im Nachlaß nichts davon vorhanden. Rückfragen und Nachforschungen haben nichts dergleichen ergeben; auch stenographische Entwürfe, von Herzfeld sonst des öfteren überliefert, gibt es offenbar nicht. Sollte Herzfeld diese lange Zeit bewußt ausgespart haben? Die dem Manuskript beigegebenen Zeitangaben lassen kaum die Niederschrift eines weiteren umfangreichen Kapitels zu, und doch ist zu fragen, ob nicht auch dieses fehlende Kapitel wenigstens in Stichworten konzipiert sein könnte.

Gemäß der Überschrift sollte das Kapitel über den Ersten Weltkrieg die Zeit bis 1920 umfassen, also auch die Jahre seiner Kriegsgefangenschaft. Sinngemäß überschreibt er den ersten Teil „Kriegsfreiwilliger, 1914–1915" und den zweiten „Leutnant im Kaiser Franzregiment, 1915–1917". Dabei fällt auf, daß der erste Teil genau fünfmal so lang ist wie der zweite, und dieser schließt relativ unvermittelt, das heißt, ohne daß der Leser den Eindruck hat, ein in sich geschlossenes Kapitel gelesen zu haben, wie das etwa bei den letzten Zeilen der übrigen Kapitel der Fall ist. Vor allem aber fehlt der Bericht über seine Kriegsgefangenschaft. Im Mai 1917 war er bei Craonne in französische Gefangenschaft geraten, aus der er erst im Februar 1920 zurückkehrte. Wenn man bedenkt, wie detailliert er manche Szenen, Vorgänge, Erlebnisse in der Zeit seines Kampfeinsatzes an der Ost- und Westfront schildert, so ist der Leser doch überrascht, daß er die Jahre der Kriegsgefangenschaft übergangen haben soll. Es darf wohl angenommen werden, daß der Bericht darüber doch wohl *geplant* war, wie die Gesamtüberschrift besagt.

Und dann die sich anschließende große Lücke bis zur Jahreswende 1942/43. Vergegenwärtigen wir uns doch den Lauf der Ereignisse, wie sie sich im Bewußtsein Herzfelds zugetragen haben dürften: nach Promotion, Staatsexamen und den Anfängen im Schuldienst folgten die Habilitation und mit ihr die ersten Schritte auf dem nicht unbedenklichen Boden des akademischen Unterrichts. Es schlossen sich an die unausgesetzten Bemühungen, seinen jungen wissenschaftlichen Ruf im Kreise der Neuhistoriker seiner Zeit zu stabilisieren, Kontakte zu Publikationsorganen, zu Fachvertretern von besonderem Einfluß zu pflegen, Gruppen interessierter Geschichtsstudenten um sich zu versammeln, seinem privaten Dasein festere Formen zu geben. Und das alles vollzog sich vor dem Hintergrund der Weimarer Republik, ihres zunächst allmählichen Niederganges, dann der dramatischen Ereignisse der Jahre 1929 bis 1933 sowie des Aufstiegs des Hitlerreiches, vor den atemberaubenden außenpolitischen Aktionen, die zum Ausbruch des Zweiten Weltkrieges führten und schließlich zur Tragödie von Stalingrad.

Herzfeld war ein politisch außerordentlich wacher Geist. Er scheute sich nicht, zu konkreten politischen Ereignissen kritisch Stellung zu nehmen. Das geschah sicher nicht lauthals, aber er hatte die Hand stets am Pulsschlag der Zeit. Was ihn fesselte, waren nicht die Zufälligkeiten des politischen Werktages, sondern das Aufspüren größerer, am Ende weltgeschichtlicher Zusammenhänge. Als es im Jahre 1932 im Zusammenhang mit der Berufung des evangelischen Theologen Günther Dehn nach Halle zu lauten studentischen Krawallen kam, nahm er am folgenden Morgen in seiner Vorlesung – ähnlich wie sein Fakultätskollege Paul Menzer – in einer Weise Stellung, die keinen Zweifel an seiner Haltung zu diesen Vorgängen zuließ. Und als im Sommer-Semester 1932 zu der konstituierenden Sitzung seines Mittwoch-Seminars sich nicht ein einziger Teilnehmer einfand, da Hitler auf einer Massenkundgebung seiner Partei erwartet wurde, nahm Herzfeld diese Tatsache auf der nächsten Seminarsitzung mit einer souverän-gelassenen Bemerkung hin, die in ihrer Treffsicherheit und Wirkung eine spätere Beschreibung nicht wiederzugeben vermag.

Wer sich all dieses vergegenwärtigt, ist überrascht, daß Herzfeld sich hierüber in seinen Erinnerungen nicht geäußert haben sollte. Wie schon angedeutet, schließt das Kapitel seiner Mitgliedschaft im Kaiser Franzregiment ziemlich plötzlich, ohne eine zusammenfassende Schlußbemerkung oder eine andere Form des Ausklingens, und das folgende Kapitel über den Ausgang der Berliner Zeit vermittelt den Eindruck, als folge es einem voraufgegangenen Kapitel, aber eben dieses fehlt. Wie dem auch immer sei, wir werden uns mit dem

Vorhandenen begnügen müssen. Ob Herzfeld, der den Entschluß zur Niederschrift seiner Erinnerungen nach seinem eigenen Bekunden erst während der Untersuchungshaft gefaßt und dabei wohl auch an Memoiren über den Gesamtablauf seines Lebens bis 1945 gedacht hat, hierfür bereits Notizen, Pläne oder Teilentwürfe hinterließ, kann mit Sicherheit nicht entschieden werden. Es liegt jedenfalls nichts dergleichen vor. Näher liegt die Vermutung, daß es sich dabei vielleicht nur um Gedankenspiele handelt. Wir wissen, daß bald nach dem Kriege bei der Wiedereröffnung der deutschen Hochschulen nicht Resignation sondern Euphorie und Enthusiasmus die Atmosphäre bestimmten. In Freiburg ist es nicht anders gewesen. Das bedeutete für einen Menschen wie Hans Herzfeld äußerste Konzentration und entsagungsvolle Arbeit an einem gemeinsamen Gute, wo Lehre und Forschungsaufgaben sich stets und in wachsender Zahl stellten, wo die inneren und äußeren Arbeitsbedingungen nur schwer zu bewältigen waren und sich all dieses vor dem Hintergrund alltäglicher Sorgen um die vordergründigen Bedürfnisse menschlichen Daseins vollzog. Da ist es leicht vorstellbar, daß auch Herzfeld von der liebgewordenen Vorstellung der Niederschrift der Erinnerungen zu allen Abschnitten seines Lebens Abschied nahm, um sich wissenschaftlichen Plänen und beruflichen Pflichten mit Vorrang widmen zu können. Als dann aber das Ärgste geschafft war, folgte er dem Ruf nach Berlin, und hier galt es, am Aufbau der Freien Universität teilzuhaben, das Friedrich-Meinecke-Institut zu begründen, ihm alsbald ein unverwechselbares Profil zu sichern und die Historische Kommission zu Berlin ins Leben zu rufen. Vor diesem neuen Kreis der Aufgaben und Pflichten und der ständig wachsenden Zahl der Studenten trat die Absicht offenbar in den Hintergrund, sein Memoirenwerk zu vollenden. Gemessen an dem Umfang der tatsächlich niedergeschriebenen Teile, hätte das Gesamtwerk sicher weit über tausend Seiten gezählt, und vieles hätte zurücktreten müssen, hätte Herzfeld diesen Plan weiter verfolgt.

Die hier vorgelegte Wiedergabe der Erinnerungen folgt dem im Bundesarchiv zu Koblenz deponierten, mit zahlreichen handschriftlichen Verbesserungen und Einschüben von Herzfelds Hand versehenen Typoskript. Von den insgesamt 648 Seiten des Schreibmaschinentextes wurden die für den heutigen Leser bedeutsamsten Teile ausgewählt. Es sind dies das Kapitel über seine Jugend und Schulzeit, das Kapitel über seine Studienjahre sowie das Kapitel über den Ausgang der Berliner NS-Zeit 1942/43. Von den Weltkriegserinnerungen wurden nur die ersten Seiten übernommen. So interessant dieses von

Herzfeld ohnehin nicht zum Abschluß gebrachte Kapitel sein mag, so enthält es doch im wesentlichen eine sehr detaillierte Schilderung seiner Kameraden und Vorgesetzten und vor allem auch der militärischen Kampfhandlungen, die sich im ganzen aber nicht mit den hier wiedergegebenen Kapiteln vergleichen lassen können. Auch auf das ausgedehnte Kapitel „Freiburger Jahre und Kriegsende", unterteilt in „Schanzarbeit in den Vogesen und der Untergang des alten Freiburg" und „Volkssturm und Zusammenbruch", niedergeschrieben in der Zeit vom Dezember 1944 („begonnen am sonnigen 2. Dezember 1944 unter dem Brummen feindlicher Flieger über dem am 27. November zerstörten Freiburg") bis zum Frühsommer 1945, muß hier leider verzichtet werden. Daraus ergibt sich auch der Titel dieser Textwiedergabe. Es heißt nicht „Lebenserinnerungen . . .", sondern „Aus den Lebenserinnerungen" Hans Herzfelds. Die von Herzfeld gewählten Kapitelüberschriften wurden beibehalten, desgleichen auch, sofern erkennbar, die Angaben über die Zeiten der Niederschrift. Flüchtigkeitsirrtümer in der Orthographie und der Interpunktion wurden korrigiert. An wenigen Stellen erschienen stilistische Glättungen wünschenswert. Sie wurden ohne sinnverändernde Wirkung vorgenommen.

Willy Real

ERSTES KAPITEL

Jugend und Schulzeit

Die folgenden Erinnerungen sind in erster Linie für meinen Jungen bestimmt.[1] Die Erlebnisse, die meine Generation durchgemacht hat und heute – 1943 – weiter durchmachen muß, sind so ungeheuer, daß seit der Epoche der französischen Revolution vielleicht niemals der Abstand eines halben Jahrhunderts so tiefe Veränderungen bewirkt hat. Unsere Kinder, die nach dem Weltkriege geboren sind, ja selbst schon jüngere Menschen, die die Zeit des Weltkrieges noch im zarten Alter erlebten, stehen außer jeder inneren Berührung mit der Zeit, die wir Älteren vor 1914 erlebt haben. Wenn uns das Wort Talleyrands tief berührt, daß niemand die Süßigkeit des Lebens kenne, der nicht vor dem Epocheneinschnitt – damals 1789, heute 1914 – gelebt hat, so stellt dies für den jüngeren Menschen der Gegenwartsgeneration eine romantische Illusion oder eine Inhaltlosigkeit dar. Nur durch bewußte Pflege der Erinnerung wird heute verhütet werden können, daß der seit langem deutliche Bruch zwischen den Generationen sich schicksalsvoll weiter vertieft. Die folgenden Seiten sollen dies im engeren Rahmen versuchen.

Aber wie in jeder Epoche von stärkerem geschichtlichem Inhalt widersetzt sich das Schauspiel des Lebens auch heute dem Versuch, es festzuhalten. Erst einige Besinnung, wie sie mir in den Wochen des Frühjahrs 1943 gegeben war, macht uns selbst klar, was alles sich an Geschehen in den wenigen Jahrzehnten unseres Lebens als Erwachsene zusammendrängt, welche tief bedeutsamen Elemente geschichtlicher Wandlung jeder der Mitlebenden, der fähig war zu sehen und zu beobachten, notgedrungen mit hat durchleben müssen. Der Historiker, der immer wieder um die Vergangenheit ringt, hat vielleicht auch das Recht, seinen kleinen Beitrag an dem Versuch zu wagen, die lebendige Atmosphäre der selbst erlebten Zeit mit festzuhalten,

[1] Frank Herzfeld, geboren 1931, Dr. rer. nat., Universitätsprofessor in Hannover.

dasjenige im Wort einfangen zu wollen, was in späteren Generationen niemand aus Büchern und schriftlichen Quellen, es sei denn der allerpersönlichsten Art, erfahren kann. Wenn mir der Gedanke, solche Erinnerungen zu schreiben, im Untersuchungsgefängnis der Lehrter Straße gekommen ist, so geschah das in einem doppelten Sinne: es sollte eine Rechenschaft über das eigene Leben werden, dessen Grundlagen mit einem Schlage durch die Haft fragwürdig geworden schienen; es sollte zugleich den Versuch wagen, das geschichtliche Element im eigenen Leben zu entdecken und festzuhalten. Von der bürgerlichen Zeit vor dem Weltkriege über die verzweifelte Auflehnung der Jugend nach 1918 gegen die Niederlage bis zu der Episode scheinbarer Beruhigung in den späteren zwanziger Jahren geht die Kurve des Erlebnisses zu der erneuten Krise seit 1931, der nationalsozialistischen Revolution im Inneren und dem stets weiteren und tieferen Wellenschlag ihrer Rückwirkung nach außen. In dieser Epoche sind ganze Welten zusammengebrochen: der Osten und die Mitte Europas sind schon von der ersten großen Revolution der Weltkriegskatastrophe erfaßt worden. Westeuropa schien sich retten zu können, um 1940/41 in fast noch dramatischerer Form das gleiche Schicksal zu erfahren. Nur die angelsächsischen Großstaaten haben, begünstigt durch ihre Lage, bisher der Gefahr eines plötzlichen Zusammenbruchs ihrer inneren Struktur trotzen können. Wird es ihnen weiter gelingen, werden sie damit die Zukunft der Menschheit bestimmen? Sind sie im Begriff, Rußland, von dem die Welle der großen Revolution ausging, an sich heranzuziehen und sich zu assimilieren, so daß der Höhepunkt der sozialen Lebenserschütterungen vielleicht schon überstanden wäre, so einschneidend noch die Revision in Deutschland zu werden droht? Oder wird das Umgekehrte mit unabsehbaren Folgen der Fall sein? Die Zukunft erscheint heute nach dem kurzen Traum einer tausendjährigen, alles infrage stellenden Herrschaft problematischer denn je, die Unsicherheit des gesamten Daseins für Deutschland von einer aufrührenden Tiefe und Schärfe, die notwendig das ganze Leben wieder auftauchen läßt. Es ist so aus der innersten Lage des Augenblicks heraus eine Stunde des Rückblicks, in der auch für das privateste Privatdasein ein Teil jenes Goetheschen Wortes gilt, daß nur der sich Freiheit und Leben verdient, der sich von tausend Jahren Rechenschaft zu geben versteht. Das Private und Individuelle in diesem Sinne enthält zugleich stets ein Allgemeines oder ist, in seinem tieferen Kerne verstanden, das Allgemeine, ein bescheidener Teil desselben, selbst. So rechtfertigt sich der Versuch, am

Vorabend einer historischen Klärung von unabsehbarer Tragweite, die auf jeden Fall noch weiter als bisher von der Vergangenheit fortführen wird, die Summe des bisher Gelebten festzustellen und für Kinder und Kindeskinder zu überliefern.

Das Kind der Weltkriegs- und Nachkriegsgeneration, das in der tiefen Unsicherheit der Zeiten nach 1914 herangewachsen ist, das nur wenige Jahre – etwa von 1923 bis 1928 – eine leidlich gleichmäßige Entwicklungsstille genossen hat, vermag sich keine Vorstellung zu machen, wie tief das behagliche Sicherheitsgefühl des Geschlechtes ging, das vor dem Weltkriege leben durfte. Um 1900 war auch die Erinnerung an die Kämpfe der Reichsgründungszeit mit den Altersgenossen Bismarcks doch schon stark verblaßt. Ihre Veteranen wurden langsam zu seltenen Ruinen, die von der Jugend meines Alters bestaunt wurden und romantische Sehnsucht nach gleichaufregenden Erlebnissen zu wecken vermochten. Irgendwelche Vorstellung von der Härte und Grausamkeit historischer Machtkämpfe im großen Stile war der Zeit weitgehend abhanden gekommen. Es ist freilich nicht so, daß die Generation, in der mein Vater stand – geboren 1856[2] – mit ersten Kindererinnerungen an die Erstürmung der Düppeler Schanzen als Spielthema auf dem Gute Mückendorf,[3] stärkeren Erinnerungen schon an 1866 und 1870/71, dem Jahr des Umzugs der Familie nach Halle a. d. Saale –, ein Sybaritendasein geführt hätte, wie dies unter der Einwirkung törichter Schlagworte, die das 19. Jahrhundert verketzerten, vielfach geglaubt worden ist. Überwiegend war eine bürgerlich schlichte Strenge und Disziplin, die zwar in Teilen der Oberschicht immer stärkerem Wohlleben Platz machte, aber doch bei weitem nicht so stark zurückgedrängt war, als man vielfach annimmt. Die Widerstandskraft altbürgerlicher Tradition war bis zum Weltkrieg sehr viel größer, als es heute erscheint, der Zuschnitt des Lebens bei aller reichlichen Gediegenheit von Nahrung und Kleidung häufig bescheidener als in den revolutionären Jahren nach 1918, in denen die dauernde Lebensunsicherheit zu bereitwilligem Ausgeben dessen

[2] Paul Eberhard Herzfeld (1856–1935), Dr. med., Sanitätsrat, Stabsarzt der Reserve und Lazarettarzt, zuletzt auch Reichsbahnarzt, verheiratet mit Marie Triebel (1865–1901), einer Tochter des Amtsgerichtsrates Julius Triebel in Wettin.

[3] Ludwig Herzfeld (1819–1911), der Großvater des Historikers, Rechtsanwalt und Notar in Sprottau (Schlesien) und Halle, Geheimer Justizrat, Ehrenbürger beider Städte, besaß in Mückendorf bei Sprottau ein kleines Anwesen, auf dem seine zwölf Kinder (zehn Jungen, zwei Mädchen) eine glückliche Jugend verbrachten.

reizte, was man – wer wußte, auf wie lange Zeit? – im Augenblick besaß. Auf jeden Fall bin ich und meine Geschwister in einer Luft strenger Bescheidenheit und Einfachheit des Lebens aufgewachsen, die noch aus den besten bürgerlichen Überlieferungen der Vergangenheit stammte. Diese Haltung mochte gelegentlich ein wenig zu spartanisch und streng sein. Aber sie konnte in dem wachsenden Wohlstand der Zeit vor 1914 ohne allzu schweren Druck durchgeführt werden und eine Stählung an Körper und Geist erstreben und erreichen, die sich als dauernde Mitgabe für das Leben zum mindesten ebenso gut bewährt hat wie die gestiegene Toleranz und Pflege späterer Kindererziehung in einem angeblich heroischen Zeitalter, das die Belastung durch einen Wirbel schwerster Kämpfe doch sehr stark empfand und eben darum seinen Kindern das Leben, solange es ging, so angenehm und so wohltätig wie möglich zu gestalten versuchte.

Meine Vaterstadt Halle, in der ich 1892 zur Welt kam, war kein Ort mehr, an dem Musen und Grazien geweilt hätten wie zum Jahrhundertbeginn, als die Romantik noch ihren Sitz auf den Felsen am Saaleufer unterhalb der träumenden Universitätskleinstadt aufschlug. Uns Kindern kam es wie eine Sage vor, wenn der Vater erzählte, daß beim Einzug meines Großvaters in Halle 1870 die Stadt am alten Promenadenufer aufgehört habe. Die Königsstraße, in der später auch mein Vater wohnte, in der ich noch heiratete und mit meiner Frau wohnte, lag damals mit ihren inzwischen altersgrau gewordenen Häusern erheblich vor dem Ring der Mauern. Als mein Großvater einzog, bewegte man sich auf dem Wege vom Bahnhof dorthin nur zwischen Gärten. Mein Vater erzählte oft und gern, daß der Wirt – schräg gegenüber der Königsstraße 10, in der wir später wohnten – den Mietvertrag mit unserem Großvater abgeschlossen habe, ohne den damaligen Sprottauer Ehrenbürger nach der Zahl seiner Kinder zu fragen. Er wie seine Frau hätten die beginnende Abneigung vieler Zeitgenossen gegen eine zu stark lärmende Kinderschar geteilt; sie wagten aber nicht nachzufragen und ließen die Dinge in der Hoffnung an sich herankommen, daß es nicht allzu schlimm werden würde. Wer beschreibt ihr Entsetzen, als an dem kritischen Tage zunächst eine Kutsche vom Bahnhof erscheint, aus der sich mit unseren Großeltern und einem strammen schlesischen Mädchen bereits ein ganzes Korps der Rache an Klein- und Kleinstkindern herausschält; im selben Augenblick aber biegt um die Gartenzäune der nächsten Ecke noch eine ganze Schar halb erwachsener Knaben, die zielbewußt ebenfalls auf ihre Wohnung zusteuern und ihren entsetzten Besitzern klar machen, daß alle ihre Hoffnungen zu Wasser geworden waren.

Übrigens soll diese ältere Generation der Herzfelds – schließlich zehn Knaben und zwei Mädchen – dann die Wirtsleute durch ruhiges Wesen mit ihrer Existenz versöhnt haben. In dieser Richtung sind aber alle Überlieferungen unzuverlässig, da unsere zehn Onkel auf dem Martinsberg 4 – dem späteren Hause meines Großvaters – bei solchen Erzählungen die Wahrheit gegenüber der Schar der 34 Enkel und Urenkel unseres Großvaters aus pädagogischen Gründen nicht immer allzu genau nahmen. Es bestanden freilich in dieser wie in anderen Richtungen erhebliche Unterschiede. Die gewissenhaften Erzieher verteidigten die Prestigewerte wie der Kriegsgeschichtsschreiber Moltke den Ruhm des preußischen Heeres. Nach ihrer Behauptung wären sie alle im wesentlichen Musterkinder und gute Schüler gewesen. Zum Glück gab es auch unter unseren Onkeln geborene Oppositionelle, wie Onkel Albert und Onkel Hans, die von ihrer Knabenzeit her einen tödlichen Haß gegen jeden Erziehungszwang, vor allem in der Schulform, behalten hatten. Sie pflegten auch bei den großen Familienkonventen ihre Ansicht rücksichtslos auszusprechen und sich dadurch das tiefe Mißfallen der Gegenpartei zuzuziehen. Immerhin erlaubten sie uns dadurch den beruhigenden und erleichternden Schluß, daß auch in der letzten Generation nicht alles Gold gewesen sei und sehr erhebliche Schichtungen in Schulbegeisterung und Schulleistungen vorhanden gewesen waren. Sehr gefährlich konnte das alles nicht wirken, weil diese ganze Schar von Kindern sich im Leben unzweifelhaft bewährt hatte und im großen und ganzen zu Stellungen aufgestiegen war, die uns Kindern und Enkeln nur zu imponieren vermochten.

Schon mein Großvater hatte einen glänzenden Aufstieg hinter sich. Der Sohn kleiner Kaufleute, hatte er mühsam studiert, indem er zum Semester von Schlesien auf die Universität nach Berlin wanderte. Als Rechtsanwalt aber hatte er sich so schnell einen Namen gemacht, daß er mit der Hand meiner Großmutter nicht nur eine Frau von feinster Bildung und guter Familie gewonnen, sondern mit dem kleinen Mükkendorf auch den Aufstieg zu der Lebensform der bürgerlichen Oberschicht vollzogen hatte. Schon in Sprottau Ehrenbürger der Stadt, erlangte er am Abend seines Lebens die Verleihung der gleichen Auszeichnung auch in dem wesentlich größeren Halle, wo auf ihn so wichtige Einrichtungen wie die Städtische Sparkasse zurückgehen sollten. Ich selbst habe ihn in der Zeit seiner eigentlichen Leistungsfähigkeit nicht mehr kennen gelernt, als er neben seiner großen Anwaltspraxis Stadtverordneter und langjähriger Stadtverordnetenvorsteher war. Als ich mit meinen älteren Brüdern zum Bewußtsein erwachte, hatte er sich in dem Hause Martinsberg 4 mit dem großen, prächtigen Garten an der Schimmelstraße, einem Paradies unserer Kinderzeit, bereits zur Ruhe gesetzt. Die feine, aber von Krankheit verzehrte Großmutter haben wir nur noch in ihren letzten müden Jahren gesehen, nicht mehr eigentlich erlebt. Seit ihrem Tode wurde der Großvater von Wirtschafterinnen betreut und bewacht, die gelegentlich die Familie in fiebernde Aufregung versetzten, wenn Anlaß zu dem Verdacht bestand, daß sie zu größeren Aktionen gegen seine Hand und Erbschaft ansetzten. Uns Enkeln hat er in der Regel nur wenige Fragen nach unserem Ergehen in der Schule und zu Hause gestellt. Disziplinarisch hatten wir mit ihm zu tun, wenn wir im Garten zu eigenmächtig an die Obstbäume gegangen waren, etwa die geliebten Reineclauden mit unseren Kindersäbeln heruntergeschmissen hatten. Wenn er dann am Arme der Haushälterin durch den Garten geführt wurde, konnte er den Krückstock scheltend und drohend gegen uns erheben, wie der alte Fritz. Für einige Augenblicke machte er dann einen lebhaft schreckenden Eindruck, der sich aber schnell mit der Erwägung abschwächte, daß ernsthafte Folgerungen doch nicht mehr infrage kamen. Im übrigen sahen wir ihn den ganzen Tag in unendliche Lektüre vertieft. Er las aus der Leihbibliothek von Patrunky angeblich mindestens einen Band am Tage. Auf den Inhalt kam es ihm in diesen letzten Jahren – freilich um das 90. Lebensjahr herum – offenbar in keiner Weise mehr an. Er las um des Lesens willen und soll schließlich die Bücher eigentlich nur noch durchgeblättert haben. Allmählich war die gewohnte Lebensfunktion ganz zum Mechanismus geworden.

Was für Essen und Lesen galt, galt auch für das Reisen, das zu seinen stärksten Leidenschaften gehört hatte. Der Großvater war als junger Assessor auch bei den damals noch bestehenden privaten Eisenbahngesellschaften tätig gewesen und hatte sich durch die Gelegenheit zu Freifahrten leidenschaftlich an das Bahnfahren gewöhnt. Noch bis in die letzten Lebensjahre hinein war davon ein Rest lebendig geblieben. Sobald das Frühjahr hervorkam, mußte er unbedingt nach Italien reisen. Das geschah – stets nach der Riviera, vor allem Nizza – regelmäßig mit großem Aufgebot: Wirtschafterin und mindestens eine Schwiegertochter begleiteten ihn. Der Kampf der Schwiegertöchter um diesen Genuß bildete den Gegenstand vieler, wenig wohlwollender Familienkommentare. Der Großvater ist dabei angeblich stark dem Argument der Schönheit zugänglich gewesen, was man ihm kaum übelnehmen kann. Es gab Begünstigte und Benachteiligte dabei, und dies Thema vermochte viele Leidenschaften und Verstimmungen in der lebhaften Diskussionen nicht abgeneigten Familie wachzurufen. In praxi muß der Genuß zuletzt mäßig gewesen sein, vor allem für den Großvater selbst. Er wurde mühsam mit der Bahn im reservierten Abteil erster Klasse nach dem Süden in Bewegung gesetzt und, am Ziel angelangt, schleunigst per Wagen ins Hotel gefahren, um sich dort erst einmal sterbenskrank ins Bett zu legen. Nach einigen Tagen konnte er dann wohl die eine oder andere Wagenfahrt unternehmen und sich an frühere Reisen mit größerer Behaglichkeit erinnern. Darüber hinaus ging es in der Regel nicht mehr, und in der Hauptsache war er auf sein Hotel beschränkt. Immerhin zeigt diese Reiseleidenschaft doch, wie zäh er an Lebensgewohnheiten festhielt und wie stark ursprünglich die vitalen Triebe bei ihm gewesen sein müssen.

Die Anekdoten, die über ihn im Umlauf waren, zeigen auch sonst eine Erscheinung, die wußte, was sie wollte und ihr eigenes Gepräge zu wahren verstand. Die große Kinderzahl hat ihn wohl nicht allzusehr bedrückt. Man pflegte sich in Halle von ihm zu erzählen, daß er in der Zerstreutheit selbst die eigenen Söhne nicht erkannt habe. Bekannte Anekdoten, die über Theodor Mommsen kursieren – von dem alten Herrn, der einen weinenden Knaben auf der Straße trifft, ihn nach der Ursache seines Kummers fragt und wohlwollend meint, das müsse er auch seinem Vater sagen, um tableau zu erfahren, daß er selbst dieser fragliche Herr sei –, wurden in Halle auch von ihm berichtet, der meist den Namen des „Patriarchen“ trug. Die Last der Kindererziehung ist fast ganz von der Großmutter[4] getragen worden, die sich in der Hingabe für die zwölf Kinder erschöpft hatte und dadurch frühzeitig schwer krank wurde. Nach den Erinnerungen meines eigenen Vaters hat sie auch nie verwunden, daß der Umzug nach Halle sie von dem geliebten Lande entfernt und in die Stadt verbannt hatte. Zusammen mit Überlastung durch Geburten, Erziehung und Hausarbeit wurde sie schließlich durch die Schmerzen ihrer Alterskrankheit

[4] Marie Klementine Herzfeld (1830–1900), geb. Wüsthoff, entstammte einer Familie von Rittergutsbesitzern, Chirurgen, Handwerkern und Pastoren, die über Schlesien, Kolberg und Mecklenburg bis ins ausgehende 17. Jahrhundert zurückzuverfolgen sind.

melancholisch. Nur schwache Gemüter haben sich freilich dadurch schrecken lassen, denn andere Naturen aus gesunden Familien haben jedenfalls nicht entfernt auch nur einen Teil dessen geleistet, was diese ursprünglich feine und in ihrem Gemütsleben nach dem Ausweis ihrer schönen, tief empfundenen Gedichte empfindsame Frau geleistet hatte.

Uns späteren Enkelkindern wurde kaum mehr recht deutlich, wodurch der Großvater die großen Erfolge seines Lebens erlangt hatte. Wir konnten nur noch sehr undeutlich spüren, daß er bei aller Eingesponnenheit in Arbeit und Lektüre ein überragend kluger Kopf gewesen sein mußte, auch wenn er sich um Einzelheiten des Lebens seiner großen Familie nicht mehr allzusehr kümmerte. Wenigstens klagte mein Vater, daß er und seine Brüder wenig persönliche Erziehung gespürt hätten, soweit nicht die Mutter diese zu geben vermochte. In seiner früheren Jugend, ehe allzu viel Kinder vorhanden waren und Beruf und Politik den Großvater allzusehr beanspruchten, war es aber doch wohl anders gewesen. Denn unser Vater berichtete auch von Reisen im eigenen Wagen, so einmal auf den Kamm des Riesengebirges, nach der alle Kinder in poetischer Form ihren Erlebnisbericht zur Kritik an den Großvater abliefern mußten. Denn wie er selbst ein ausgezeichneter Redner war und nach der Art der ganzen Generation leicht improvisierte, schien er das auch von allen seinen Kindern als selbstverständlich zu verlangen. Familienfeiern wie die Goldene Hochzeit der Großeltern und die in meiner späteren Jugend langsam sich häufenden Hochzeiten der älteren Enkelkinder – meiner Vettern und vor allem Basen – bewiesen, daß dieses Erbe reichlich vorhanden war. Etwa Onkel Wolfgang und Onkel Hans waren Künstler in dieser Art, die ohne Schwierigkeit jede Tischrede in improvisierten Versen zu halten vermochten. Die nächste Generation hatte in dieser Richtung schon viel Leichtigkeit und Neigung, sich nach außen zu zeigen, verloren. Die Frage nach den geistigen Interessen meines Großvaters hat mich stets interessiert; sie sind mir aber stets im Nebel geblieben. Er war wohl wie ein Teil seiner Schicksals- und Zeitgenossen – gerade der klügsten – nicht sehr geneigt, Religiöses und Mythisches gelten zu lassen. Was ihn früher in seiner Lektüre gefesselt hatte, schien in die Richtung eines handfesten und stark aufklärerischen Liberalismus zu deuten. Wenigstens berichtete mein Vater, daß der Macaulay in seinem Bücherschrank gestanden und offenbar eine große Rolle gespielt hatte. Allerdings war auch Carlyles Friedrich der Große vorhanden gewesen – beide übrigens längst verschwunden, als ich solchen Büchern nachzufragen begann. Aber die grundlegenden Überzeugungen wie die politische Parteizugehörigkeit hatten offenbar in der Richtung der liberalen Demokratie gelegen, die am besten geeignet war, einem Mann seiner Herkunft den Aufstieg zu erleichtern.

Auf jeden Fall wirkte seine frühere Bedeutung in der Stärke nach, mit der sein Haus der Mittelpunkt seiner unablässig wachsenden Familie blieb. Es war kein seltenes Ereignis, daß sich bei einem auswärtigen Besuch gegen dreißig Menschen am Sonntag versammelten, die zum Kaffeetrinken und Abendessen dann immer willkommene und reichlich bewirtete Gäste waren. Allein in Halle wohnten zeitweise vier Familien seiner Söhne (Albert, Paul, Hans und Wolfgang) mit zahlreichen Kindern – zwischen sechs und zwei der einzelnen Familien. Onkel Wolfgang und Tante Liese waren bei ihren Neffen und Nichten beliebt als Menschen, die sehr hübsch, lebensgewandt und lebensfroh waren, aber man sah sie auf Grund des Überganges zum Zweikindersystem doch mit leisem Mitleid an, obwohl kein Mensch ahnen konnte, wie schwer sie das Geschick einmal nach 1933 treffen sollte. In dieser großen Familie herrschte nicht allzu viel sentimentale Zärtlichkeit. Dazu waren es zu viele. Vettern und Kusinen trafen sich auf dem Fuße einer gesunden Selbstverständlichkeit. Man gehörte eben einer großen Gruppe an und suchte sich aus dieser heraus, was einem gefiel. Aber stets vorhanden war die Möglichkeit, sich in einer großen Gemeinschaft sicher geborgen zu fühlen und sich aus ihrem Kreise Menschen zu angenehmem Verkehr zu greifen. In unserer Jugend haben wir vor allem mit den „Mansfeldern", den Kindern meines Onkels Hans, in Halle zusammen gespielt, Freude und Kummer der Jugend geteilt und uns später bald getrennt, bald zeitweise wieder gefunden. Es konnte vorkommen, daß ein Vetter, den ich in der Jugend kaum gesehen hatte, wie Fritz Herzfeld[5] aus Dresden, mir lange Jahre durch seinen Beruf als Kapellmeister und Musikschriftsteller auffiel und den Wunsch erweckte, ihn einmal näher kennen zu lernen, bis dies endlich in höherem Alter seit 1938 in Berlin Tatsache wurde, als er sein Furtwänglerbuch schrieb und im Begriff war, in der

[5] Friedrich Herzfeld (1897–1967), Musikschriftsteller und Kapellmeister in Aachen, Dresden und Freiburg, besonders als Mozartdirigent hervorgetreten, jahrelang Pressechef der Berliner Philharmoniker, Verfasser zahlreicher Bücher (Du und die Musik, Magie des Taktstocks, Musica nova u. a. m. und biographischer Arbeiten, so über Fischer-Dieskau, Karajan, Elly Ney, Rudolf Schock, I. Strawinsky, Furtwängler u. a.).

Philharmonie Fuß zu fassen. Andere Bekanntschaften erloschen zeitweise schon in der Jugend unter Blitz und Donner. So waren wir jahrelang – besonders nach dem Tode unserer Mutter – viel im Grunewald bei dem versonnen gelehrten Onkel Alexander, der jeden Neffen als erstes fragte, ob er Englisch könne oder wenigstens lerne, und bei seiner gefürchtet strengen Frau, Tante Klara. Diese letztere hat in unser Leben tief und einschneidend eingegriffen. Wir verdanken ihr die Bekanntschaft unseres Vaters mit meiner Stiefmutter Johanna geb. Hagen. Die Verlobung fand in ihrem Hause statt. Wir wohnten bei ihr am Hochzeitstage und haben es ihr zu verdanken, daß wir nach dem Tode unserer Mutter rechtzeitig in eine strenge, aber auch einzigartig aufopfernde und gute Hand gekommen sind. Wenige Jahre später kam es zu einem ebenso tragischen wie überflüssigen Bruch. Mein Vetter Günther hatte zeitweise der Schule mehr Widerstand geleistet, als dieser den Eltern erwünscht war. Ehe er nach Burg bei Magdeburg kam, spielte er eine kurze Gastrolle auf dem Pädagogium in Halle. So kam ich mit ihm in der Latina zusammen. Das Verhältnis wurde schnell ziemlich eng, da wir damals beide literarisch schon stark interessiert waren. Bald fand aber meine Stiefmutter aus mir heute nicht mehr erinnerlichen Gründen, der Einfluß auf mich sei schlecht. Als Tante Klara durchreiste, kam es darüber zu einem erregten Zusammenstoß, und eine alte Freundschaft, die auf Leben und Tod gebaut schien, erlosch für lange Zeit völlig. Ich selbst habe dafür nach dem Kriege gelegentlich mit meiner ältesten Kusine Maus wieder Fühlung nehmen können, bin mehr als einmal auf lange Wochen um 1933 in ihrem Hause in der Lückhoffstraße zu Gast gewesen und schließlich nach meiner Übersiedlung von Dölau nach Berlin so dauernd bei ihr gewesen, daß ich nur mit größter Dankbarkeit an alles denken kann, was ich ihr und ihrer Familie in dieser Zeit verdanke, ganz zu schweigen von der Treue und Tapferkeit, mit der sie sich für mich während meiner Gefangenschaft 1943 einsetzte.

So lebten wir alle in einem breiten Rahmen, der das Gefühl einer vollendeten Sicherheit gab. Höhepunkte dieser Gemeinsamkeit, in denen man es doppelt empfand, einer großen Familie anzugehören, waren die Weihnachtstage. Jedes Jahr am 1. Feiertage erlebten wir halleschen Enkelkinder eine zweite Bescherung beim Großvater, eine Herrlichkeit, von der die meisten auswärtigen Vettern und Kusinen keine Ahnung hatten. Denn sie fing schon mit dem Wunschzettel an. Jedes Jahr wurde zwar gesagt, der Großvater stehe kurz vor dem Bankrott, wir müßten uns mäßigen. Wir wußten aber genau, daß das nicht so tragisch gemeint war und denjenigen, der sich danach richtete, die Hunde bissen, das heißt die anderen zuvorkamen. So wünschte man sich immer wieder ein Buch, das für daheim zu kostspielig war oder nicht mehr untergebracht werden konnte, oder etwas Ähnliches, und konnte sicher sein, daß es einem am Festtage auch aufgebaut war. Schon vor dem Abendessen wurde in dem großen, saalähnlich langen Eßzimmer auf dem Martinsberg beim Glanze eines großen Tannenbaumes beschert. Es war ein Tisch für rund 30 bis 40 Personen; die Kleinsten mußten mit dem Kindertisch – „Katzentisch" – des Martinsberges vorliebnehmen, der nach Großvaters Tode lange bei uns in der Königsstraße stand und jetzt nach Leipzig in den Besitz von Edda übergegangen ist. Auf die Bescherung folgte ein Essen, dessen Bedeutung für die älteren Enkel kaum geringer war. Denn da der Großvater jeden Weihnachten von Kommerzienrat Bencke ein Fäßchen echten russischen Kaviar erhielt, gab es Kaviartoasts, die für uns mit der Einführung in den Luxus der großen Welt gleichbedeutend waren. Freilich mußte man aufpassen, um bei der begrenzten Zahl der ausgegebenen Herrlichkeiten zu seinem Rechte zu kommen.

Bei allen diesen Gelegenheiten erschienen in wechselnder Zahl und Zusammensetzung auch durchreisende Verwandte von auswärts und brachten uns so das ganze Reichsgebiet in den Gesichtskreis, wohnte doch Onkel Robert mit seiner viel umschwärmten Tochter, der schönen Irmgard, in Metz, Onkel Willy in Thorn, Tante Hella und die Familie Falk in Wien, so daß der Kreis der Familie wirklich soweit reichte, wie die deutsche Sprache klang. Gelegentlich kam dann auch – mit berühmten Zuckermandeln als Geschenk – Tante Alwine aus Florenz zu Besuch, die eine sagenhafte Erbtante sein sollte. Sie hat schließlich den Kindern von Tante Klärchen ihr Vermögen vermacht, nachdem meine Base Lotte vorher lange Jahre als Opferlamm zu Besuch in Florenz gewesen war. Finanziell war es eine Enttäuschung, die kaum die Energie lohnte, mit der diese Aussicht in Verwandtenkreisen diskutiert und umstritten worden war. In der Vetternschar fanden sich immer genügend exotische Elemente, um dafür zu sorgen, daß die Entwicklung des Einzelnen nicht im Spießbürgerlichen stecken zu bleiben brauchte. Da waren die älteren Greifswalder Vettern: Ludwig, der durch einen Unglücksfall als Soldat in sein Bajonett gestürzt war; Gottfried, der hochmusikalisch war, meiner Erinnerung nach damals wie ein Zigeuner aussah und keiner war; Martin, der so aussah und starke Elemente davon in sich trug;

zunächst berühmt dadurch, daß er jedes denkbare Fach studierte, mit atemberaubender Leichtigkeit seine Staatsexamina machte, um dann stets wieder den Beruf zu wechseln und schließlich in dem scheinbar prosaischen Handwerk des Patentanwalts zu enden. (Scheinbar dem Beruf der Klügsten in der jüngeren Generation, denn auch Franz und Freda haben damit offenbar gute Erfolge erzielt.) Man konnte noch nicht ahnen, daß er später nacheinander vier Frauen und von allen Familien und Kinder haben sollte; denn an sich gehörte er zu den kleinsten und zierlichsten der Familie, so daß man ihm trotz seiner Unruhe im Grunde nicht die dynamische Vitalität zutraute, die zu seinem Lebenslauf unzweifelhaft gehört hat. Auch er schriftstellerte und hat Märchen im Verlag von Herder, freilich unter dem Namen eines seiner Söhne, erscheinen lassen, während er vor 1933 sich zeitweise mit dem kühnen Gedanken trug, einen Galsworthyroman über die eigene Familie zu schreiben. Das Thema wäre verlockend genug gewesen, und er hatte auf jeden Fall einen Spritzer von Begabung in sich. Man denke sich aber ein solches Buch, das ungefähr 1933 erschienen wäre oder eben vorgelegen hätte. Neben möglichen Projekten hat er auch stets eine große Anzahl von unmöglichen mit sich herumgetragen. Wie Willy in Dresden zu komponieren versuchte und auf diese Tätigkeit fast mehr Wert legen mochte als auf seine erfolgreiche Arztpraxis, bemühte sich Martin, Operntexte zu schreiben, die nur das sachverständige Interesse seines leidenden Vetters Fritz erregen konnten. – Dagegen war in der Jugend ein immerhin leise Aufregung erregender Fall der meines Vetters Bernhard Schulze, der, obwohl von Natur stark stotternd und dadurch auf das schwerste gehemmt, diesen Fehler weit genug überwand, um später Schauspieler und zeitweise sogar Spielleiter in Hamburg zu werden. Schon mit etwa sechzehn Jahren konnte er auf dem Martinsberg im Kreise der skeptisch bleibenden Onkel eine erste Talentprobe ablegen. Er wählte, wenn ich nicht irre, den Monolog des Orestes aus Goethes Iphigenie und hat damit auf mich keinen besonderen Eindruck gemacht. Freilich hat mich damals auch mein Vater schon gelegentlich getadelt, ich schiene zum geistigen Hochmut zu neigen und lasse es mir zu deutlich merken, wenn ich etwas besser zu wissen glaube als andere. Er hat damit recht gehabt und gewisse „professorale" Neigungen frühzeitig bekämpft. Wenigstens ging es mir in der Schule ähnlich, wo ich bis zum Abitur im Geschichtsunterricht niemals ganz den Drang habe erstikken können, meinen Lehrer bei wirklichen oder vermeintlichen Irrtümern zu korrigieren. Heute bin ich geneigt anzunehmen, daß die vermeintlichen Irrtümer wohl überwogen haben werden, soweit es sich nicht um belanglose Versehen handelte. Denn mein Lehrer Herold hatte mit einer soliden Dissertation über den Bauernkrieg promoviert,[6] und es war höchst unwahrscheinlich, daß ich ihn trotz ausgedehnter Lektüre so früh überholt haben sollte. Mit der Lebhaftigkeit der Familie hat sich doch wohl auch bei mir frühzeitig der in ihr stark vorhandene Zug zur Kritik ausgeprägt, und mein frommer und guter Vater, der an dieser negativen Familieneigenschaft vielleicht am wenigsten beteiligt war, hat sicher recht gehabt, wenn er frühzeitig gegen die hierin liegende Gefahr ankämpfte.

Mein Vater war am 6. März 1856 in Sprottau geboren und hing wie alle seine Brüder zeitlebens mit Inbrunst an seiner schlesischen Heimat. Das Gutshaus von Mückendorf, in dem er herangewachsen war, bedeutete mit Garten, Wald, kleinem Teich und den Überschwemmungswiesen des Bober für ihn das irdische Paradies. Noch in dem Jahrzehnt nach dem Weltkrieg hat er es mit allen überlebenden Kindern aufgesucht und ist in der vertrauten Umgebung förmlich aufgelebt, um am Schlusse der Reise uns auch das Riesengebirge bei Brückenberg zu zeigen und noch einmal die Schneekoppe zu besteigen, wie auch er das als Kind mit dem Großvater – damals noch im eigenen Reisewagen – getan hat. Das vierte von zwölf Geschwistern, war er im Vergleich zu seinen Brüdern verhältnismäßig klein und ursprünglich wohl auch nicht besonders kräftig gewesen. Er hatte sich langsam entwickelt und wurde von einem Teil seiner schnell fertigen, begabten Brüder immer ein wenig über die Achseln angesehen, ohne Grund, wie wir zweifellos feststellen konnten. Denn er arbeitete zwar bedächtig und vorsichtig, war aber im Grunde in seinem Denken kritischer und selbständiger als ein Teil der stärker formgewandten Juristen unter seinen Brüdern. Mit seinem ärztlichen Beruf hat er es stets tief ernst genommen und die Bedeutung von Beruf und Berufsarbeit auch uns Kindern unauslöschlich eingeprägt. Er hat mir immer betont, daß wir jeder unseren Beruf völlig frei wählen könnten, und hat sich auch streng danach gerichtet. Nur Offizier des Landheeres oder Künstler – Schauspieler, Sänger, Dichter – sollten wir nicht werden. Dagegen werde er Einspruch erheben. Wie er mir später einmal beichtete, hätte er sich freilich auch damit abgefunden, stand aber auf

[6] Richard Herold, *Der Bundschuh im Bistum Speyer vom Jahre 1502*, Diss., Greifswald 1889.

dem nicht unberechtigten Standpunkt, daß für diese Berufe eine überragende Begabung notwendig sei. Es sei besser, es auf Widerstand ankommen zu lassen und erst einmal zu sehen, ob es sich nicht nur um eine Eingebung der Laune, sondern wirklich um einen tiefer liegenden, notwendigen Trieb handle, der sich dann auch gegen äußere Schwierigkeiten durchsetzen werde und durchsetzen müsse. Auch seine Berufsentwicklung hat sich verhältnismäßig langsam vollzogen. Er hatte in Freiburg und Halle studiert, machte Anfang der achtziger Jahre sein Staatsexamen, diente 1882/83, um dann bis zur Niederlassung als praktischer Arzt in Halle unruhig nach der Betätigung zu suchen, die ihn ausfüllte. Diese Periode begann mit Landarztjahren als Vertreter im Thüringischen, vor allem dem Unstruttal, das damals noch nicht malariafrei war. Ärztlich ist dies vielleicht seine schönste Zeit gewesen. Er war noch Landarzt alten Stiles, der auch kleinere und selbst leidlich größere chirurgische Eingriffe vornehmen mußte, ganz auf sich angewiesen, wie das seiner zurückhaltenden Natur entsprach. Vor allem war er hier noch Arzt für den ganzen Menschen und kaum beengt durch das noch ganz in den Anfängen stehende Kassenarztwesen, das er bis zu seinem Tode als Anfang vom Ende des wirklichen Menschenarztes haßte und ablehnte. 1885 ging er als Assistenzarzt nach Königsberg, dessen damals stark alkoholische Luft ihm, dem Abstinenzler und Menschen des Maßes par excellence, wohl nicht allzu sehr zusagte. Von 1887 bis 1890 wurde er dann Prosektor an der Rostocker Anatomie und habilitierte sich dort auch. Mit seiner ganzen Bescheidenheit hat er uns von dieser nicht zum Abschluß gelangenden Episode seines Lebens kaum erzählt, auch dann noch nicht viel, als ich die gleiche gefährliche akademische Laufbahn einschlug. Aber er ließ mich gewähren, obwohl er die Schwierigkeiten vollkommen kannte und sich bis zu seinem Tode über meine Zukunft offenbar reichlich gesorgt hat. Als ich 1911 Student in Freiburg wurde, gab er mir eine Empfehlung an seinen Rostocker Freund Oltmanns[7] mit, der dort inzwischen Ordinarius für Botanik geworden war. Ich bin nur einmal in dessen gastfreiem Junggesellenheim eingeladen gewesen, in dem schon vor dem Weltkrieg eine dichte Schar von Hörern und einzelnen Hörerinnen verkehrte.

[7] Friedrich Oltmanns, geb. 1860, 1883 bis 1930 Professor der Botanik in Freiburg, davon viele Jahre Ordinarius. Von seinen Werken seien genannt, *Morphologie und Biologie der Alpen*, 2 Bde., 1904/05 (später in drei Bänden), und *Pflanzenleben des Schwarzwaldes*, 2 Bde., 1922; Herausgeber der *Zeitschrift für Botanik* (seit 1909).

Dabei aber konnte ich feststellen, daß der ehemalige Kollege von der wissenschaftlichen Gediegenheit meines Vaters mit stärkstem Respekt sprach. In der Tat hat er bis zu seinem Lebensende gewisse Lieblingsprobleme, vor allem Gelenkfragen, niemals ganz aus dem Auge verloren. Vor allem blieb es aber stets dabei, daß er frei von jeder äußeren Autorität jede ihm im Leben entgegentretende Frage selbständig anfaßte und von den Grundlagen her zu durchdenken versuchte. Das hat ihn sicher manchmal etwas umständlich gemacht, so daß er nach außen hin als schwerfällig erschien. Auch wir Kinder haben uns oft dagegen gesträubt, aber je länger, je mehr doch erkannt und erkennen müssen, daß diese Veranlagung für uns eine zwar straffe, aber doch wertvolle Kontrolle bedeutete, der wir vieles im Leben zu verdanken haben, auch wenn es nicht immer auf die meinem Vater gänzlich gleichgültige Bahn des äußeren Erfolges hinwies.

Nach seiner ganzen tief gefühlvollen Veranlagung war er ein Mensch, der für das Familienleben geboren war und ganz in Frau und Kindern aufging. Seine erste Ehe mit meiner Mutter „Mariechen" Triebel ist allem Anschein nach von ungetrübtem Glücksgefühl begleitet gewesen. Die Familie Triebel im nahen Wettin war mit den Herzfelds eine Art Personalunion eingegangen. Der Großvater Triebel war Amtsrichter in Wettin und hatte gegenüber der alten Burg ein stattliches altes Haus mit einem berühmten Rosengarten, seiner großen Liebe, der nach außen hin freilich nicht zu sehen war. Die Kinder gingen in Halle zur Schule und lernten von der Pension aus die noch zahlreichere Kinderschar der Herzfelds kennen. Bald entspann sich ein ausgedehnter Verkehr, in den Schulzeiten auf dem Martinsberg in Halle, in den Ferien durch Wagenfahrten der Herzfelds nach Wettin gepflegt. Das Ende war, daß die eine der beiden Töchter meines Großvaters, die berühmte Tante Mieze, allen ihren Neffen und Nichten durch ein hübsches Kinderbuch, Nachklang und Ausklang der Poesie meiner Großmutter, bekannt, schließlich einen Triebel, meinen Onkel Julius, heiratete, während zwei Triebelschwestern, meine Mutter und Tante Therese in Greifswald, auf zwei Herzfeldsche Brüder kamen. Neben der durch meinen Großvater städtisch gewordenen Familie der Herzfelds stammen wir so von einer Familie des sächsisch-thüringischen Landes aus Gräfenhainichen, der Stadt Paul Gerhardts, ab, die in den zwei letzten Generationen sich in der Saalelandschaft von Wettin festgesetzt hatte. Denn auch mein Onkel Julius ist als Beamter des höheren Bergfaches später noch lange Jahre in Wettin ansässig gewesen. Und noch in meinen letzten Schul- und

Studentenjahren ist der Vater mehr als einmal mit uns größeren Söhnen nach Wettin gewandert, wo wir im Kaffee des alten Schade, eines Jugendbekannten meiner Eltern, an der Saale Schokolade und Kuchen genossen, Kahn fuhren und im größten Gasthof, dem Preußischen Hof gegenüber der Burg, übernachteten. Einmal begleiteten uns auch Onkel Hans und sein Sohn, unser Vetter Wolfgang. Wir machten dabei eine etwas feuchte Kahnfahrt auf der von stürmischem Wind aufgepeitschten Saale und kehrten auf der Rückkehr in einem Landgasthof, ich glaube in Zappendorf, ein, wo uns ein nach unseren Begriffen so starker Ungarwein vorgesetzt wurde, daß die ganze Expedition, bei scheußlichem Wetter durchnäßt und nicht mehr sehr repräsentativ, schließlich in einem reichlich gehobenen Zustand in der Mansfelder Straße landete. Tante Klärchen und meine Stiefmutter sind wohl von dem Ergebnis dieser Kollektivexpedition gleich entsetzt gewesen, so daß Versuche dieser Art zu unserem Leidwesen nicht leicht wiederholt wurden.

Was mein Vater schwerflüssig war und während der ersten Jahre seiner Praxis an Sorgen um die Zukunft mit sich herumtrug, wurde durch meine Mutter glücklich überbrückt. Sie war nach meiner Erinnerung und den Erzählungen all derer, die sie näher kannten, eine durch nichts zu lähmende Frohnatur. Auch ihre Erzieher hingen mit rührender Liebe an ihr. Sie war in Halle bei den alten Damen Arnolds in Pension gewesen, in Glaucha auf der Mittelwacht gegenüber der Glauchaischen Kirche. Auch dies war ein altes Haus im Stil der Zeit August Hermann Franckes, Nachbarhaus und Parallelbau zum Predigerhaus der Gemeinde. Auf ein Vorhaus mit den eigentlichen Wohnräumen folgte ein kleiner Hof und anschließend ein Gartengebäude, das auf den verwunschenen und etwas verwilderten Riesengarten führte, der sich an Umfang sehr gut mit dem Martinsberg messen konnte. Hier habe auch ich wie meine Mutter schon Klavierstunde gehabt. Die Tante Arnold war zwar viel zu gut und ließ mich allmählich so flüchtig werden, daß mich meine Stiefmutter in der Sekunda voll Entsetzen die Stunden abbrechen ließ. Aber ich verdanke ihr doch sehr viel. Unvergeßlich sind nicht nur die Bratäpfel, die ich im Winter bald allein, bald mit meinen Geschwistern zusammen erhielt, wenn wir nach dem Tode unserer Mutter gemeinsam zu Besuch waren – herrlich knusprig gebackene Äpfel, die mit Riesenmengen von Zucker angefüllt wurden. Vor den Stunden durfte ich aber auch immer wieder in die Bücher blicken, die sie aus einer Leihbibliothek oder wahrscheinlicher einem guten Lesezirkel entliehen hatte. Ich erinnere mich noch an die Faszination, die auf mich zwei Bände über russische Geschichte mit eingehender Darstellung des neurussischen Terrorismus ausgeübt haben. Ich wollte mich von ihnen kaum trennen. Und wenn das Ergebnis der Musikstunde schließlich nicht allzu groß war, so blieb doch eine erste ganz in das Gewand altmodisch solider Hausmusik getauchte Vertrautheit mit klassischer Musik: Mozart, Schubert, Anfänge von Beethoven, Carl Maria von Weber habe ich hier zuerst kennen gelernt und durfte als besondere Anerkennung, wenn ich mich selten genug einmal wirklich angestrengt hatte, mit den alten Damen an zwei Instrumenten, einem Klavier und einem Flügel, achthändig spielen. Vor allem die Jubelouvertüre von C. M. von Weber ist mir so in der Erinnerung geblieben.

Die in diesem Haus lebende, gediegene Bildung alten Stiles hat auch meine Mutter besessen und mit ihrer ganzen regen Lebendigkeit weiter gepflegt. Sie hatte vor allem eine intensive Vorliebe für die englische Sprache und setzte auch in ihrer Ehe noch ein englisches Kränzchen fort. Bücher aus dieser Beschäftigung blieben im Hause, sind mir später wieder in die Hand gekommen und haben ihr Teil dazu beigetragen – neben den schon erwähnten Ermahnungen meines weltkundigen Onkels Alexander –, daß ich mich als Sekundaner entschloß, den sehr schlechten wahlfreien Unterricht der Schule in Englisch durch eigene Arbeit nach den Langenscheidtbriefen zu ersetzen und so eine erste Sprache in meinem Leben selbständig und mit innerem Anteil zu erlernen.

Meinem Vater war die Mutter eine nie versagende Kameradin. Sie hat frühzeitig radfahren gelernt und mit ihm und anderen jungen Kollegenehepaaren zusammen große Überlandausflüge gemacht. Ich erinnere mich noch dunkel an das abscheuliche Kostüm der Zeit mit den Pluderhosen. Offenbar wurde durch sie meine Aufmerksamkeit auf diese technische Welt gelenkt. Noch in unserer Wohnung in der Leipziger Straße 10 – gegenüber der Ulrichskirche –, auch einem alten halleschen Patrizierhaus mit riesigen Zimmern und Korridoren und einem uns Kindern phantastisch dünkenden Hofe, in dem ich zusammen mit Hänschen Schauseil spielte, dem später im Weltkrieg gefallenen Sohn eines bekannten halleschen Bankiers – sah ich aus den Fenstern unserer Wohnung einen riesigen Radfahrerkorso. Mir imponierten vor allem Hochräder, die meiner Erinnerung nach sich mehrere Meter hoch auftürmten. Auch eine weitere technische Neuerung erlebte ich hier zum erstenmal. In meiner Kinderzeit besaß Halle noch eine Pferdebahn. Endlos oft bin ich mit meiner Mutter auf ihr zum

Schlittschuhlaufen auf das Klubeis gefahren. Eines Tages aber – für mich kam das noch als vollendete Tatsache – machte sie, wohl um 1900 herum, einer elektrischen Straßenbahn Platz, und wieder sah ich, wie der erste geheimnisvolle Wagen die Leipziger Straße hinunter gefahren, „gebraust", wie es mir schien, kam. Die Verhältnisse blieben freilich auch jetzt noch patriarchalisch. Die hallesche Elektrische kannte bis zum Weltkrieg keine Schaffner. Jeder Einsteigende mußte seinen Groschen in den Zahlkasten am Vorderende des Wagens werfen, und der Fahrer hatte vorn nur einen Spiegel vor sich, in dem er einigermaßen kontrollierte, ob die Fahrgäste dieser Pflicht genügten. Im ganzen scheinen die Leute ehrlich genug gewesen zu sein, um diese Methode tragbar erscheinen zu lassen.

Meine Erinnerungen an die Mutter sind nicht allzu zahlreich, obwohl ich zehn Jahre alt war, als sie starb. Aber sie sind unendlich tief gewurzelt. Nach den Jahren der sonnigen Spieljugend kam mit der Schule eine Zeit, in der ich zuerst stark auf ihre Leitung angewiesen war. Sie arbeitete täglich mit mir und erreichte, daß ich trotz einiger Neigung, das Leben nicht allzu ernst zu nehmen und meinen umfangreichen Schmökerinteressen kräftig nachzugehen, sofort ein guter Schüler wurde. Offenbar hat sie mich dann in den oberen Vorschulklassen – eine Grundschule bestand noch nicht – bald mir selbst überlassen. Als ich dann aber in der obersten (3.) Klasse bei einem sturen Stockpädagogen war, der jedes falsche Exempel mit Schlägen auf die Hand bestrafte, versagte ich zum erstenmal glänzend und kam an einem Tage fast an den Schwanz der Klasse herunter. Denn wir wurden noch in jeder Stunde nach dem Verlauf der Antworten auf die Fragen des Lehrers hin und her versetzt. Ich weiß noch wie heute, daß wir – jetzt schon in der großen Wohnung Steinstraße 1 Ecke Ulrichstraße, im Herzen des halleschen Stadtverkehrs – bis tief in die Abenddämmerung im Sprechzimmer auf dem Ledersofa meines Vaters saßen. Meine Mutter exerzierte so unermüdlich mit mir, daß ich das Geheimnis der Bruchrechnung, um die es sich wohl gehandelt hatte, restlos begriff und am nächsten Tage glänzend abschnitt. Ich wurde entweder Erster oder nahezu Erster und war selig. Um so seliger, weil ich als Belohnung mir ein Buch aussuchen durfte. Ich wählte den Robinson, und mein sonst sehr zurückhaltender Vater ging selbst mit mir in unsere Buchhandlung, zu Neuberts, der ich dann bis zu meinem Fortgang von Halle treu geblieben bin, und kaufte auf meinen Wunsch eine vollständige, sehr schön mit Bildern ausgestattete Ausgabe, die wohl das Lieblingsbuch meiner Kinderjahre gewesen ist. Ich kann schwer sagen, was meine Phantasie dem Buch Defoes in dieser Originalform zu verdanken hat. Jedenfalls habe ich das Exemplar noch meinem Jungen weiter schenken können, ebenso wie einige in den nächsten Jahren folgende Bände: Schalks anziehende Ausgabe der deutschen Heldensagen und Sigismund Rüstig, während ich leider ein späteres Geschenk: Der große König und sein Rekrut (von Otto) vermisse, das für meine historischen Neigungen besonders anregend und bedeutsam geworden ist. Als ich dann auf die Latina kam, fing meine Mutter mit ihrer ganzen Regsamkeit an, mit mir Latein zu lernen und nahm mich dabei so durchgreifend unter Kontrolle, daß zunächst alles ausgezeichnet ging. Die Folge war aber, daß ich bei ihrem plötzlichen Tode aus allen Wolken fiel und binnen kürzester Zeit einer der schlechtesten, weil völlig abgelenkter Schüler der Klasse wurde.

Wir sind mit meiner Mutter auch viel im Freien gewesen. Ich erinnere mich noch wie heute an ein Bild. Wir hatten die übliche Dampferfahrt die Saale abwärts nach Neurakoczy, halbwegs zwischen Halle und Wettin, gemacht, dabei noch eine Art Solbad wie Wittekind, an dem mein Onkel Wolfgang beteiligt war. Dort stiegen wir aus, und das Wäldchen, durch das wir zum Lokal hin gingen, kam mir mit seinem bescheidenen Schatten nach einem hellen Sommernachmittag auf der offenen Saale vor wie Poseidons dunkler Fichtenhain im Schillerschen Gedicht. Plötzlich zeichnete sich durch die Bäume die Gestalt des Vaters ab, der uns mit dem Rade entgegenkam. Offenbar war er auf Praxis gewesen und holte uns dort ab. Es war ein unvergeßlicher Eindruck: das Geheimnisvolle der Natur und die Beschütztheit des Kindes durch beide Eltern haben sich mir in diesem Bilde zusammengefaßt.

Von den frühen Reisen meiner Kindheit, an denen unsere Mutter noch teilnahm, sind mir besonders drei in Erinnerung geblieben. Mein Vater war Hausarzt bei dem Bauunternehmer und Ziegeleibesitzer Löst, der in Halle die scheußliche Massensiedlung der Schmidt- und Schlosserstraße, große gelbe Ziegelsteinbauten, errichtet hatte. Gelegentlich besuchte ich mit ihm die Löstsche Ziegelei vor den Toren der Stadt, auf der sich zeitweise der Sohn der Familie Löst erholte. Dorthin bin ich auf seinem Pferde zum erstenmal „geritten" und durfte mir die Geheimnisse des Ziegelbrennens ansehen. Wir waren dann – als ich vielleicht fünf bis sechs Jahre, Eberhard etwa vier Jahre alt war – eines Sommers in Kösen, wo Lösts ein Weinberghaus besaßen. Die von Weiden umstandene Saale, der Stoppelacker vorm Hause, auf dem wir barfuß liefen und Maulwürfe ausgruben, der Weinberg, die Fischhäuser an der Saale, in denen wir zu Mittag aßen, das Gradierwerk, in dem wir Kinder mit der Mutter inhalierten, prägten sich mir tief ein. Ich habe Kösen später endlos oft gesehen, und mein Vater hat noch unsere Schwester Ilse dorthin geschickt, als sie bei ihren Gesangsstunden die üblichen Halsschwierigkeiten bekam. Das Schönste bleibt diese Kindererinnerung.

Etwas später waren wir dann einmal in Wernigerode am Harz, besuchten das Schloß und lebten traumhaft schön in einem prächtig gelegenen Landhaus inmitten von Wald und Wiese. Zusammen mit den Eltern sind wir beiden Ältesten schon an der Steinernen Renne gewesen, wo wir den ersten Wasserfall unseres Lebens bestaunten. Der Höhepunkt der Reise war eine Brockenbesteigung, die von Schierke aus zu Fuß gemacht wurde. Wir Kinder, Eberhard und ich, haben uns dabei ehrlich plagen müssen, aber der landschaftliche Eindruck der von uns erstiegenen Felsblöcke war tief und großartig, fast stärker als das schließliche Gipfelbild. Das Schönste war aber vielleicht die Abfahrt mit der Brockenbahn durch ihre vielen Tunnel.

Die letzte und größte Reise ging an die Ostsee nach Koserow auf Usedom, wo wir zusammen mit den Greifswalder Verwandten ein Haus gemietet hatten. Ich erinnere mich an die schwierige Reise, auf der wir sämtliches Bettzeug mitnehmen mußten. Für uns Kinder war der Aufenthalt ein Paradies. Es wurde sogar im Hause gekocht, so daß für uns jede Störung beim Spiel fortfiel. Der Strand entfaltete seine Kinderreize. Vor allem sind wir öfters gesegelt und waren stolz, daß weder wir beiden ältesten Brüder noch unsere Eltern seekrank wurden, während das der ganzen ebenso zahlreichen Greifswalder Sippschaft bei einer etwas stürmischen Fahrt nach Zinnowitz in reichlichem Maße passierte. Mit welchem Stolz landeten wir unter starken Spritzern und allgemeinem Anteil des Badepublikums an der großen hölzernen Landebrücke von Zinnowitz! Der Rückweg wurde dann von den meisten zu Fuß gemacht, während ich mit den Eltern voller Stolz auch ihn segeln durfte, nachdem ich mich als wetterfest erwiesen hatte. In den Wäldern der Insel sollten noch Kreuzottern sein, und jede Blindschleiche erregte daher heftigen Alarm. Auf einer Wagenfahrt wurden wir bis nach Swinemünde mitgenommen. Es war eine Ganztagsexpedition, auf der wir bei der Rückfahrt auch durch Heringsdorf kamen, dessen Eleganz und Größe auf mich noch ohne Eindruck blieb. Wir waren in dem kleinen Koserow viel zu selig und völlig dort heimisch geworden. Diesmal ging ich schon zur Schule, und der Vater kaufte mir ein Buch über Vineta und die Vitalienbrüder, das ich mit heißer Inbrunst wieder und wieder verschlungen habe.

Alles das sind Erinnerungen von ungetrübtestem Kindheitsglück. Zwar starb mein zweiter Bruder Georg sehr zeitig am Scharlach, aber eine Erinnerung an dies für meine Eltern so schmerzliche Ereignis ist mir nicht geblieben. Für mein Bewußtsein war und blieb Eberhard – Hackel, wie ihn seine schlesische Amme Frau Stietz getauft hatte – der Zweitgeborene. Werner und Ilse waren bis zum Tode unserer Mutter noch so klein, daß ich mich zwar an ihr Aussehen in den üblichen Sonntagswaschanzügen der Sommermonate erinnere, aber sehr viel Plastisches ist mir aus ihren frühen Kindheitstagen nicht geblieben. Auf jeden Fall waren diese ersten zehn Jahre meiner Kindheit die Zeit ungetrübtesten Glückes, und der Tod meiner Mutter bedeutete eine Katastrophe von unabsehbarem Ausmaß.

Sie war 1901 als Schwiegertochter endlich an die Reihe gekommen, eine der schon erwähnten Italienreisen meines Großvaters an die Riviera mitzumachen, und trat die Fahrt an, obwohl sie bereits vorher Gallensteinanfälle gehabt hatte, die aber in Halle bei sachgemäßer Behandlung ohne Schwierigkeiten überwunden worden waren. Auf der Reise wurde sie krank, schleppte sich aber, um die anderen nicht zu stören, bis Avignon mit und verschlimmerte dadurch das Leiden in einer Weise, daß es bereits zu spät war, als mein telegraphisch herbeigerufener Vater in die alte Papstresidenz geeilt kam. Er hat mir später erzählt, daß in Halle eine Rettung durch einen operativen Eingriff, wie er damals am Elisabethkrankenhaus schon gemacht wurde, durchaus noch möglich gewesen wäre. In Avignon fehlte jede Möglichkeit eines chirurgischen Eingriffes, und selbst mit Medikamenten ist er auf Schwierigkeiten gestoßen. So hat er erleben müssen, daß die Mutter seiner vier Kinder in seinen Armen starb, ohne die Unabwendbarkeit dieses harten Schicksals wirklich zu übersehen und sich innerlich mit ihm abgefunden zu haben. Wir Kinder waren davon nicht unterrichtet worden, weil uns der Vater selbst die Trauerbotschaft mitteilen wollte. Dadurch kam es für mich zu einer kleinen Katastrophe. Ich ging eines Tages aus der Schule mit dem Sohn eines höheren Eisenbahnbeamten nach Hause, der zur Kundschaft meines Vaters gehörte. Ich war wiederholt bei ihm im Hause gewesen, das sich an Geburtstagen durch eine bei uns nicht übliche üppige Gastlichkeit auszeichnete. Da teilte er mir plötzlich mit, daß der Sarg mit der Leiche meiner Mutter auf dem Bahnhof eingetroffen sei und sein Vater ihn bereits gesehen habe. Ich fiel aus allen Wolken und wollte das nicht glauben, um bei der Rückkehr in unser Haus den Vater anzutreffen und von ihm die gleiche Trauernachricht mitgeteilt zu erhalten. Alles andere verschwimmt im Nebel. Ich erinnere mich nur noch an den Trauergottesdienst, den Weg hinter dem Sarge und wie wir drei Jungen mit unserem Vater am offenen Grabe standen. Tante Klara Knaths, die sich in den Jahren der Witwerschaft meines Vaters rührend um uns Kinder ihrer Lieblingsschwester gesorgt hat, erzählte mir später oft, wie hoffnungslos elend wir kleinen Jungen ausgesehen hätten, die wir die Tragweite des Geschehens noch nicht übersehen konnten, aber gefühlsmäßig doch ahnten, was uns betroffen hatte. Damit begann die erste große Krisis meines Lebens. Sie machte so tiefen Eindruck auf mich, daß ich später für meinen eigenen Jungen nichts mehr gefürchtet habe, als daß er vom gleichen Schicksal betroffen werden könnte. Ich habe meiner Frau mehr als einmal von diesen schrecklichen Ereignissen erzählt, um ihren Lebenswillen in schweren Zeiten zu seinem Besten dadurch zu stärken.

Es ist wahrscheinlich nicht ganz ohne Ungerechtigkeit gegen die Schicksalsfügung gewesen, wenn ich nur mit Schrecken an die Zeit zurückdenke, in der wir von 1901 bis 1902 mutterlos in der großen Wohnung in der Steinstraße dahinlebten. Wir wurden einer Hausdame, einem Fräulein Banse, anvertraut, die sich wahrscheinlich mehr Mühe gegeben hat, als wir bemerkten. Uns blieb nur der Schrecken vor gewissen Kochkünsten, wie die wöchentlich einmal wiederkehrende Mahlzeit mit Lungenmus. Alle Geschwister haben es so verabscheut, daß es unsere erste Bitte an die künftige Stiefmutter war, dies Gericht niemals wiedersehen zu müssen. Die Bitte wurde gewährt und streng eingehalten, obwohl wir im allgemeinen vom Regen in die Traufe gerieten. Denn bei unserer Stiefmutter sollte es in Zukunft nicht mehr viel individuelle Neigungen gegenüber dem Essen geben, das einmal auf den Tisch gekommen war. Aber auf jeden Fall hat Tante Banse es nicht verstanden, unsere kleinen Kinderherzen zu gewinnen, obwohl sie selbst sich vielleicht gewisse Hoffnungen auf unseren Vater gemacht hat. Jedenfalls brach Eberhard beim ersten Besuch unserer künftigen Stiefmutter an der großen Familienfesttafel mittags in den Herzensruf aus: Gottseidank, nun muß Tante B. weg! Die Folge war eine Ohrfeige meines Vaters, Tränen der Beleidigten und eine bedenkliche Unterbrechung der allgemeinen Harmonie. Aber er hatte uns aus dem Herzen gesprochen. Nach allem, was wir später von Verwandten erfahren haben, hat sie uns jedenfalls nicht in Ordnung halten können. Sauberkeit und Anzug sollen bedenklich nachgelassen haben. Auch sonst waren wir weitgehend verwildert, und unsere neue Mutter hat im Anfang schwere Kämpfe bestehen müssen, da ihre im allgemeinen wohl berechtigte Strenge von der Verwandtschaft nicht immer gebilligt und unterstützt wurde. Das hat zu manchem Konflikt Anlaß gegeben, von dem wir immerhin schon einiges vermerkten. Wir waren in den anderthalb Jahren der Witwerschaft meines Vaters sehr viel bei unserer unendlich gutmütigen Tante Knaths gewesen, deren Wohnung in der Kirchnerstraße Schätze von Büchern und Schätze von Leckerbissen barg. Noch wohler fühlten wir uns im Hause der Grünschen Weinhandlung in der Rathausstraße, wo unser Onkel Paul Triebel mit der stets heiteren und frischen, noch immer jugendlich anziehenden Tante Lisbeth wohnte. Kusine (Lotte) und Vettern (Paul und Jochen) dort waren einigermaßen in unserem Alter. Ich selbst verliebte mich bald zum erstenmal im Leben in die Tochter Grün und habe dieser Hilde auf dem Klubeis erste romantische Gefühle eines Sechs- bis Siebenjährigen entgegengebracht. Sie äußerten sich meist darin, daß ich abschnallen mußte und sie an einem Riemen nach mir über das Eis ziehen durfte. Der große Hof des Hauses in der Rathausstraße mit den Fässern und Flaschen der Grünschen Weinhandlung war für uns Kinder ein unerhörtes Paradies, das nur durch den Martinsberg und später die Mansfelder Straße mit dem großen Fabrikhof bei Onkel Hans, dem Saalearm um die Pfännerschaftsinsel an seinem Ende, dem Dach des Fabrikschuppens, den elektrischen Maschinen der Fabrikräume übertroffen wurde. Als aber mein Vater wieder heiratete, haben sich offenbar schnell Reibungen über Erziehungsfragen zwischen meiner Stiefmutter und der Familie Triebel herausgestellt. Die Triebels hielten anscheinend unsere neue Mutter für zu streng und versuchten wohl die Hand über uns Kinder ihrer Lieblingsschwester zu halten. Es kam zu heftigen Konflikten, und das Ende war, daß dieser Verkehr mit der Familie unserer Mutter zu meinem Leidwesen nahezu völlig aufhörte. Nur bei meiner Konfirmation kam es zu flüchtigen Berührungen, und erst nach meiner Kriegsgefangenschaft habe ich Tante Klara Knaths wieder aufgesucht. Alle ihre Kinder – die beiden älteren Söhne hatten uns als aktive Offiziere unabsehbar imponiert, die älteste Tochter Frieda war eine Zeitlang ein Liebling meiner Stiefmutter gewesen, hatte sie aber dann, Gott weiß aus welchem Grunde, enttäuscht – waren inzwischen verheiratet bis auf meine Kusine Lotte, die Studienrätin am halleschen Mädchengymnasium war. Als ich aus der halleschen Universität entfernt wurde, hat sie offenbar stillschweigend eine Hilfsaktion der Familie Triebel eingeleitet. Durch Onkel Georg, den wir in seligen Kindertagen in Hohenmölsen besucht hatten, erhielt ich durch lange Monate hindurch wesentliche Unterstützungen zugeschickt, zuerst anonym, dann unter Mitteilung dieses Ausgangspunktes. So schlang sich doch wieder ein versöhnendes Band um Jugend und tiefste Krise meiner Berufslaufbahn. Wir hatten als Kinder selig in Hohenmölsen gespielt, im kleinen Garten des Amtsrichterhauses Striche gezogen, an denen wir rücksichtslos unsere Zölle von den Erwachsenen erhoben; die beiden dänischen Doggen des Onkels hatten uns einen unvergeßlichen Eindruck gemacht. Wir erlebten es, daß sie eines Tages beim Einkauf mit dem Mädchen schleunigst, jede mit circa zwei Pfund Schweineschmalz in der Schnauze, aus dem Laden verschwanden. Auch gab es dort einen Landarzt, der Eberhard und mich häufig auf seine Praxisfahrten im Wagen mit zwei flotten Pferden mitnahm. Das war ein Vergnügen, das wir bereits von Onkel Ernst Triebel kannten, der in dem verträumten kleinen Städtchen Löbejün bei Halle seine Apotheke hatte. Auch in seinem Hause fanden sich zwei Basen, Trude und Suse, mit denen wir bei zeitweise häufigem Ferienbesuch spielten. Wir fuhren mit dem Mädchen einen kleinen Wagen über Land, besuchten dabei eine Windmühle, die wir hier zum erstenmal von innen kennen lernten, und holten Selterswasser aus einem abgelegenen Landgasthaus. Wie in Hohenmölsen wurden wir auch hier mit dem Arzt des Ortes bekannt und schätzten das Vergnügen, auf seinen Wagenfahrten mitkommen zu dürfen. Das Mädchen entstammte einer Bergmannsfamilie, und wir durften sie gelegentlich zur Grube begleiten, sahen, wie bei Schichtwechsel die Arbeiter geheimnisvoll aus der Grube herausströmten, und sie zur Wohnung ihrer Eltern begleiten, wo wir frugal, aber köstlich mit einer großen sauren Gurke bewirtet wurden. Auch der ausgedehnte Boden im Hinterhaus der Apotheke bot mit seinen Lagervorräten unendlich viel Geheimnisvolles, was wir dankbar mit Suse Triebel durchstreiften. Und schließlich erschien in der Stille des kleinen Landortes hinter dem Petersberg eines Tages sogar eine Seiltänzertruppe, die ihr Seil über den Marktplatz spannte und dort in atemloser Stille ihre Künste zeigte. Zusammen mit der Heimat der Familie in Wettin haben diese Besuche uns doch schon vor der Wandervogelzeit tiefer, als es von Halle aus sonst geschehen wäre, in die sächsisch-thüringische Landschaft um den Petersberg und die Saale abwärts eingeführt und uns in der Erinnerung dauernd an Halle gefesselt, das trotz aller seiner Schattenseiten als häßliche Fabrikstadt schon durch die häufigen Wanderungen mit dem Vater uns zur wirklichen Heimat geworden war.

Diese Eindrücke wurden dadurch unterstützt, daß unser Vater bei aller Sehnsucht nach Schlesien wie unsere Mutter fest im Leben der engeren Heimat wurzelte. So sind wir niemals dem Fluch der modernen Großstadt erlegen, die ihre Kinder nur zu oft heimatlos macht. Wir waren bereit, Halle und seine Umgebung zu nehmen, wie es war, und sind dann später als Wandervögel ganz und endgültig in seinem Boden festgewachsen, wie Frank durch unsere Wohnung in Dölau hoffentlich dauernd ein wenig Wurzelboden mitgenommen hat, sei es auch nur, um dort dankbar sich festzusetzen, wohin ihn das Schicksal in schönere Gegenden geführt hat.

Unsere arme Stiefmutter hat aber schwer gegen die Reste der Übergangszeit anzukämpfen gehabt, bis ihre Stellung in der großen Familie, die sie pflichtbewußt übernommen hatte, gefestigt war. Mein Vater hatte sie im Grunewald durch Tante Klara kennen gelernt und sich auch dort verlobt. Auch wir Kinder waren in diesen zwei Jahren immer wieder in der schönen Villa mit ihrem ausgedehnten Garten und der strengen Erziehung von Tante Klara zu Haus, die freilich auch verstand, wie eine Löwin für ihre Kinder zu kämpfen. Die Neigung vieler Familienzweige, die Grunewalder mit ihrem schlagfertigen Berliner Mundwerk und ihrem raschen, leicht spöttischen Witz als etwas Unheimliches anzusehen und unter Umständen lieber zu meiden, ist so niemals auf uns übergegangen, obwohl Tante Klara auch uns einen gehörigen Respekt abzwang. Aber das Gute überwog doch. Wir lernten doch auch durch sie Wertheim und die erste Berliner Untergrundbahn kennen. Eines Tages kam sogar der Kaiser auf dem Rückweg aus dem Grunewald am Gillweg vorbei, und Maus und Lore nahmen uns schnell genug an die Hand, so daß wir ihn noch aus nächster Nähe mit kleinem Gefolge, stattlich für uns und Ehrfurcht gebietend, vorbeireiten sahen. In dem Hause Gillweg 9 wohnten wir auch, als unser Vater wieder heiratete und wir dabei eine große Hochzeit mitmachten, deren Friedensglanz uns maßlos imponierte.

Unserer Stiefmutter brachten wir besten Willen und grenzenlose Hoffnungen entgegen. Diese haben uns Jungen trotz aller Schwierigkeiten auch nicht getrogen. Nur für meine damals noch sehr kleine Schwester Ilse ist der Übergang schwer geworden und hat nie zu einem völlig reinen Ergebnis geführt. Offenbar ist für ein Mädchen die Anerkennung des Ersatzes der blutgebundenen eigenen Mutter durch eine Stiefmutter im Gegensatz zu Knaben kaum möglich. Dazu kam, daß auf ihr die altmodisch gut gemeinte Strenge unserer zweiten Mutter wohl am meisten lastete. Selbst als Ilse im Weltkrieg schon das Lehrerinnenseminar besuchte und beide Frauen sich unter der schweren Last der Kriegsarbeit und dem tiefen Kummer nach dem Tode Werners (1915) ehrlich und voll zusammenfanden, wurde das Ergebnis doch dadurch gekreuzt, daß meine überarbeitete Stiefmutter sich für die Mädchenerziehung in ihre strengste Überlieferung und Frömmigkeit flüchtete. Während ich ihr schon als Gymnasiast Keller und Storm vorgelesen hatte und meine ganze Begeisterung etwa für Romeo und Julia auf dem Dorfe ohne erkennbaren Widerstand auslassen durfte, hat sie Ilse noch im Prüfungsjahr die gleiche Lektüre als für Mädchen unpassend untersagt und entzogen, obwohl dies schon wegen ihrer Schullaufbahn ein völlig unmögliches Unterfangen darstellte. Ilse hatte daher nach dem Examen so bald wie möglich das Elternhaus verlassen und wohl verlassen müssen.

Wir Jungen dagegen haben sie mit ihrer rührend aufopfernden, pflichtstrengen Liebe schließlich ganz als wirkliche Mutter erkannt und geliebt. Es war für uns mutterlose Knaben ein geheimnisvolles Gefühl, wenn wir auf ihrem Schoß sitzen und wieder das Maß an Frauenliebe empfinden durften, das für Kinder unbewußt und doch unentbehrlich ihr ganzes künftiges Verhältnis zum weiblichen Geschlecht bestimmt. Ich weiß, daß ich noch als Leutnant in seltenen stillen Abendstunden mit grenzenloser Dankbarkeit diese Wärme empfunden habe, wenn wir – etwa im kurzen Kriegsurlaub des Sommejahres – wirklich einmal in dem großen Eßzimmer der Königsstraße allein waren. Unvergeßlich sind mir die kritischen Tage und Wochen, als Nervenkrisen meines Vaters sie zwangen, mich schon als älteren Schüler und noch mehr als Studenten ins Vertrauen zu ziehen und für sie mit ärztlichen Kollegen meines Vaters verhandeln zu lassen. So ist für uns drei älteren Knaben die zweite Heirat meines Vaters doch zweifellos ein rettender Entschluß gewesen, für den wir nicht dankbar genug sein können.

Bis dies Ergebnis aber erreicht war, hat es meine Stiefmutter lange genug bitter schwer gehabt. Wir waren gründlich aus den Fugen geraten, und es gehörte eine schwere Kleinarbeit der Erziehung dazu, ehe der Schaden in Sauberkeit, Haltung, Benehmen wieder ausgeglichen war. Da meine Stiefmutter als Kind einer alten Familie höherer Beamten, der sie mit berechtigtem Stolz angehörte, auf diese Dinge auch in Äußerlichkeiten starkes Gewicht legte, hat sie sich wohl manchmal über Gebühr aufgeregt und aufregen lassen. Ohne nachzugeben, aber letzten Endes auch ohne entmutigt zu werden, hat sie diese jahrelangen Schwierigkeiten überstanden. Wieviel Kummer hat ihr jede Schulschwierigkeit gemacht! Sie hat um Werners schwere Kinderzeit auf dem Gymnasium zahllose Tränen vergossen, und wenn sie ihm manchmal dieses Dasein vielleicht durch eine leichtere Hand etwas mehr hätte erleichtern können, so hat sie selbst an dem Kummer, den er durchmachen mußte und den sie teilte, am schwersten getragen. Vielleicht irre ich mich nicht, daß ich in vielem die schwierigste und komplizierteste Aufgabe gewesen bin, die sie lösen mußte. Ich war der Älteste und versuchte wohl am längsten, noch Haken zu schlagen, ehe ich mich ganz ihrem Einfluß ergab und ihre Liebe anerkannte. Um so tiefer ist das Gefühl der Befriedigung gewesen – und ich hoffe: auf beiden Seiten –, als wir uns endlich in meinen letzten Schuljahren mit vollem Bewußtsein fanden. Mein Verhältnis zu ihr als Student ist so schön gewesen, wie man es nur mit der eigenen Mutter denken kann. Sie hat meinen großen Freundeskreis mit nie versagendem Anteil in ihrem Hause aufgenommen und mit meinen besten Freunden wie Riewald und Willi Westphal ein ganz persönliches Verhältnis der Anerkennung von ihrer Seite für Charakter und Begabung der beiden, der Verehrung von seiten meiner Freunde für sie gehabt, das ich ihr nicht genug danken konnte. Denn sie war durch die Schwierigkeiten, die der Wandervogel in mein Verhältnis zu den Eltern anfangs gebracht hatte, zunächst geneigt gewesen, in diesen Freunden Elemente bösen Einflusses zu sehen, um diesen Verdacht erst bei persönlicher Berührung aufzugeben. Bei aller Strenge und manchmal Enge ihrer Auffassungen war sie im letzten Grunde doch eine tief liebevolle Frau und eine unbedingt vornehme, gewissenhafte Natur, die sich in solchen Fällen restlos zu überwinden und anfängliche Irrtümer richtigzustellen verstand. Das habe ich zum mindesten seit meiner Obersekundanerzeit schon selbst beobachten können und bin ihr dafür im tiefsten Herzen so dankbar gewesen, wie nur ihr eigener Sohn es hätte sein können. Ich verdanke es ihr nach meiner Mutter, daß die Erinnerung an meine Kindheit heute in ungetrübtem Glanz vor mir liegt.

Die Übergangskrise hatte sich freilich bis an den Rand meiner Pubertätsjahre ausgedehnt und ist erst nach meiner Konfirmation wirklich beendet worden. Ich war zunächst in der Schule durch den Ausfall der mütterlichen Kontrolle und Autorität völlig auf den Hund gekommen, obwohl oder gerade weil in der Zeit der mutterlosen

Selbständigkeit sich meine geistige Entwicklung stürmisch beschleunigt hatte.

Ich war in der unbewachten Zeit nach dem Tode meiner Mutter über unseren Bücherschrank geraten, dessen altmodische Jugendstilschnecken für mich zum Heiligtum werden sollten. Pausenlos las ich nun die große sechsbändige Weltgeschichte von Wernicke, von der meine Liebe zum späteren Beruf ihren Ausgangspunkt nahm.[8] Es war ein altmodisches Buch, ohne jede selbständige Forschung, aber mit sehr viel durchaus nicht schlechtem anekdotischem Inhalt und neben Kriegs- und Staatsgeschichten reichem kulturgeschichtlichem Stoff. Von hier aus griff ich weiter zur Dichtung, las Theodor Körner, sämtliche geschichtliche Dramen Schillers und versuchte mich auch an einigen Stücken Goethes, ja selbst den geschichtlichen Prosaschriften Schillers. Kein Wunder, daß mein Sextaner- und Quintanerkopf bald von ganz anderen Dingen erfüllt war als den Schulaufgaben. Dazu kam reichlich Ablenkung durch Freunde und Familie. Ich war zeitig mit dem Sohn eines ärztlichen Kollegen meines Vaters, Bernhard Gutsche, befreundet worden, durch den ich auch in den Kreis seiner Vettern, der Söhne des Oberlehrers Hebestreit, in den Franckeschen Stiftungen gelangte. Dadurch eröffneten sich mir alle die für Stadtschüler sonst verschlossenen riesigen Gärten der Stiftungen. In der Plantage, dem Feldgarten, dem Waisengarten tummelten wir uns nun fast jeden Nachmittag herum und suchten auch das erreichbare Maximum von Unfug – hier oder auf dem im Gang befindlichen großen Neubau der Latina – anzustiften. Bernhard und ich waren zeitig passionierte Turner. Wir übten uns eifrig im Feldgarten an den Turngeräten – Reck und Barren –, die dort offen vor den Turnhallen standen, und drangen in unbewachten Stunden auch nach Herzenslust in diese selbst ein. Da unser Vater größten Wert nicht nur auf Wanderungen, sondern auch turnerische Schulung legte, besaßen wir zu Hause stets Schaukel, Ringe, und später in der Steinstraße wurde uns auch ein großer Zimmerbarren angeschafft, an dem ich alle Übungen bis zum Überschlag und der hohen Rolle ohne Hilfestellung im Zimmer nach Herzenslust ausführen konnte. In der Königsstraße kam schließlich für die späteren Schuljahre auch ein Reck mit Kletterstange und Kletterseil hinzu. So war ich zeitig einer der besten Turner meiner Klasse und schon in den untersten Gymnasialklassen stolz,

[8] Carl Wernicke, *Die Geschichte der Welt*, 6 Bde., 5. Aufl., Berlin 1874/75. Eine vierbändige Ausgabe war bereits 1854–1857 in Berlin erschienen (drei Teile in 4 Bänden).

daß mich am Kletterseil trotz meiner Kleinheit niemand überholte. In den dichten Gebüschen der Plantage hinten an der Lindenstraße und an der Schlippe zur Reichsbank in der Königsstraße konnten wir uns herrlich verstecken und gelegentlich abends ein „Kneckerchen" wagen, das dann den Plantagenpächter alarmierte, während wir uns im Geschwindschritt durch Büsche und Felder verzogen. Nicht immer gingen unsere Abenteuer freilich gut aus. Als wir eines Tages über ein Eisengitter mit spitzigen Stangen an der Höheren Töchterschule eilig hinwegkletterten, blieb der jüngere Hebestreitjunge, Gerhard, beim Absprung hängen und spießte sich selbst in den Oberschenkel auf, mußte ganz erheblich genäht werden und hatte ein nicht ganz kurzes Krankenlager zu absolvieren.

Vor allem fing ich in diesen Jahren mit erstem schriftstellerischem Ehrgeiz an, selbst auf Grund meiner Lektüre dichten zu wollen. Meine Stoffe stammten aus der Wernickeschen Weltgeschichte und den Deutschen Heldensagen von Schalk, die neben Robinson und Sigismund Rüstig trotz der Klassiker weiter meine Lieblingslektüre geblieben waren. In schlimmen Knittelreimen komponierte ich so zwei „Dramen", über „Tannhäuser" und „Nero", die unter großem Aufwand sonntags im Martinsberggarten vor der ganzen Verwandtschaft in Szene gesetzt wurden. Natürlich spielte ich selber die Hauptrollen; meine damalige Lieblingskusine Lotte war – ich weiß nicht mehr, ob aus diesem Gefühlsgrunde oder einfach der Alterslage nach – die Heroine, die im Nero eine mir nicht mehr deutliche Frauenrolle, im Tannhäuser die Elisabeth darzustellen hatte. Der Erfolg, auch der finanziell den Onkeln und Tanten abgepreßte, war befriedigender als später lange Zeit meine Einnahmen aus wissenschaftlichen Büchern und kitzelte mich zu immer neuem Ehrgeiz an. Aber das Ergebnis war, daß ich am Ende der Quinta in Latein und Rechnen als unbestritten schlechtester Schüler der Klasse auf fünf stand und sitzen blieb. Zum Glück hatte die Latina damals noch Halbjahreszüge zu Ostern und Michaelis, so daß ich nur von einer Michaelis- in eine Osterklasse herabsank. Trotzdem war die Langeweile des nächsten Halbjahres tötend. Dazu kam, daß unser Rechenlehrer Schöps, ein Veteran von 1870, der uns gelegentlich von seinen scheinbar nicht allzu dramatischen Kriegserlebnissen vor Paris erzählte, ein großer Prügelpädagoge war, der jede Arbeitslust ertötete. Jeder, der ein Exempel der täglichen Hausaufgaben falsch hatte, mußte vorkommen und empfing eine Abreibung mit dem Stock, wenn nicht Ernstchen Neubauer, der Sohn des bekannten, ebenfalls an der Latina wirkenden Geschichtslehrers – selten genug, da er ein bedauernswerter Musterknabe war –, zu den Sündern des Tages gehörte. Diese Ungerechtigkeit wurde von uns doch schon sehr peinlich empfunden. Trotz gelegentlicher Mitarbeit meines überbeschäftigten Vaters wurde ich dadurch allmählich völlig stumpf.

Es begann eine Reihe von Schuljahren, an die ich nur mit Schrecken zurückdenke. Auch in der Quarta besserte sich mein Status nur unwesentlich. Unser Ordinarius war jetzt ein gutmütiger, aber etwas beschränkter Herr in mittleren Jahren, Crampe, der zwar spät, aber noch jung verheiratet war. Er hatte den Fehler, sich periodisch so unter Alkohol zu setzen, daß es am nächsten Tage in seiner Stimmung auch dieser Klasse kleiner Jungen nicht entgehen konnte. Obwohl ihn seine Frau zur Schule brachte und abholte, muß er ihr doch immer entwischt sein, um in seinen Erbfehler zurückzufallen. Die Hefte mit Extemporalien – er unterrichtete uns in Latein, Deutsch und Geschichte – wurden regelmäßig von zwei Schülern der Klasse aus seiner Wohnung abgeholt, und es war das Ziel ihres Ehrgeizes, allein – ohne ihn – von der Wohnung loszustürzen, um die Noten festzustellen, ehe er in der Schule angelangt war. Das gelang häufig genug, wenn auch nicht immer und bildete stets den Gegenstand lebhaftester Spannung für die ganze Klasse. Sein Unterricht war gut gemeint, aber mäßig und sehr langweilig, wenn er sich nicht auf der Höhe befand. Weder wurde Nepos lebendig noch der Unterricht in Deutsch und alter Geschichte. Auch ein für Geschichte so interessierter Schüler wie ich vermochte bei ihm nichts mitzubekommen. So blieb der Nebel der letzten Jahre weiter über meiner Schulexistenz liegen. Es sah aus, als ob ich für die Dauer bestimmt sein sollte, ein mäßiger, wenn nicht gar schlechter Schüler zu bleiben.

Vor allem lähmte mich der beginnende Mathematikunterricht. Auch hier hatte ich wenig Glück, nachdem ich in Sexta und Quinta teilweise sehr gut in Naturkunde, Botanik und vor allem Zoologie, bei einem sehr guten Oberlehrer Wagener gewesen war. Mein Mathematiklehrer von Quarta bis Oberprima, Kawalki, meinte es gut, war aber ein echter, versponnener Mathematiker, der wenig psychologische Begabung hatte und zwischen übertriebener Gutmütigkeit und gelegentlichen Zornesanfällen schwankte, die ich selbst freilich durch passive Resistenz gegen das mir widerwärtige Fach reichlich herausgefordert habe. Sein Unterricht war zweifellos schlecht; er hatte absolut keine Unterrichtsbegabung für Schüler, denen die Mathematik Schwierigkeiten bereitete. Von Anfang an war ich daher ungenügend und sah jeder Mathematikstunde mit ungemischtem Grausen entgegen. Daran hat sich bis zum Ende der Schulzeit nichts geändert, so daß fortan die Schule als Ganzes für mich mit einer schweren Hypothek belastet war. Gelegentlich ließ das nach, wenn mein Vater eingriff, der ein ebenso guter, wie jener ein schlechter Dozent war und durch unermüdliche Geduld sowie seltene Klarheit und Konsequenz des Denkens meine Mängel noch am ehesten korrigierte. Daneben suchte ich mich durch Abschreiben, so gut es ging, zu retten. Mehr als einmal habe ich neben ausnahmsweise guten Mathematikern der Klasse, unserem zeitweisen Primus Baege, dem frischen Sohn eines frühen Stabsarztes, oder dem Waisenknaben Klitzscher, einem mathematisch zweifellos recht begabten Kopfe, der dies Fach später auch studierte, aber leider gefallen ist, gesessen. Meine Fähigkeiten auf diesem Gebiete waren aber schon durch meine Kurzsichtigkeit nicht besonders groß und haben mir nur in höchst seltenen Fällen geholfen. Um so weniger, da meine Kenntnisse eben auch zum intelligenten Abschreiben in diesem Fache nicht genügten.

So befand ich mich in einem höchst kritischen Stadium, als ich nicht übermäßig gut, aber auch nicht übermäßig schlecht nach Tertia versetzt wurde. Jetzt aber kam mir das Geschick zu Hilfe. Wir erwarteten in einer recht großen Klasse, einem der langgestreckten Zimmer im Obergeschoß des Pädagogiums – dort saßen vor dem Bau der neuen Latina die Osterklassen von Quarta an aufwärts und drängten sich nach jeder Pause lange Zeit geduldig die engen vier Treppen der alten Gebäude hinauf –, bei Beginn des Schuljahres lärmend unseren neuen Klassenlehrer, einen Oberlehrer Herold, der frisch von einem Kadettenhaus – wohl Plön – zur Latina versetzt war. Es erschien ein langgestreckter Herr mit dunklem, später grau meliertem Spitzbart und Kneifer, der nicht allzu liebenswürdig aussah und uns sofort in einer Weise anfuhr, daß uns Hören und Sehen verging. Offenbar kam jetzt ein anderer Geist in unsere Welt, als wir es von Crampe gewöhnt waren. Auch der junge und überquellend frische griechische Lehrer Hans Möller, ein Süddeutscher mit unverkennbar badischen Akzenten in seiner Sprache – er konnte China nicht sprechen und sagte stets Kina usw. –, nahm uns in einer Weise hoch, daß wir bei reicherer Lebenserfahrung sofort die Notwendigkeit hätten erkennen müssen, unsere Taktik zu ändern. Ich persönlich wurde über diesen Zwang bald belehrt. Herold unterrichtete uns auch in Deutsch und Geschichte. Ich begann in einem Klassenaufsatz mit der eins und fuhr mit einer drei in einem mir wenig liegenden Hausaufsatz fort. Es handelte sich um einen Erlebnisaufsatz nach den Sommerferien: ein Tag in den

Ferien. Das hatte mir gar keinen Spaß gemacht. Ich hatte daher drei dürre Seiten über einen ebenso dürren Regentag mit einem Wolkenbruch hingesudelt und mit der lyrischen Beschreibung des Sonnenuntergangs am Ende eines Heideausflugs unserer Familie auf dem Bahnhof Heide schwungvoll geschlossen, gewähnt, daß Crampe durchaus zufrieden war, wenn man ihm am Schluß einige Glanzlichter vorsetzte. Leider merkte der neue Herr den Kunstgriff, gab mir nur eine drei und fuhr mich in unerhörter Weise an, er würde mich das nächste Mal zum Zebra machen, wenn ich ihm wieder eine solche Herausforderung präsentieren würde. Fortan suchte ich Zusammenstöße zu vermeiden. Ähnlich war es im Griechischen, wo auf eine erste eins bald eine drei oder vier folgte. Möller wie Herold merkten schnell, ich sei begabt genug und habe nur Neigung zur Faulheit. Fortan wurde ich auf Möllers Zimmer im Pädagogium bestellt, wenn ich nur eine oder zwei Vokabeln beim Abfragen ausließ, weil er nicht den geringsten Zweifel hatte, daß dies bei mir nur auf mangelnde Hausarbeit zurückging. Was dort bei der Nachkontrolle noch ausfiel, wurde mit einem ihm eigentümlich peinlichen Ohrziepen gerügt, bei dem die nächsten Haarbüschel in Mitleidenschaft gezogen wurden. Außerdem hatte ich die größten Schwierigkeiten, diese Nachmittagsaudienzen zu Haus abzudecken, da ich täglich mit meinen Geschwistern spazieren gehen mußte und nur mühsam Besorgungen usw. einschalten konnte, um diese Wege zu einer von mir nicht abhängigen Zeit zu maskieren. So half mir nichts, ich mußte arbeiten und wurde unter diesem Druck sehr schnell ein guter Schüler in den Sprachen. In Latein und Griechisch bin ich in späteren Jahren zwar noch immer nach der Versetzung meist auf drei herabgesunken, habe mich dann aber bis zu den Michaelisferien und der ersten Halbjahreszensur rechtzeitig auf mindestens gut erholt. Mein Vater hatte mir früh das Retrovertieren beigebracht. Wenn die Lage kritisch wurde, griff ich zu diesem Hilfsmittel, übersetzte große Teile des lateinischen und griechischen Übungsbuches, später auch der Prosaschriftsteller, in das Deutsche, am nächsten Tage in die Fremdsprache zurück und war damit immer binnen weniger Wochen wieder auf der Höhe, wenn dies erforderlich war. Dazu kam bald, daß mir der Sprachunterricht bei einem gewissenhaften Lehrer wie Herold und einem ganz außergewöhnlich guten und lebendigen wie Möller wirklich Freude bereitete. Herolds Schriftstellerinterpretation blieb einigermaßen trocken. Durch seine stets gleichbleibende, aber gerade liebenswürdige Strenge, die ihn den Herzen der Schüler nie näher kommen ließ, hat er uns mehr Furcht als Neigung eingeflößt. Selbst traurige Ereignisse, wie der frühe Tod seines einzigen kleinen Sohnes, konnten nur flüchtig eine Gefühlsannäherung schaffen. Wir sind uns erst im späteren Leben klar geworden, was wir doch seiner strengen Schule zu verdanken hatten. Anders war es mit Möller, dessen geistreiche und quicklebendige Art schon den Anfangsunterricht im Griechischen durch eine blitzschnelle Fragetechnik zum Genuß für den machte, der mitkam und die eigenen geistigen Kräfte durch diese Anspannung in schnellem und präzisem Nachdenken wachsen fühlte. Vollends als wir dann bei ihm Xenophon lasen, und er, der selbst stets schriftstellerisch tätig war – wir sahen und hörten mit Ehrfurcht, daß die Lampe in seinem Studierzimmer stets bis Mitternacht brannte, da er als Junggeselle unablässig an sich weiter arbeitete (später habe ich ihn lange nach dem Kriege in Hannover nach buntbewegtem Leben als Familienvater im Kreis der Seinen einmal aufsuchen können) –, gab eine Interpretation, die offenbar auch historisch ganz ausgezeichnet gewesen ist. Ich war begeistert, und Griechisch gehörte fortan zu meinen unerschütterlichen Lieblingsfächern. In Latein hatte ich wenigstens als Sekundaner in Wesner einen ebenfalls hervorragenden Pädagogen – alle drei sind übrigens wenig später, noch in meiner Schulzeit Direktoren geworden –, dessen Vergillektüre (Aeneis) das Kunststück fertig brachte, uns in ehrliche Begeisterung für diesen spätrömischen Dichter zu versetzen. Wir erlebten die Bangnisse des Helden und seiner Dido, den Untergang Laokoons, die Kämpfe in Italien zitternd mit und hatten zum erstenmal das Erlebnis, daß ein an sich spröder Stoff durch Arbeit und Einfühlungskraft uns ganz lebendig wurde. Wahrscheinlich dichterisch sogar über Verdienst, denn bei späteren schwächeren Lehrern haben weder Ovid noch Horaz diesen Eindruck erreichen können.

Ich blieb nun bis zum Abitur dabei, in Mathematik seelenruhig zu versagen. Aber das bedeutete keine Gefahr mehr für meine Schullaufbahn. In Deutsch und Geschichte hatte ich unweigerlich auf eine eins oder höchstens einmal eine zwei zu rechnen. Bei den Hauptzensuren am Halbjahres- und Jahresende kamen Latein und Griechisch, auch Französisch regelmäßig mit einem Gut dazu. Ich war wieder Herr der Lage geworden und konnte mit ungebrochener Lebensfreude alles genießen, was mir die späteren Gymnasialjahre an Lebensmöglichkeiten boten, während in der Schule zugleich ernste geistige Interessen zu keimen begannen. Im Grunde war es schon ein Vorspiel der Studentenjahre von 1911 bis 1914, eine mehr als glückliche Zeit, die damit begonnen hatte. Das Vollgymnasium alten Stiles hat mir vor allem in den alten Sprachen unleugbar viel geboten. Das Griechisch blieb bis zuletzt meine Lieblingssprache: Xenophon und Thukydides, weniger der doch recht schwierige Demosthenes und Plato, den ich schließlich bei einem interpretativ ganz ungenügenden Unterricht las, vor allem aber Sophokles, dessen Chöre ich in heller Begeisterung selbst zu präparieren suchte, obwohl der mitleidige Ordinarius Nebe uns davon geradezu abzuschrecken versuchte, wurden meine Lieblinge. Als Student konnte ich das mit dem Archäologen und Altphilologen Willi Westphal wenigstens insofern fortsetzen, als wir auf unseren Wandervogelwanderungen in den Reclamübersetzungen gemeinsam die griechischen Dramatiker, jetzt auch vor allem Aischylos, nahezu vollständig uns abends und bei den Rasten im Freien vorlasen. Ich erinnere mich noch an einen Abend im Bayerischen Wald nach der Besteigung des Osser oder Arber, wie wir in der Scheune bei den Blitzen eines Gewitters den Gefesselten Prometheus in dem schönen Bariton dieses Freundes vorgetragen hörten. Aber auch in Homer drang ich doch soweit ein, daß später die vier zweisprachigen Bände der Tempelklassikerausgabe zu meinen Lieblingsbegleitern gerade in besonders schöner Natur gehören konnten.

Im Verhältnis dazu blieb das Latein immer eine etwas mühsame Arbeit. Nach jenem Sekundavergil habe ich in Latein niemals mehr einen anziehenden und lebendigen Unterricht genossen, der uns die Antike wirklich nähergebracht hätte. Aber die Solidität der altsprachlichen Bildung blieb als Dauergewinn, und die Schule war gut genug, um uns Tacitus und – was meine Person angeht – doch auch Teile von Cicero interessant zu machen. Die buchmäßige Erlernung neuerer Sprachen erschien gegen diese strenge Schule fast als Spiel.

Der französische Unterricht bei dem Studienrat Kaiser – auch dem Gesangslehrer unserer Schule – hat mir wie den meisten meiner Kameraden viel Freude bereitet. Kaiser war das Gegenteil eines Pedanten, anziehend durch gewandte äußere Form, bei älteren Schülern leicht Herr der Disziplin (außer in den Gesangsstunden und Chor, wo er stark nervös war), die er mit einigen sarkastischen Worten aufrecht zu erhalten verstand, dabei aber nicht so leicht verletzend wie der von uns als zynisch-bitter in seinen überschweren Scherzversuchen empfundene Herold. Er war gleichzeitig Kritiker an der Halleschen Zeitung, was wir damals noch ehrfurchtsvoll als Zeichen höheren Menschentums bestaunten, vor allem aber wirklich umfassend literarisch wie musikalisch interessiert und gebildet. Von allen meinen Lehrern war er vielleicht am ehesten von einem – maßvollen – Hauch der Moderne angeweht. Er benutzte seinen Unterricht gern, um uns durch gelegentliche – bei negativem Befund von leichten Seitenhieben begleitete – Fragen und Bemerkungen auf die Lücken unserer allgemeinen Bildung hinzuweisen. In Musik konnte ich da nicht über unseren Durchschnitt hinaus glänzen. Wir waren durch meine Stiefmutter an gute Hausmusik – Gesang, Schubert, Brahms und Hugo Wolff vor allem – gewöhnt. Tante Klärchen spielte als ehemalige Pianistin ausgezeichnet Klavier. Mit Theater- und Konzertbesuch hielt uns mein Vater solange wie möglich zurück. Zeitweise erzeugte das beinahe ein etwas bitteres Gefühl der Zurücksetzung und des Zurückgebliebenseins gegenüber anderen Kameraden. Erst als Freiburger Student habe ich die Lücke ausfüllen können. Bis zur Sekunda war ich eigentlich nicht über das jährliche Weihnachtsmärchen für Kinder und einmal eine Art Theaterrevue nach Jules Vernes (wir schwärmten für seine 10 000 Meilen unter dem Meer) „Reise um die Welt" hinaus gekommen. Auch dann kann ich die Stücke zählen, die ich vor dem Abitur sah: Minna von Barnhelm, den Tell, die Jungfrau von Orléans und als unerhörte Anregung die erste Musik, wenn mein Vater von seinem Kollegen Schwencke einmal Karten als Theaterarzt bekam und meine Stiefmutter ausnahmsweise nicht mit ihm gehen konnte. Mit heißem Kopf sah ich so gleich als erste Oper Verdis Aida und später den Sommernachtstraum mit der Mendelssohnschen Musik. Was ich darüber bei Kaiser erwähnen hörte, war aber um so mehr Anregung und Mahnung für später und fiel als Saat auf dankbaren Boden. Der französische Unterricht ging für die besseren Schüler so als relativ leichte Aufgabe, fast als angenehmes Spiel mit in den Kauf. Kaiser war an seinem Fach interessiert und interpretierte zurückhaltend, aber eben darum feinsinnig. Ich bekam so bei ihm sehr tiefe Eindrücke von Anatole France, las erste Bruchstücke des großen Werkes von Hippolyte Taine, Memoirenwerke wie die des Generals Marbot. Und unvergeßlich der Cid von Corneille und erste Stücke von Molière!

Als wir dann – wohl in Obersekunda – wahlfreien Unterricht in Englisch bekamen, nahm ich in Erinnerung an Onkel Alexanders Mahnungen, aber auch an das Beispiel meiner Mutter sofort daran teil. Er war aber so grundschlecht, nur ein Ort für Schülerlausereien mit Schneebällen, die über dem Katheder an die Decke geballert wurden, um dann auf das ehrwürdige Kahlhaupt des Unterrichtenden herabzutropfen oder an die Wandtafel gebackt wurden, daß man nicht das geringste lernte und sich wieder an die Zeiten erinnert fühlte, in denen wir als Untertertianer einen sehr nervösen, hilflos in der Vergangenheit hüstelnden Geschichtslehrer (den Jorks) dadurch gereizt hatten, daß wir aufgeklappte Taschenmesser auf den Tisch legten und meinten, ihn dadurch in Lebensangst zu versetzen, oder Schnupftabak auf das Katheder und uns selbst applizierten, der allerdings die Durchführung dieser Stunde unmöglich machte, aber eine schreckliche Nemesis von Herold über unsere ganze Klasse heraufbeschwor. Jetzt fehlte ein solcher Gendarm, so daß ich schon nach einem Halbjahr ausschied. Ich ließ mir nun von meinen Eltern die große Ausgabe der Langenscheidtschen Unterrichtsbriefe schenken und war schon so weit zum gymnasialen Arbeitstier geworden, daß ich einen ganzen Sommer lang voll Eifer um fünf Uhr früh aufstand, um vor der Schule meine zwei Stunden Englisch gearbeitet zu haben. Ich lernte dadurch in relativ kurzer Zeit soviel, daß englische Lektüre eine meiner liebsten Beschäftigungen werden konnte. Schon in der Prima wagte ich mich, angeregt durch eine deutsche Übersetzung von Carlyles Französischer Revolution, auch an seinen Sartor Resartus sowie Helden und Heldenverehrung, obwohl der Originaltext des ersteren selbst rein sprachlich eine etwas harte Nuß für mich war. Zum Entsetzen meines Geschichtslehrers Herold versuchte ich mich daraufhin in einem wahlfreien deutschen Aufsatz, einem Faszikel von neunzig Folioseiten, an das Thema der Geschichtsphilosophie Carlyles. Immerhin hatte ich doch wenigstens gemerkt, daß es so etwas gab. Meiner Erinnerung nach war es ein Exzerpt ausgewählter Kernstellen, vielleicht für mein Alter und meine Voraussetzungen nicht ganz so schlecht, wie es Herold meinte, der aber mit der Kritik natürlich ganz recht hatte, daß das Thema zu hoch gegriffen sei. Der sehr desultorische Philosophieunterricht, den wir gelegentlich bei dem Rektor Rausch hatten, genügte dafür bei weitem nicht. Die Arbeit blieb mir als ein Erstlingsversuch trotzdem lieb, und ich war bei meinem Doktorexamen Ende 1920 tief enttäuscht, als Ziehen[9] auf die

[9] Theodor Ziehen (1862–1950), ursprünglich Arzt (um ein ausschließlich für Studenten der Medizin bestimmtes Stipendium der reformierten Gemeinde in Frankfurt zu bekommen), dann auf dem Wege über die Psychiatrie und Psychologie zur Philosophie, seinem eigentlichen Lebensziel, gelangt. (1900 Ordinarius der Psychiatrie in Utrecht, 1903 Ordinarius der Psychiatrie und Nervenheilkunde in Halle, 1904 in gleicher Eigenschaft nach Berlin berufen.) 1917 folgte er einem Ruf auf den philosophischen Lehrstuhl in Halle, auf dem er bis zu seiner Entpflichtung 1930 eine reiche und fruchtbare Wirkung auf seine Studenten ausübte.

Carlylesche Geschichtsphilosophie zu sprechen kam, aber nur wissen wollte, was ich nun gerade nicht wußte, daß Carlyle nach Goethe an eine – ich glaube – spiralförmige Entwicklung der Menschheit in der Geschichte gedacht habe. Im übrigen wollte er zu meinem empörten Kummer von allen meinen sonstigen Kenntnissen nichts hören, obwohl ich, glaube ich, von Carlyles eigentlich geschichtlichen Auffassungen eine lebendigere Vorstellung als er hatte.

Das war übrigens nicht die einzige Sonderarbeit der letzten Schuljahre, die bei uns durch die Initiative gewissenhafter Deutschlehrer durchaus schon vorkamen, wenn sie auch noch durch keine offizielle Vorschrift verlangt wurden. Ich hatte so schon ziemlich zeitig – wohl in Obersekunda – ebenfalls bei Herold – einmal auf Grund meiner Lektüre über die hallesche Stadtgeschichte nach dem populären Buch von Armin Stein und dem wissenschaftlich durchaus ernsten Dreibänder von Hertzberg Vorträge über den Kampf von Patriziern und Zünften in Halle, endend mit der Unterwerfung der Stadt durch Erzbischof Ernst von Magdeburg, halten dürfen – mein erster wirklich größerer und ganz frei gehaltener Vortrag.[10] Im übrigen hat mein seit Quarta allen Lehrern und Mitschülern bekanntes brennendes Interesse für Geschichte – abgesehen von der üblichen Primadonnagenugtuung des Klassenbesten in diesem Fache – nicht viel direkte Förderung durch den Unterricht erfahren. Lange Jahre hatte ich in Jordan einen liebevollen, aber disziplinar völlig versagenden Geschichtslehrer. Er ließ mich nach Herzenslust ausreden, war befriedigt und strahlte oft über das ganze Gesicht, ohne mir aber irgendwelche positive Anregung oder Aufgabe zu geben. Anders war es dann in den Oberklassen mit Herold, obwohl seine strenge Nüchternheit und Verstandesmäßigkeit meinem Jugendgeschmack kaum entsprach. Er hat mir immerhin einige eigene Bücher zur Lektüre gegeben: die historische Geographie von Bodo Knüll,[11] die mich auf ein entlegenes, mir nicht besonders liegendes Sonderfach aufmerksam machte, aber zur strengeren Durcharbeit eines spröden Stoffes zwang, und die reich illustrierte Deutsche Kulturgeschichte von

[10] Armin Stein, ***Die geschichtliche Entwicklung der Stadt Halle nebst einem Überblick über die Entstehung des Saalekreises und des Regierungsbeszirks Merseburg*** – für Haus und Schule gemeinverständlich dargestellt, Halle 1918 (spätere Auflage). – Gustav Friedrich Hertzberg, ***Geschichte der Stadt Halle a. S. von den Anfängen bis zur Neuzeit,*** 3 Bde., Halle 1889–1893.

[11] Bodo Knüll, ***Historische Geographie Deutschlands im Mittelalter,*** Breslau 1903.

Henne am Rhyn,[12] die ich mir dann selbst vom Großvater wünschte. Ich lernte manches daraus; das Werk war aber zu oberflächlich, stofflich und positivistisch, um bleibende Anregung zu vermitteln. So war ich fast ganz auf eigene Lektüre und den häuslichen Bücherschrank angewiesen, der sich mir aber nach dem Einzug unserer zweiten Mutter im allgemeinen wieder verschloß. Außer den historischen Dichtungen von Körner, Uhland, Schiller und Goethe war in ihm auch nicht allzuviel Geschichtliches zu finden. Der Ritter von Schweinichen war für mich nicht sehr geeignet; die Tagebücher von Moritz Busch über 1870/71 verschlang ich, konnte aber zunächst mit ihnen noch nicht viel anfangen. Wirklich entscheidende Förderung, diese aber in großem Stile, hatte ich meinem guten Vater zu verdanken, der mir ein wertvolles Geschenk nach dem anderen machte, nachdem über die Stärke meiner Neigung und ihre allmähliche Entwicklung zu einer Berufsmöglichkeit kein Zweifel mehr sein konnte. Von der Quarta an begannen Geschenke, an denen sich mein Interesse fruchtbar weiter bilden konnte. Auf die durch lange Jahre immer neu durchlesene Deutsche Geschichte von O. Kaemmel[13] folgten bald klassische Werke: Macaulays ganze Englische Geschichte in solider deutscher Übersetzung, die mich aufs tiefste fesselte, Mommsens Römische Geschichte, ein ganzer Büchersegen zur Konfirmation: Häusser, Berners Preußische Geschichte, Springers fünfbändige Kunstgeschichte, zahlreiche Monographien zur Weltgeschichte, Napoleon von Max Lenz, Wilhelm von Oranien, die Hanse Schaefers, die Römer in Deutschland, die Kreuzzüge, der falsche Demetrius usw. Als erster Dichter in meinem eigenen Besitz kam Mörike hinzu. So war ich bald überreich beschäftigt und ging noch ebenso leicht entflammbar, wie als Sextaner und Quintaner, bald wieder zum Versuch eigenen Schreibens über. Die Dichterneigung flammte zwar noch einmal auf, als ich mich als Sekundaner in Goslar in eine ebenso jugendliche blonde Berlinerin verliebt hatte, Tochter eines Wilmersdorfer Arztes – immerhin so energisch, daß meine Mutter in späteren Jahren vorsichtshalber noch die Eltern besuchte, ohne daß daraus weitere Folgen entstanden, als

[12] Otto Henne am Rhyn ist Verfasser mehrerer Kulturgeschichten. Vermutlich hat sich Herzfeld mit der *Kulturgeschichte des Deutschen Volkes*, 2 Bde., 3. Aufl., Berlin 1903, befaßt. Otto Henne am Rhyn war Staatsarchivar in St. Gallen.

[13] Karl Heinrich Otto Kaemmel, *Deutsche Geschichte*, Dresden 1889 (3. Aufl. 1911). Der damals viel gelesene Historiker lebte von 1843–1917.

ich dann Student wurde. Ich hatte sie vor allem in einem Hymnus über „Goslar, du herrliche Kaiserstadt" angeschwärmt, der weniger frei, als getreulich kopiert nach Arndts „Leipzig, der freundlichen Lindenstadt" komponiert war. Mein Vater entdeckte – wohl zum Glück – rechtzeitig diesen neuen Band lyrischer Gedichte und nahm mich nun einmal sehr ernsthaft ins Gebet: meine Reimereien seien zwar ganz nett, verrieten aber doch keinen wirklich starken Ansatz, der ihn an eine wirkliche Berufung zum Dichter glauben lasse. Es werde doch besser sein, wenn ich mich nicht zum zweiten Male einer Schulkatastrophe aussetzte. Obwohl mein Ehrgeiz durch starke Konkurrenz mit einem auf diesem Gebiet wohl begabteren Klassenkameraden eben erst stark aufgestachelt war, war ich inzwischen doch weit genug gekommen, um das Berechtigte seiner Vorhaltungen zu empfinden. Ich ließ diese Möglichkeit nun radikal fallen und stürzte mich um so tiefer in endlose geschichtliche Schreibereien. Zum Glück war es Friedenszeit ohne Papierbeschränkungen. Heute weiß ich nur noch, daß ich damals mehrere Aufsatzbände zusammenschrieb, in denen Egmont (nach Schiller) und andere mich fesselnde Themen behandelt waren. Direkt an den Unterricht knüpften Versuche an, eine Religionsgeschichte und eine Weltgeschichte zusammenzuschreiben, die beide nicht beendet wurden, weil sie von dem Prinzip möglichster Vollständigkeit ausgingen. Die Weltgeschichte hatte schon für das Altertum mehrere dicke Bände in Folio erreicht, ehe ich ermattend den Wettlauf mit dem Schultempo im Kompilieren aus allen mir erreichbaren Büchern aufgab. Allmählich war diese Neigung auf jeden Fall so stark geworden, daß sie alles andere überschattete. Ich war mir spätestens in den Sekundajahren über die Richtung meiner Berufswahl klar geworden und fühlte mich in dieser Lage vollkommen geborgen, ohne den Wunsch, noch jemals etwas an dieser Entscheidung zu ändern und ohne die geringsten Schwankungen, unter denen Altersgenossen und Jüngere, wie mein recht begabter Bruder Eberhard, der sich erst spät zur Marine durchfand, so sehr litten. Jene frühe Episode, die mich ein halbes Jahr meiner Schullaufbahn gekostet hatte, war damit im letzten Grunde doch positiv beendet. Alles, was mich in den letzten Schuljahren sprachlich und literarisch interessierte, stand schon unter dem Vorzeichen dieser Neigung zur Geschichte und ist letzten Endes der Vorbereitung auf ihr Studium dienstbar gewesen, sei es etwa die Erlernung der englischen Sprache oder die der Stenographie, die ich zusammen mit Eberhard in den Tertia- und Sekundajahren weit genug betrieb, um später auf der Universität das Gelernte ohne

Schwierigkeiten zur Kollegnachschrift in leserlicher Form anzuwenden. Ich konnte nach Krieg und Gefangenschaft aus diesen rechtzeitig durchgearbeiteten, mit Index und Seiteninhaltsangaben versehenen Heften in der Hauptsache mein Staatsexamen bestreiten und habe noch lange an den Heften von Meinecke, Fester, Below und Finke gezehrt. Ebenso kam mir die Kurzschrift für Exzerpte und Arbeiten jeder Art ins Unreine sehr zustatten, wie sie den Prozeß des Niedergangs meiner Handschrift endgültig besiegelte.

Ich verdanke es wieder vor allem meinem Vater, daß sich diese stark einseitige Einstellung anbahnen konnte, ohne daß ich vorzeitig zum bloßen Bücherwurm und Stubenhocker wurde. Wir waren von klein an daraufhin erzogen worden, viel und ohne Rücksicht auf Jahreszeit und Wetter in der freien Luft zu sein, sowie uns durch tägliche lange, streng überwachte kalte Waschung am ganzen Körper in jeder Jahreszeit abzuhärten. Noch bei Lebzeiten meiner Mutter, die eine eifrige Radfahrerin und Schlittschuhläuferin war, gingen wir täglich zur Ziegelwiese auf den Eisplatz des halleschen Eisklubs. Mein Vater hielt streng darauf, daß das so „teure" Abonnement – zehn Mark für die Familienkarte – gewissenhaft abgelaufen wurde, auch wenn wir nicht allzu gern den später von der Königsstraße her reichlich weiten Weg machten. Zeitweise sind wir auch auf die Pulverweiden an der oberen Saale gegangen, die sich aber weder im Eis noch in dem Böllberger Publikum mit der Ziegelwiese vergleichen konnten. Dort waren die meisten unserer Bekannten, dort war auch regelmäßig an mehreren Tagen der Woche Konzert auf dem Eis; eine kleine hölzerne Erfrischungsbude mit glühend geheiztem Kanonenofen diente uns als genügender Ersatz für allen modernen Wintersportluxus. – Noch auf der Vorschule fing auch das Schwimmen an. Ich ging zuerst mit Vater und Sohn Gutsche nach den Pulverweiden, wo das Florabad damals noch die Möglichkeit bot, als Freischwimmer in die offene Saale zu gehen und mit kleinen Kanus an das Wehr heranzurudern, auf dem der Schwimmer wunderbare romantische Wellenbäder nehmen konnte. Bei Hochwasser trieb man wohl auch einmal in der Saale ab und mußte vom Schwimmeister mit einem Kahn gerettet werden. Da er meinen Vater gut kannte und aus bestimmten Gründen schätzte, bin ich jedoch das einzige Mal, als mir dies in der hoch geschwollenen, vom Unstrutlehm trüb gelben Saale passierte, verschont geblieben. Mit Gutsches konnte ich mich einige Male mit dem Schwimmgürtel versuchen, der mir die Sache recht leicht erscheinen ließ. Als wir dann Unterricht nahmen, haben wir alle recht langsam gelernt – meiner

Erinnerung nach sämtliche Brüder mindestens zwei Sommer. Wir waren dünne Kerlchen, die nicht von ihrem Fett an der Oberfläche getragen wurden. Unser Vater hielt scharf darauf, daß wir anfangs nicht zu lange badeten. Die Schwimmeister hatten von ihm strenge, mit reichlichem Trinkgeld unterstützte Anweisungen, uns nur zehn Minuten im Wasser zu lassen und darauf zu achten, daß wir uns dann sofort abtrockneten und anzogen. Nolens volens mußten wir uns jahrelang danach richten, erkälteten uns kaum, mußten aber auch bei jedem Wetter, ob Sonne oder Regenschein, zum Schwimmen gehen. Später haben wir dadurch alle Exzesse unserer älteren Kameraden vergnügt und ohne Rückschläge mitmachen können. Der Gesundheitszustand war in den späteren Schuljahren bei uns Geschwistern durchweg gut. Eberhard war von Anfang an der Kräftigste von uns allen. Werner hat durch die Schule unendlich viel Kummer erfahren und blieb auch körperlich sehr zart und klein. Ihm gegenüber ist meinem Vater vielleicht der einzige ernste, freilich unverschuldete Erziehungsmißgriff widerfahren. Sofort als Werner auf das Gymnasium kam, stellte sich heraus, daß ihm jede Sprachbegabung fehlte. Schon das Latein wurde zu einer wahren Quälerei, im Griechischen und in den neueren Sprachen war es dann nicht besser. Relativ zeitig, in Quarta oder Tertia, wurde mein Vater stutzig, da er immer wieder sitzen blieb und alle Aufsicht und Förderung zu Haus diese Lage nicht zu ändern vermochten. Dabei war deutlich zu erkennen, daß Werner trotz Abneigung gegen das Schullernen und einer gewissen Verträumtheit kein unbegabtes Kind war. Mein Vater ging zu seinem Klassenlehrer und stellte die sehr richtige Frage zur Erörterung, ob er nicht auf eine Realschule gehen sollte. Der Lehrer, an den er sich gewendet hatte, war offenbar einer der damals noch in der letzten Zeit des Kampfes um die Gleichberechtigung der höheren Schularten nicht seltenen Gymnasialfanatiker. Er warnte, da die Bildung des Gymnasiums durch nichts ersetzt werden könnte, auch die Schwierigkeiten der Umschulung außerordentlich groß sein würden. Mein Vater ließ sich leider von seinem wahrscheinlich richtigen Instinkt abbringen. Die Folge war, daß Werner bis zum Kriege nur die Untersekunda erreichte und wohl fast in jeder Klasse erst einmal sitzen blieb. Seine ganze Jugend artete dadurch in eine greuliche Quälerei aus. Als der Weltkrieg ausbrach, bedeutete das für ihn eine Erlösung. Er erbat sich sofort die Erlaubnis – mit wenig über siebzehn Jahren –, als Kriegsfreiwilliger eintreten zu dürfen, die ihm meine Eltern nicht verweigern zu dürfen glaubten. Als er gefallen war, erfuhr dann mein

Vater von seinem Chemie- und Physiklehrer, dem in der ganzen Stadt hoch angesehenen Professor Suchsland, der 1918 als ganz konservativer Mann in tragischer Weise über den Zusammenbruch Selbstmord beging, daß Werner seit Jahren der beste Schüler der Latina in seinen Fächern gewesen sei, von einer Begabung, die wirklich viel für die Zukunft hätte erwarten lassen. Es war ein Schulbeispiel dafür, daß ein besonnenes Elternhaus sich auch von der Autorität der Lehrer nicht allzu sehr beeinflussen lassen soll, aber eine versäumte Gelegenheit, die lange schwer auf dem weichen Herzen meines Vaters und wohl noch mehr unserer Stiefmutter gelastet hat, die mit Strenge und Güte stets wieder auf Werner eingedrängt hatte, um ihn nach ihren Begriffen zum Normalschüler zu machen, und damit einen furchtbaren Fehlschlag erlebte, der sie grenzenlos viel Tränen gekostet hat.

Ein solcher Schatten darf nicht verkennen lassen, daß wir alle, auch Werner, uns im Grunde glücklich fühlten. Zwar sind wir nach der zweiten Heirat meines Vaters nicht mehr jedes Jahr gereist. Die Kinderzahl wuchs. Für uns sechs bot die ärztliche Praxis zwar ein ausreichendes Brot, aber meine Eltern mußten nach Friedensbegriffen für ihr Alter vorsorgen. Vermögen war nicht allzuviel vorhanden. Das meiner Mutter war – für vier Kinder – bescheiden. Mein Großvater lebte noch und hatte zwölf Kinder, von denen mein Vater nur eines war. Das relativ große Erbe unserer Stiefgroßmutter, das später an meine Stiefgeschwister Karl und Edda fiel, sollte erst erheblich nach dem Weltkrieg und nach dem Tode ihrer Mutter, durch die Inflation völlig entwertet, anheimfallen, so daß es gerade noch genügte, ein bis zwei Semester ihrer Ausbildung zu bestreiten oder wenigstens zu erleichtern. So arbeitete denn mein Vater emsig und sparte meine Stiefmutter mit eiserner Gewissenhaftigkeit, um im freien Beruf des Arztes für das Alter gedeckt zu sein. Immerhin wurden doch etwa jedes zweite Jahr Reisen unternommen, die uns als Glanzpunkte der Kinderzeit fest in Erinnerung blieben. Ich war Quartaner, als wir im Unterharz in Wippra waren, in einer großen Brauerei von Klappenbachs mit riesigen Kellern und einem endlosen Garten voller Himbeeren, die uns Kindern restlos freigegeben waren. Die landschaftliche Umgebung des Unterharzes ist im Grunde bescheiden, genügte aber, um uns frei und unbehindert in der damals noch kaum von Reisenden heimgesuchten Umgebung herumzutummeln. Mit Eberhard dehnte ich meine Streifzüge bis zur Rammelsburg aus, die uns als abschließende Silhouette im Talgrund tief geheimnisvoll vorkam. Auf den kleinen Bergrücken um Wippra herum hatten wir eine Felsenburg, die nach unseren noch kindlichen Begriffen nur auf halsbrecherischen Ziegenpfaden zugänglich war. Natürlich war es eine „arx", denn vormittags mußten wir mit dem Vater Spaziergänge machen, auf denen in mustergültiger Weise ambulando Latein und Mathematik wiederholt wurden. Im Wippertal errichteten wir stolze Dammbauten, die trotz tagelanger Arbeit so wenig dicht werden wollten wie alle ähnlichen Bauten von Kinderhand. Auch hier gab es stolze Pferdewagen der Brauerei, mit denen wir durch weite Teile des Unterharzes das Bier mit ausfahren konnten. So waren wir tief erbaut von diesem Aufenthalt, dessen Krönung für uns der Geburtstag unserer Mutter mit einem großen Festessen, den ersten bewußten Forellen unseres Lebens, war. Ich nahm diese Reise zum Anlaß, unserer Mutter zu Weihnachten eine pomphafte Darstellung der Sommerereignisse vom Augenblick an, in dem unser alter Droschkenkutscher Gottschalk mit seinem Wagen vor der Wohnung auftauchte, bis zur glorreichen Rückkehr, gewidmet von „Hansel, Hackelchen, Wernerchen und der kleinen Motte (Ilse)", zu schenken, die sich noch heute in meinem Besitz befindet. Es war der erste ganz freie schriftstellerische Quartanerversuch in Prosa. Einige Jahre später wurde dieser Versuch dann – vor dem Beginn meiner geschichtlichen Schreiberei – noch erweitert durch eine Übersetzung von nicht ganz unbeträchtlichen Teilen aus Daudets „Le petit chose", das ich zum großen Teil selbständig präpariert hatte, da mir eine teilweise Schullektüre sehr tiefen Eindruck gemacht hatte.

Mit sehr viel wacherem Bewußtsein habe ich dann als Sekundaner unseren Aufenthalt in Goslar erlebt. Wir wohnten dort – für unsere Verhältnisse oder jedenfalls Gewohnheiten unerhört üppig – im Frankenthaler Kloster, einer gutgeführten Pension, deren ganzer Zuschnitt mit dem guten Essen uns an den Himmel auf Erden denken ließ. Die großzügige Landschaft um Goslar wurde mir bis Hahnenklee und Romkerhalle zu zweien mit Eberhard und allein in täglichen Streifzügen zugänglich. Diesmal ging es nicht bis zum Brocken, da unsere kleinen Stiefgeschwister für solche Experimente noch nicht reif waren. Dafür wurden sie gewissenhaft selbst auf Tagesausflügen wie nach Romkerhalle mitgenommen, auf dem wir beim Rückmarsch über den Rammelsberg grauenhaft einregneten. Stadt und Landschaft erschienen mir in einem glanzvollen Sommer wie der Höhepunkt aller Gebirgsschönheit und Altertümlichkeit. Dazu war in dem großen Klostergarten reichlich Turngelegenheit, die ich, damals auf dem Höhepunkt meiner Leidenschaft für Reck und Barren bereits Mitglied unseres Stadtschülerturnvereins Jahn an der Latina, morgens und abends reichlich ausnutzte, nicht ohne den Nebengedanken, damit vor anderen Gästen, vor allem den gleichaltrigen „Damen“ in der Pension zu glänzen. Die Episode, die sich daran knüpfte, habe ich schon berichtet.

Vor allem waren wir aber im Sommer vor meinem Abitur (1910) noch einmal an der Ostsee in dem kleinen Nienhagen zwischen Warnemünde und Heiligendamm. Diesmal war die Pension, in der wir lebten, verhältnismäßig bescheiden und von unseren Eltern mit diesem Hintergedanken auf einer besonderen Vorreise mit Sorgfalt ausgesucht worden. Braunlage! Aber sie lag unmittelbar an der Steilküste, so daß der Strand in einem Augenblick erreichbar war und wir die See auch vom Hause aus zu jeder Tageszeit vor uns hatten. Vor allem aber: die Pension besaß ein eigenes, wenn auch bescheidenes Segelboot. Im Hause wohnte gleichzeitig mit uns ein Dresdener Maler, ein Herr Gey, ein etwas vereinsamter und zum Original neigender älterer Junggeselle. Er skizzierte häufig am Strande und hat meinen kleinen Bruder Karl auf einem zufällig aufgefundenen Holzblock – heute noch im Besitz meines Stiefbruders – mit derben Ölfarbenstrichen festgehalten, wie er vorn in der Brandung stand. Als guter und erfahrener Liebhabersegler war er eigentlich täglich auf dem Wasser und nahm uns ältere Brüder regelmäßig als Begleiter und Bedienungspersonal auf seine Fahrten mit. Eberhard ist durch diese Erlebnisse zu dem Entschluß gekommen, Marineoffizier zu werden, obwohl er bei scharfem Wetter leicht seekrank wurde und diese unangenehme Eigenschaft auch später im Beruf nicht überwunden hat. Fast täglich segelten wir zum mindesten an der Küste entlang und setzten unser Boot bei schönem Wetter auf Strand, um dann in wunderbarer Stille und Einsamkeit zu baden und uns zu sonnen. War das Meer besonders still, so schwammen wir wohl auch auf offener See vom Boot aus in der blauen Flut. Nachmittags nahmen wir gelegentlich auch den einen oder anderen Gast mit, am häufigsten eine sportlich sehr tüchtige Berliner Lehrerin, ein Fräulein Niemack, die vielleicht mit Herrn Gey einen leisen Flirt hatte, ohne daß wir darüber klar gesehen oder uns dafür besonders interessiert hätten. Dann ging es meistens nach Heiligendamm in das anspruchsvolle Kurhaus oder nach Warnemünde, das gegen Nienhagen wie eine mondäne Großstadt wirkte. Auf dem Rückweg abends galt es häufig schwere Ruderarbeit zu leisten, wenn die in der mecklenburgischen Bucht während des Sommers so häufigen Abendfluten begonnen hatten.

Wir haben in diesem Sommer aber auch unsere ersten recht aufregenden Sturmfahrten erlebt. Am Geburtstag unserer Stiefmutter segelten wir vor sehr steifem Winde nach Warnemünde und tranken dort, wie so häufig, in der Nähe der Mole Kaffee. Inzwischen war der Wind fast zum Sturm geworden, und die Rückfahrt bis in die Dämmerung des langen Julitages hinein dauerte unter endlosem, immer schwierigerem Kreuzen wohl vier bis fünf Stunden, während wir auf der Hinfahrt in wenig mehr als einer halben Stunde die gleiche Strecke geflogen waren. Eberhard und ich mußten im Bug – sehr bald von Spritzern und schließlich überschlagenden Wellen völlig durchnäßt und in der Dämmerung frierend – rastlos Wasser schöpfen. Allmählich wurde die Lage entschieden ungemütlich und war wohl auch nicht ganz ohne Gefahr. Doch wir kamen schließlich zum Ziel und ließen uns vor dem brausenden Winde in unerhörtem Tempo auf den Strand jagen. Noch zuletzt schlugen die Wellen hemmungslos in das Boot und ließen uns allen, vor allem auch Fräulein Niemack, keinen trockenen Faden. Kräftige Männer, die am Strande schon auf das Ende unseres Abenteuers gewartet hatten, griffen zu und zogen unser Boot gerade noch rechtzeitig auf den Strand, während wir, von unserer zitternden Stiefmutter umarmt, die mit dem Vater voll Sorge auf dem Strand gewartet hatte, schleunigst in die Pension geführt, umgezogen und mit steifem Grog neubelebt und gegen Erkältung geschützt wurden.

Trotzdem wagten wir drei Brüder wenig später mit Herrn Gey und diesesmal auch dem Vater eine mehrtägige Fahrt nach Graal, auf der ich zum ersten Mal eindrucksvoll die Rostocker Heide kennen lernen sollte. Unser Vater war das Jahr vorher allein – wohl weil er wieder einmal an seinen Nervenzuständen litt – dort gewesen und führte uns in das Gasthaus, wo er gewohnt und eifrig bei der Ernte mitgeholfen hatte. Wir streiften durch das Wiesengelände rings um Graal und lernten einige Stücke der Heide kennen. Leider war der Vater auch in diesem Jahr nicht ganz frei von jenem Übel und daher geneigt, wandervogelmäßig das Leben so „natürlich" wie möglich zu gestalten, was wir zwar brennend gern für uns selbst taten, an ihm aber doch leicht peinlich empfanden. Die Nacht wurde dadurch romantisch. Wir schliefen alle zusammen in der Nähe unseres auf Strand gesetzten Bootes unter freiem Himmel. Im hohen Dünengras wurde ein Feuer aus dem schnell gesammelten Treibholz entfacht; wir suchten uns mit Decken und Mänteln möglichst warm zu halten, da sich das Wetter schnell verschlechterte und während der Nacht in böigen Regen überging. Es wurde selbst für unsere Wandervogelbegriffe empfindlich kühl. Vor allem wurde auch jetzt wieder der Wind von Stunde zu Stunde steifer. Am nächsten Vormittag begann daher eine Rückfahrt mit Hindernissen. Sehr bald war nicht daran zu denken, daß wir einigermaßen geradewegs über die offene Bucht an Warnemünde vorüber auf Nienhagen hätten zuhalten können. Wir mußten uns mühsam erst mit Kreuzen, dann, als das Segel durch den Regen zu schwer wurde, mit Rudern nach Warnemünde hinkämpfen. Ich weiß noch heute, daß wir – Eberhard, ich und der Vater an den Rudern – um die letzten paar hundert Meter vor der Mole Stück für Stück kämpfen mußten, als gelte es unser Leben. Nur Meter für Meter schoben wir uns schließlich in die Hafeneinfahrt hinein, um erst zwischen den Molenmauern aufzuatmen, von denen aus uns wenige Neugierige – dazu war das Wetter viel zu schlecht – gespannt beobachtet hatten. Wir mußten schleunigst einkehren und schliefen in einem Gasthaus unmittelbar an der Mole. Leider hat mein Vater, wohl durch seine Überraschung, vergessen, die Mutter telephonisch anzurufen, die sich entsprechend aufgeregt hatte. Auch am nächsten Morgen war das Wetter noch so schlecht, daß wir das Boot in Warnemünde lassen und zu Fuß nach Nienhagen zurückkehren mußten. Unsere Stiefmutter hatte wirklich sehr viel Ängste ausstehen müssen, uns aber großzügig gewähren lassen. Das Erlebnis für uns Brüder war unsagbar tief. Meer und Meeresrauschen ist mir seitdem mit diesen Ostseetagen verknüpft, an die erst wieder Sylter Erlebnisse von 1935 heranreichten, während alle späteren Ostseereisen mit dem Jungen nach Graal daran litten, daß nie wieder eine solche unbeschränkte Gelegenheit zum Segeln vorhanden war, bei dem allein das Lebendigsein des Meeres richtig erfaßt werden kann.

Wenn wir Brüder damals die Poesie der mecklenburgischen Ostsee in so vollen Zügen in uns aufnehmen konnten, so hing das damit zusammen, daß wir inzwischen durch den Wandervogel schon in ganz anderer Weise als die meisten unserer Alters- und Klassenkameraden an das unmittelbare Leben in der Natur gewöhnt waren und gelernt hatten, es über alles zu schätzen. Mitten im Gymnasium waren Eberhard und ich von der Jugendbewegung des beginnenden 20. Jahrhunderts erfaßt worden.

Es geschah zunächst in der noch reichlich primitiven Form des ursprünglichen Wandervogels, an den wir uns, ich in Untersekunda, er damals noch als Tertianer, anschlossen. Reichlich räubermäßig angetan, erst in langen Hosen mit möglichst dickem Knotenstock und phantastischem grünen Lodenhut, dann als Stufe Nummer zwei in unendlich dicken Manchestersamtpanzern, die erst in meiner Studienzeit der kniefreien Hose und dem Schillerkragen Platz machten, zogen wir zu Klotzmärschen in die Gegend hinaus. Auch der Gesang war anfangs mehr als primitiv und bewegte sich einige Zeit noch auf der Höhe des alten Kommersbuches oder gar des Gassenhauers. Im Gasthaus dauerte es einige Zeit, ehe die überlieferten Kommersallüren verschwanden. Kurz, zunächst ging die Bewegung, wie wir sie kennenlernten, wirklich nur von dem primitiven Bedürfnis aus, sich als Großstadtkind ins Freie zu flüchten. Alle weiteren Verfeinerungen – und darin bestand freilich der Reiz dieser Jahre in der Jugendbewegung – sollten wir selbst erst in ihrem allmählichen Vordringen und Sicheinbürgern miterleben.

Erste Schwierigkeiten mit dem Elternhaus kamen, sobald wir auf größere (Mehrtages-)Fahrt gingen, für die weder unsere Führung noch unsere Ausrüstung, noch die Verpflegung gerüstet waren. Ein erstes Experiment hatte uns im Herbst zu einem großen Treffen mit Berlinern und Leipzigern in den Fläming geführt, recht eindrucksvoll, weil sie in der Technik des Wanderns überlegen waren, zum Teil schon auf großen gemeinsamen Töpfen mit Holzfeuer kochten, während bei uns sich jeder einzelne mit seinem kleinen Spirituskocher und seinen mehr oder weniger mangelhaften Kochkenntnissen abplagte und entsprechend zum Entsetzen der Mütter abgemagert nach Hause kam. In den nächsten Osterferien gingen dann Eberhard und ich mit Berlinern unter einem nicht allzu sympathischen älteren Führer nach Thüringen und lernten bei feuchtem, aber noch nicht allzu rauhem Wetter Eisenach mit der Wartburg, die Drachenschlucht und Ruhla kennen. Dann aber schneiten wir des Nachts auf dem Inselsberg gründlich ein und bahnten uns mühsam durch tiefen Schnee den Weg nach Friedrichroda. Wir kamen durch den Neuschnee um so mehr völlig außer Atem, als unser Führer, hierin offenbar gänzlich unerfahren, den Weg teilweise quer über die Hänge abkürzen wollte, so daß wir bis über die Hüften versanken. Uns gefiel das alles nach dem ersten Wiederaufatmen trotzdem nicht allzu schlecht, ein kurzer Abschluß in dem verschneiten Oberhof sogar recht gut, da wir uns inzwischen an die Wiederkehr des Winters gewöhnt hatten. Zu Hause herrschte dann aber tiefes Entsetzen über den Zustand, in dem wir und unsere Sachen zurückkehrten. Denn wie man zu einer Winterwanderung ausziehen muß – jedenfalls nicht mit langen, unten ausfransenden Konfirmandenhosen –, wußten damals weder wir noch unsere Eltern. Unser Zustand, ausgehungert und gründlich erkältet, wird auch nicht sehr anziehend gewesen sein.

Unsere Eltern waren nun von der Verderblichkeit dieser Jugenderfindung überzeugt, jedenfalls unsere Stiefmutter als korrekter Beamtenabkömmling. Ob unser Vater ganz so radikal überzeugt war, steht nach seiner Mückendorfer Vergangenheit dahin. Jedenfalls versuchte er nicht in den Prozeß einzugreifen. Damit begann der ernsteste Konflikt, den ich überhaupt mit meinen Eltern erlebt habe. Der Wandervogel jener Anfänge war gewiß nur ein bescheidener Anfang dessen, was er schon in den nächsten Jahren geworden ist. Entstanden aus der elementaren Reaktion der Steglitzer Großstadtjugend gegen die Steinwüste ihres täglichen Daseins, hatte er mit primitivem und in den Formen burschikos derbem Durchklotzen der Gegend angefangen. Auch wir kannten als kleine Rowdies keine größere Freude, als auf den Saalewiesen nach Merseburg hin so viele kleine Feuer wie möglich in Gang zu bringen. Zwar begleiteten uns gerade in Halle meist noch einige Väter. Aber auch das war nur eine Scheinberuhigung für die anderen Eltern, da gerade sie zum großen Teil eine kaum verhohlene Freude an einem derben Gemisch von Marschübungen mit Resten der Kommerstradition hatten. Aber für uns war die neue Freiheit doch verlockend und das ursprüngliche Gefühl der Freude an der Natur sofort durchgeschlagen. Dazu kam vom ersten Tage an der Zauber einer Kameradschaft mit Gleichaltrigen, abseits von Schule und Elternhausüberwachung, die einen überaus starken Gefühlsfaktor darstellte.

Im kritischen Augenblick der jetzt beginnenden Spannungen lernte ich einen der ersten Studenten kennen, der von der Schule her – er war gebürtiger Prenzlauer – dem Wandervogel treu geblieben war: Paul Riewald, der eins der ersten bei uns aus diesen primitiven Anfangsverhältnissen herausstrebenden Elemente war. Sehr schnell hatte ich mich mit ihm angefreundet und war nun ständiger Gast, wenn unsere Ortsgruppe auf dem Kaulenberg sich zur Sprechstunde in seiner bescheidenen Studentenbude bei Mutter Bechtel versammelte. Das aber kollidierte mit der täglichen Spaziergangspflicht, bei der ich meine jüngeren Geschwister zu betreuen hatte. Ich suchte mit allen Mitteln loszukommen und gebrauchte, da ich zu einem anfangs leichten Kompromiß wenig bereites Verständnis zu Hause fand, bald alle Mittel, um mich nach Möglichkeit an diesen Tagen loszueisen. Die Folge war, daß mir die Erlaubnis zu den Sonntagswanderungen beschränkt und allmählich sogar ganz entzogen wurde. Nun aber wurde ich vollends rebellisch, trotzte am Sonntag, wenn Familienausflüge stattfinden sollten: ich habe noch Schularbeiten zu machen. So blieb ich zu Hause, schwang mich, wenn ich allein war, auf das Rad und brauste hinaus – etwa nach der Heide oder dem Petersberg, der häufig das Ziel dieser Tageswanderungen war, wo ich dann, solange es ging, bei der Horde blieb. Das war schön und romantisch, konnte aber auf die Dauer meinen Eltern nicht verborgen bleiben, die zum ersten Mal bei ihren Kindern, und gerade bei mir als dem Ältesten, eine regelrechte Auflehnung gegen ihre Autorität erlebten.

So war die Lage bereits stark zugespitzt, als ein nicht vorauszusehender Zwischenfall alles zur Entladung brachte, für den freilich der Wandervogel nur sehr indirekt – als Gewöhnung zu freier, selbständiger Bewegung – die Verantwortung trug. Die Natur der Sache war so, daß ich noch heute nicht weiß, ob ich anders als damals handeln und vor allem wünschen würde, daß ein Junge anders handeln sollte, als wir gehandelt haben. Meine Eltern kamen eben von einer – ich glaube weiten – Reise (nach Kitzbühel) zurück. In der gleichen Nacht aber stand die erste Fahrt des Zeppelins nach Berlin bevor, und wir erfuhren, daß eine Zwischenlandung in dem nahen Bitterfeld zu erwarten war. Ganz Mitteldeutschland und natürlich auch der ganze hallesche Wandervogel setzte sich in Bewegung. Man muß die grenzenlose Begeisterung im damaligen Deutschland für die Bezwingung der Luft und den ritterlichen Kampf des Grafen Zeppelin kennen, um zu verstehen, wie unmöglich uns Jungen der Gedanke schien, daran nicht teilzunehmen.

Eberhard und ich entschlossen uns kurz und gut in der Hoffnung mitzugehen, daß wir am Abend des Tages mit Sicherheit zu Hause sein würden und unsere Eltern begütigen könnten, die im Laufe des Mittags eintreffen sollten. An Rückfrage war nicht zu denken; wir konnten nur einen Zettel mit der Notiz über unser Vorhaben zurücklassen, als wir uns in grauer Morgendämmerung in vollkommen überfüllten Zügen oder gar im Fußeilmarsch auf den Weg machten. Es folgte ein Tag langen Wartens und patriotischen Hochgefühls in furchtbar gedrängten Menschenmassen bei Bitterfeld. Der Kronprinz erschien – er war ja ebenso disziplinlos sportbegeistert wie wir –, und am späten Abend landete auch der mit brausenden Hochrufen empfangene Zeppelin, bei dessen Anblick die Massen alle militärischen Absperrungen durchbrachen, um in hellster, aber nicht ganz unbedenklicher Begeisterung auf das Luftschiff loszustürmen, das durch Motorschäden viel später als erwartet eingetroffen war und die Fahrt nach Berlin erst am nächsten Tage vollenden sollte.

Bei der Rückkehr wurden wir Geschwister auch noch auseinandergerissen. Eberhard konnte in keinen Zug gelangen und machte die 30 Kilometer nach Halle im Fußmarsch. Ich stürmte nach langem Warten schließlich einen Waggon, gelangte aber ebenfalls nicht vor dem Morgengrauen nach Halle zurück. Nun hatte mein Vater stets ein besonders starkes Grauen vor Massenversammlungen und neigte dazu, die dabei ihnen drohenden Gefahren gewohnheitsmäßig noch wesentlich höher einzuschätzen, als sie tatsächlich schon waren. Dazu kam die Enttäuschung, daß die Rückkehr von der Reise statt liebevoller Begrüßung als erstes das über Tag und Nacht fortgesetzte Warten auf uns Ausbrecher gebracht hatte. Vor allem faßten er und unsere Stiefmutter psychologisch wenig glücklich das Ganze unter dem Gesichtspunkt der elterlichen Disziplin auf, statt zu begreifen, daß in unserem Sekundaneralter allmählich auch andere zur eigenen Entwicklung drängende Antriebe, kindlich vielleicht noch, aber jedenfalls nicht auszurotten, ins Spiel kamen. Jedenfalls wurde der Vorfall der Anlaß zu der nun sofort eintretenden entscheidenden Krise für unser Verhältnis zum Wandervogel, der für den Fortschritt der Technik verantwortlich gemacht wurde.

Die Gerechtigkeit gegen meine stets gütigen und liebevollen Eltern zwingt mich aber, nicht ganz zu verschweigen, daß die Krise auch mit Pubertätsschwierigkeiten verbunden war, die sie im Augenblick in vielleicht übersteigerter Sorge, aber nicht ganz ohne Grund an mir zweifeln ließen. Es war auf der einen Seite der letzte innere Damm gegen meine Stiefmutter, der noch nicht ganz gebrochen war und erst jetzt seinen letzten Stoß, den Durchbruch zu endgültigem Vertrauen von beiden Seiten erleben sollte, auf der anderen Seite die Sorge, daß der Wandervogel auch in dieser schwerwiegenden Richtung ungünstig wirken könnte. Freilich gab es damals tatsächlich noch kein Zusammenwandern der Geschlechter, das in Halle erst mit den Jahren nach meinem Abitur zum brennenden Problem wurde. Und überhaupt bewegte sich ihre Sorge, was den Wandervogel anbetraf, in einer falschen Richtung. Gerade von diesen Jahren an sollte die Gefährdung, die jedes lebhafte Kind jenes Alters durchmacht, bei mir nicht nach der weiblichen Seite liegen, sondern durch Schuleindrücke wie Wandervogelerlebnisse eher nach der entgegengesetzten Richtung. Ich war ein Kind gewesen, das durchaus seine normalen frühen Verliebtheiten erlebt hatte, jetzt aber vorübergehend wie so viele andere nach der entgegengesetzten Richtung gezogen zu werden drohte. Ältere, mit der Jugendbewegung vertraute Angehörige unserer Generation werden sich erinnern, daß einige Jahre später besonders im Jungwandervogel unter dem überaus gefährlichen Eindruck der gewandt geschriebenen, nicht sehr tief gehenden Blüherschen Schriften die Frage der Knabenliebe eine bedenklich große Rolle spielte, die durch die gymnasiale Erziehung unter Umständen starke Nahrung finden konnte. Das schwärmerische Freundschaftserlebnis gehörte zu den stärksten, in der Hauptsache freilich sehr positiven Motiven des Wandervogellebens. Es wird wenige Menschen jener Generation geben, die durch die Jugendbewegung gingen, ohne dies Problem mehr oder weniger stark gestreift zu haben, das sie trotz der dem älteren Pennalismus noch unbekannten Gefahr der Ideologisierung und Idealisierung dann nach meiner Lebenserfahrung ausnahmslos glatt hinter sich liegen ließen, sobald die entsprechende Altersstufe erreicht war. Im Grunde hat es bei den meisten wohl als Schutz gegen frühzeitige und zu billige erotische Verführung eine eher positive Rolle gespielt. Zum wenigsten gilt das für alle im Kern gesunden Naturen, während das Krankhafte natürlich auf einem anderen Blatte steht, nach meiner Beobachtung aber doch sehr viel seltener war, als besorgte Erzieher glauben mochten, nachdem das Problem einmal erkannt war. Im Augenblick lag aber bei meinen Erlebnissen der Stein des Anstoßes gar nicht nach dieser Seite, deren Gefahr meinen Eltern niemals erkennbar geworden ist. Die Schärfe, mit der sie bei mir einzugreifen und zu warnen suchten, hat eher das nicht ganz unbedenkliche Ergebnis gehabt, jene Gefahr zu verstärken. Ich stand schon der bald darauf einsetzenden Tanzstunde völlig ablehnend gegenüber und war vielleicht auch durch den frühen Tod der eigenen Mutter eher in Gefahr, von dem natürlichen und erwünschten Gefühl der Sicherheit gegen das weibliche Geschlecht abgedrängt zu werden. Jedenfalls waren das alles Entwicklungsübergänge, die nicht so bedrohlich waren, wie meine Eltern fürchteten, im Augenblick aber dem Zusammenstoß mit ihnen eine bedenkliche Schärfe zu geben drohten, wenn nicht meine Stiefmutter schließlich eine Wendung vertrauender Liebe gefunden hätte, die die Lage rettete und gründlich besserte.

Sofort am Tage nach der Bitterfelder Eskapade kam es zu einer feierlichen Sitzung, in der Eberhard wie mir erklärt wurde, daß wir entweder aus dem Wandervogel ausscheiden oder ich als Ältester und Rebellionsführer aus dem Hause kommen müßte, da dieses Beispiel mit Rücksicht auf die jüngeren Geschwister nicht mehr tragbar sei. Es ging also auf Biegen und Brechen. Jetzt war ich aber schon so weit in den neuen Ideen aufgegangen, daß ich teils auf das Recht der Jugend trotzte, teils meinen Eltern entgegnete, sie verkennten meine neuen Freunde und hätten sich in keiner Weise bemüht, ihre indirekt gewonnenen Vorstellungen über sie nachzuprüfen. Zum Glück führte das eine Wendung herbei. Nach einer einsamen Rücksprache, in der sie mich beschworen hatte, zur Räson zu kommen, überwand sich meine Stiefmutter soweit, daß sie meinem menschlichen Appell zugunsten meiner Freunde nachgab. Riewald wurde gebeten, am nächsten Sonntag Besuch bei uns zu machen. Er kam nach der Sitte der Zeit feierlich und stattlich-furchtbar im Gehrock anzuschauen, und seine sympathische, grundehrliche und offen-solide Natur siegte sofort. Er war schon an diesem Tage Gast meines Elternhauses und fortan an jedem wanderungsfreien Sonntag bei uns eingeladen, bald von meinen ganz kleinen Geschwistern wie Edda, die eben erst aus der Babyzeit herauswuchs, ebenso geliebt wie von mir, dessen bester Vertrauter und zuverlässiger Berater er, der Altphilologe, in den letzten Gymnasialjahren war. Wir mögen ein merkwürdiges Paar abgegeben haben, da er fast zwei Meter groß war. Angeblich sind wir auf der Straße stets so gegangen, daß ich auf dem Trottoir, er daneben unten auf dem Pflaster einherzog.

Damit begann eine neue Welt im Elternhaus. Meine Freunde wurden in immer größerer Anzahl dort regelmäßige Gäste. Meine Stiefmutter führte ein offenes Haus, dessen Gastlichkeit in den Grenzen unserer Mittel kaum übertroffen werden konnte. In den Tagen des Kriegsausbruchs 1914 waren schließlich alle unsere Bekannten – Wandervogel und andere Studenten ohne Elternhaus in Halle – eingeladen, ohne besondere Ansage jeden Mittag sich bei uns einzufinden, während schon im Frieden drei bis vier meiner Freunde das Dauerrecht hatten, sich an den Sonntagen bis 11 Uhr telephonisch zum Essen bei uns anzusagen, ein Recht, von dem häufig und gern Gebrauch gemacht wurde. Riewald und – nachdem er Studienreferendar in Wittenberg geworden war und sich verlobt hatte – mein dann nächster und engster Freund Willi Westphal sind geradezu Vertrauenspersonen meiner Stiefmutter geworden. Sie hat im Kriege sogar ohne nähere Bekanntschaft für Westphals nächsten Heimatfreund aus Stolp, Alfred Riek, binnen kürzester Frist die Kriegshochzeit ausgerichtet, da seine Urlaubszeit zu kurz war, um dazu in die pommersche Heimat zu reisen. Nach ihrem Tode fanden sich lange

Briefwechsel mit beiden, für die sie gesorgt hatte – Riewald fiel schon 1915, Westphal mußte nach der Somme mit einem Herzleiden in die Heimat zurückkehren, dem er noch nach Jahren erlegen ist –, als ob es eigene Kinder wären.

So konnte ich nach kurzer Zeit als Obersekundaner, der selbst bald Hilfsführer und Führer wurde, ohne innere Brechung mit voller Freude in der sich stets lebensvoller entfaltenden Bewegung aufgehen. Es ist mir unvergeßlich, wie mich Riewald schon wenige Monate nach Krise und Versöhnung mit den Eltern auf meine erste wirklich große und gelungene Fahrt mitnehmen konnte. Es ging über Jena, die Leuchtenburg, Saalfeld, durch die dem Neckar vergleichbare schöne Saalepartie um Ziegenrück und über Hof hinauf bis ins Fichtelgebirge und zur Saalequelle. Vielleicht war es der Augenblick, in dem ich mich zuerst mit ganz vollem Bewußtsein in Thüringen zu Hause fühlte und ein Heimatgefühl für seine Schönheiten bekam.

Nach einigen unvergeßlichen Tagen voll Sonne, Blaubeeren und großzügigen Bergformen im mittleren Fichtelgebirge mußte Riewald für die Sommerferien nach Hause fahren. Das brachte mir eine Enttäuschung ein. Sein Stellvertreter, ein Magistratsangestellter Hugo Eichler, gehörte noch zu der älteren, einigermaßen philiströs-banausischen Art unserer Führer. Ich war Riewalds Kassenführer gewesen und dadurch bei ihm in eine Art Unterführerschaft hineingewachsen, die mich an ein Vertrauensverhältnis und einen gewissen Einfluß gewöhnt hatte. Um so mehr forderte es mich heraus, als nach vergnügten Tagen und Nächten im Frankenwald bei den Nachtwachen – wir schliefen bei herrlichem Wetter im Freien – Willy Bohne uns einen Schnaps braute, dessen Ingredienzien er tagsüber in den Dorfapotheken zusammengekauft hatte – ein junger Tertianer Jakobsen, Sohn des deutschen Pfarrers in Arco, der mir unterwegs sehr ans Herz gewachsen war, auf Schwierigkeiten mit dem eitel empfindlichen Eichler stieß und schließlich wegen einer geringfügigen Kleinigkeit „Hordenkeile" erhielt. Abgesehen davon, daß mich schon der Pennalismus in unserer Freiheit anekelte, nahm ich natürlich leidenschaftlich für meinen jüngeren und als Einzelnen ohnmächtigen Freund Partei. Der „Jakübler" war ehrliebend genug, um die Wanderung sofort abzubrechen. Auch ist er dann aus den Franckeschen Stiftungen, wo er Pensionsschüler war, mehrfach Gast bei uns in der Königsstraße gewesen, wir umgekehrt auf unserer unvergeßlichen Studentenwanderung zum Gardasee bei seinen Eltern in Arco. Ich hielt mich als stellvertretender Führer für verpflichtet, bei der Horde zu bleiben, hatte aber im Grunde die Lust an der Wanderung verloren. Sie endete schließlich damit, daß wir uns vom Rennsteig herab verliefen, den letzten Tag und die letzte Nacht einen Gewaltmarsch von etwa sechzig Kilometern machten und nahezu abgebrannt waren. Ich mußte mein erstes Schnorrexperiment gerade an der Stelle machen, wo die Münchener Bahn den Rennsteig schneidet. In einer Pension, wo ich Wasser zum Kochen erbat, stellte ich den Damen Poesie und Prosa unseres Tuns und Treibens schließlich so ergreifend dar, daß wir alle Zutaten zum Essen geschenkt erhielten. Als wir dann am nächsten Mittag unser Schlußstück durch das Schwarzatal nach Rudolstadt abtrabten, begegneten wir zum ersten Mal einem neuverheirateten Ehepaar, das sich dazu bekannte, selbst Wandervogel gewesen zu sein. Es schenkte uns als erste Begegnung mit der alten Innung volle fünf Mark, für die wir während der Heimfahrt uns in Naumburg fürstlich mit Trank und Speise – wie in allen solchen Fällen auf Fahrt Kuchen – versehen konnten. Als Landschaftseindruck und Erlebnis gehörte diese Fahrt mit zu den tiefsten Eindrücken meiner Jugend und zog mich endgültig und für immer in den Bann der Wandervogelidee, die nun bis zum Weltkrieg zu den stärksten Faktoren meines seelischen Haushaltes gehörte.

Schritt für Schritt wurde der Wandervogel für mich und meinen nächstältesten Bruder fast wichtiger als die Schule. Gerade und kaum daß zu manchen Zeiten das Elternhaus sich noch neben ihm behaupten konnte. Nach dem Übergang vom AWV zum sogenannten EV setzte immer schneller jene Vertiefung der Bewegung ein, in der wir Jungen vor dem Weltkrieg hoffnungsvoll nicht weniger als den Beginn einer eigenen Jugendkultur zu finden glaubten. Das war eine harmlose Übertreibung, auch als neben den Problemen des gemeinsamen Wanderns von Jungen und Mädel, der Koedukation, der Kampf gegen den Alkohol begann und sich später Siedlungsfragen und Fragen der Lebensreform überhaupt anschlossen. Die stärkste Seite der Bewegung war zweifellos die ästhetische; es ist schwer zu sagen, was der Volksliedgesang jener Jahre für uns bedeutete, als Lied für Lied der Zupfgeigenhansel Hans Breuers unter tätiger Mitwirkung aller Gaue des Wandervogels zu einer der schönsten deutschen Liedersammlungen heranwuchs, zu einem Liederbuch, das vor allem mit jeder Seite auf eigenem Erlebnis beruhte. Kein größerer Triumph, als wenn wir selbst auf Wanderung beim Bauern im Heu noch neue Lieder im Dorfe lebendig fanden und versuchen konnten, ihre Aufnahme in den Hansel zu erwirken. Es war – in den letzten zehn Jahren vor dem Weltkrieg – auch rein kulturell der letzte Augenblick für ein solches Erlebnis, ehe die dörfliche Welt von Kino und Radio erfaßt und damit endgültig ihren uralten Lebensformen in Tracht, Lied und Sitte binnen erschreckend kurzer Zeit entfremdet wurde. Da ich selbst strenger Gegner des Zusammenwanderns war, hat die Volkstanzpflege für mich sehr viel weniger bedeutet. Ich gehörte damals im Unterschied zu späteren Freunden wie Strecker und Grote zu jener Richtung, die energisch am getrennten Wandern beider Geschlechter festhielt und sich jugendlich hitzig gegen jede Vermischung zur Wehr setzte. Gemeinsam aber blieb den Richtungen, die übereinander Ketzersprüche auf Ausschluß der Ortsgruppen schmiedeten, das Wandererlebnis der Musik in der freien, großen Natur. Geige und Flöte, Zupfgeige und Mandoline, das Einzellied und der mehrstimmige Chorgesang in allem Übermut und aller unsagbaren Wehmut des Volksliedes, wenn der Abend glutrot verdämmerte oder die Nacht nur noch von dem im Wald flackernden Schein unseres eigenen Lagerfeuers durchrissen wurde. Wir Wandervögel stellten nur eine bescheidene Minderheit der damaligen Jugend dar, und wir fühlten uns dadurch in Schulklasse und Schülervereinen als eine Art aristokratischer Kulturauslese. Wir sahen mit Stolz und Verachtung auf Schüler und Lehrer herab, die weiter dem Alkohol frönten, auch wenn ich persönlich nicht zu den Totalabstinenzlern gehörte, die im Elternhaus sogar der harmlosen Biersuppe größte Schwierigkeiten bereiteten, vielmehr in deutschen Weingauen wie in Oberitalien das Landesprodukt als Heimaterzeugnis und Teil der von uns so feurig verehrten Natur weiter achtete. Zwar war ich an der Latina bis zuletzt auch Mitglied eines Turnvereins, der Jahner, die mit dem Turnverein der Internatsschüler in den Stiftungen, den Friesen, einen heißen, für uns freilich erfolglosen Wettkampf – weil jene in der Klausur ihrer Gärten sehr viel mehr zum Üben kamen als wir – führten. Ich bin zweimal schwer gestürzt, das eine Mal von den Ringen mit einer nicht ganz leichten Gehirnerschütterung, die mich wochenlang in das Bett zwang und meinen Klassenlehrer Herold, zum Glück aber nicht meinen Vater zu der Forderung trieb, ich müsse aus dem Verein austreten. Das zweite Mal – ich hatte eben den Großen Riesenschwung, das Ziel jahrelanger Sehnsucht zum erstenmal fertiggebracht – glitt ich vom Reck aus und sprengte, von hinten nach vorn niedergleitend, mir die Nase gründlich auf. Da mein Vater nicht zu Hause war, wurde ich von meinen erschreckten Vereinsbrüdern in die Klinik geschleppt, wo mir ein junger Assistenzarzt vom Nachtdienst schlecht und recht die stark blutende Nase mit ein paar Nadeln zusammenstoppelte. Die Folge war, daß mein entrüsteter Vater, der die Flucht zur Klinik als überflüssig und – echt ärztlich gedacht – als eine Art mangelnden Vertrauens auffaßte, am liebsten das Kunstwerk am nächsten Tage wieder aufgerissen hätte und das nur angesichts meines nach mehreren Nadeln am Abend sehr lebhaften Widerstandes unterließ. Leider hatte die Episode für einige Jahre gesundheitliche Folgen, von denen später noch die Rede sein wird. Aber die Liebe zum Turnen und die Grundeinstellung des Wandervogels vermochten diese Vorfälle doch nicht zu beeinträchtigen. Nur das Kommers- und Vereinswesen alten Stiles ging mir immer mehr auf die Nerven. Ich machte noch einige Jahre die Kneipen mit ihrem Kommentzwang widerwillig mit, bin aber schließlich doch noch vor dem Abitur aus eigenem Entschluß ausgetreten, weil mir der Widerspruch dieser Dinge zu meinem Wandervogelideal zu stark geworden war. Während ich im Turnverein bis zuletzt mit Bernhard Gutsche eng befreundet gewesen war – meist war er der erste, ich der zweite Turnwart unseres Vereins –, trat nun auch diese älteste Kinderfreundschaft, die auch der Trennung durch mein frühes Sitzenbleiben standgehalten hatte, langsam, aber unvermeidlich hinter meinen neuen Wandervogelbeziehungen zurück. Der Ersatz, den ich hier fand, war so überreichlich, daß ich keine Lücke empfinden konnte, während die Mehrheit der Vereinstypen mir allmählich angefangen hatte, recht stark auf die Nerven zu gehen. Vor allem dem Zusammensein mit dem Altphilologen Riewald verdankte ich in diesen letzten Schuljahren stärkste Anregung auch für den künftigen Beruf. Recht eigentlich machte er mir, selbst ein geborener Lehrer, den Gedanken möglich, daß Geschichtsstudium und Unterricht miteinander verknüpft sein würden. Der Wandervogel, der Umgang als Führer mit Jüngeren, hat dann diesen Prozeß entscheidend weiter geführt. Im Verkehr mit Riewald konnte ich mich auch schon langsam auf die geistige Welt des künftigen Studiums vorbereiten, und ihm verdanke ich vieles, wenn ich den so oft schwierigen Übergang zur Universität leidlich bewältigen konnte, da mir eine Existenz in freier, selbstgesetzter Arbeit, in rastlosem Interesse für den selbstgewählten Beruf im Umgang mit ihm schon bis zur Selbstverständlichkeit vertraut geworden war. Das Schönste im Wandervogel aber blieb jenes herrliche Freiheitsgefühl, das den Kindern unserer Generation sonst fast stets versagt blieb.

So hatte ich am Ende meiner Schulzeit Elternhaus und Schule die Erinnerung an eine freudige und reiche Knabenzeit zu verdanken. Im ganzen hatte sich unser Dasein im Schutze ungestörter Privatheit vollziehen können. Gewiß waren hier und da einmal politische Schatten über unser Dasein hinweggehuscht. Im allgemeinen berührten uns aber die Zeitereignisse doch nur sehr von ferne. Ich erinnere mich als frühestes Zeitereignis an die Nachricht von Bismarcks Tod. Mit dem Burenkrieg, der Chinaexpedition und dem Hereroaufstand in Südwest begann eine Zeit eifriger Zeitungslektüre, die nur gelegentlich noch von meinen Eltern unterbrochen wurde, als sie merkten, daß ich auf diese Weise auch eifriger Leser der Skandalberichte über das Prozeßduell Harden–Eulenburg geworden war.[14] Uns Schüler interessierte in den nun folgenden Jahren der europäischen Krisen vor allem und durchaus angenehm die Aussicht, durch einen Krieg einmal ebenso wie unsere Onkel 1870 zum Notabitur zu gelangen. Man ließ sich von dieser Stimmung erfassen, auch wenn man sich wie ich als Schüler allmählich ganz wohl fühlte und sich eigentlich kaum nach Befreiung aus dem Schulgefängnis zu sehnen brauchte. 1905/06 war ich mit vierzehn Jahren noch zu jung. Aber bei der Annexionskrise von 1908/09 beschäftigte der Gedanke an ein Notabitur doch auch meine Klasse schon recht lebhaft. Bei der Agadirkrise 1911 hatte ich eben schon mein Abitur gemacht, stand in meinem überglücklichen ersten Freiburger Semester, in dem ich mich meiner Erinnerung nach kaum um Politik kümmerte und, wenn ich es getan hätte, schwerlich den Drang verspürt hätte, so schnell wieder aus diesem neuen Leben herausgerissen zu werden. Im ganzen ist mir aber doch die Erinnerung geblieben, daß die Möglichkeit einer europäischen

[14] Im Zusammenhang mit der Genesis der Entlassung des Geheimrats Fritz von Holstein war es zu einem schweren Konflikt zwischen dem Berliner Publizisten Maximilian Harden und dem Kaiserfreund und Botschafter Fürst Philipp Eulenburg gekommen, in dessen Verlauf Harden in seiner Wochenschrift *Zukunft* mehrere auf Holstein zurückgehende Berichte veröffentlichte, die die Homosexualität Eulenburgs und mehrerer hoher Offiziere, u. a. des Stadtkommandanten von Berlin, erkennen ließen. Der Kronprinz leitete die Berichte seinem Vater zu. Eine Kette überaus peinlich wirkender Prozesse folgte. Während die *Zukunft* schon bald eine Auflage von 70 000 Stück erreichte, erhob die Staatsanwaltschaft gegen den Fürsten Eulenburg bald Anklage wegen Meineids. Der Prozeß konnte wegen eines gesundheitlichen Zusammenbruchs des Angeklagten nie zu Ende geführt werden. Eulenburg verbrachte die restlichen achtzehn Jahre seines Lebens auf seinem Schlosse Liebenberg. Da Eulenburg jahrelang als enger Vertrauter des Kaisers galt, richtete sich dieser gesellschaftliche Skandal auch unmittelbar gegen die Person Wilhelms II.

Katastrophe als leiser, aber nie ganz verschwindender Schatten schon über meinen letzten Schuljahren schwebte.

Die schwere innere Problematik unseres deutschen Daseins wurde uns Kindern im Grunde doch nicht fühlbar. Ereignisse wie der Eulenburgskandal oder die Daily Telegraphaffäre wurden mir zwar sofort aus der Zeitung bekannt, ohne daß ich aber damit viel anzufangen wußte. Im Grunde lebten wir naiv patriotisch unter dem Schutze der scheinbar restlos gesicherten Existenz des Reiches dahin. Früh traten uns wie jedem deutschen Kinde der Zeit der Glanz und die Anziehungskraft des Soldatischen entgegen. Wir sahen auf dem Hallmarkt mitten in der Stadt – später auf dem Roßplatz – mit Liebe und Begeisterung, wenn auch bitterlich frierend, die jährliche Parade der beiden Halleschen Regimenter – Infanterieregiment 36 und Feldartillerieregiment 7 – zum Kaisergeburtstag am 27. Januar. In den höheren Schulklassen suchten wir jede Gelegenheit wahrzunehmen, um die Herbstmanöver außerhalb der Stadt zu besuchen. Unvergeßlich ist mir das Bild eines großen Korpsmanövers bei Roßbach, das sich in markiertem Angriff ganz auf den Linien der Schlacht von 1756 – schräg über den Janushügel hinweg – bewegte. Glanzvoll war der Vorbeimarsch des 4. Armeekorps nach dem Abschluß der Übung. Wir sahen zum ersten und ich zum einzigen Mal den wirklich bestechenden Farbenglanz einer Reiterparade mit den alten bunten Uniformen, in denen jedes Regiment noch eine historische Individualität war – Halberstädter und Stendaler Kürassiere, Torgauer Husaren usw. –, während die Fähnlein lustig zum Trab unter den alten historischen Märschen wehten. Auch Wilhelm II. besuchte aus Anlaß eines Kaisermanövers in der Gegend einmal Halle anläßlich der Einweihung des künstlerisch so verunglückten Denkmals für Wilhelm I., Bismarck und Moltke. Der Aufwand für den Empfang war groß. Jedenfalls sind uns nach dem Weltkrieg nicht soviel Triumphbogen gebaut worden, wie sie damals die üppig mit Blumen dekorierte Stadt errichtete. Am Abend vor dem großen Ereignis durften wir mit den Eltern in einer Droschke durch die geschmückten Straßen fahren und alles bestaunen. Wir sahen den Kaiser dann am nächsten Tage im Schülerspalier der Franckeschen Stiftungen, durch die der Achtspänner freilich so eilig hindurchfuhr, daß selbst Sekundaner sich keine übermäßige Lyrik einbilden konnten. In erster Linie hatten wir nur den Sonnenschirm der Kaiserin gesehen. Die Ansprache des Herrschers vor dem Frankkedenkmal war nicht zu verstehen, da ich zu weit hinten stand. Heute kann ich sie mir auch ohne Druckvorlage vorstellen.

Nur einmal tauchte etwas wie ein Menetekel auf. Vom Fenster unserer damals auf dem alten Markt gelegenen Wohnung sahen wir 1912 an einem Sonntagvormittag die Demonstrationen für die Ausdehnung des preußischen Wahlrechts, die zum Zusammenstoß mit der überaus reichlich bereitgestellten Polizei führten. Nachdem eben erst dunkle Menschenmassen Straße und Platz im Vordringen nach dem Markt gefüllt hatten, setzte sich plötzlich alles in wilde Flucht. Dichte Schutzmannsketten, Helm festgebunden und den Säbel schwingend, verfolgten die fliehenden Menschen, ohne daß es für uns sichtbar zu wirklichem Blutvergießen gekommen wäre. Berittene Schutzleute – für Halle damals eine Neuheit –, die wohl ad hoc bereitgestellt worden waren, erschienen ebenfalls auf dem Plan. Mein Vater wurde kurze Zeit darauf auch zu einem Verwundeten geholt. Wie dieses Bild aber, aufregend und unheimlich, aufgetaucht war, verschwand es auch wieder, um selbstverständlicher Ruhe und Sicherheit Platz zu machen. Im übrigen sollte ich erst als Student zum Versuch einer eigenen Meinungsbildung in politicis gelangen. Auch dann war sie noch wesentlich Reaktionshaltung gegen den Liberalismus von Elternhaus und weiterer Familie, Opposition, teils um ihrer selbst willen, teils als Streben, zur Selbständigkeit zu gelangen. Vorläufig stand ich unter dem Eindruck der vorherrschenden, noch immer liberalen Familienüberzeugung. Kaum daß ich zu spüren begann, daß meine Stiefmutter nach Erziehung und Herkunft sehr viel stärker nach der konservativen Seite neigte. Ich bewunderte meinen Onkel Wolfgang, der nicht nur ein überall gern gesehener Gesellschafter – angesehenes Mitglied der Halleschen Schlaraffia – war, einmal sogar eine übrigens, was mich schon als älteren Schüler bekümmerte, herzlich mäßige Lustspieloperette im Stadttheater aufführen ließ, sondern auch führendes Mitglied der Stadtverordnetenversammlung war. Er ist meines Wissens auch einmal, aber erfolglos, liberaler Reichstagskandidat gewesen. Gelegentlich wagte ich mich daher schon auf die Tribüne der Stadtverordnetenversammlung und hörte ihn dort sprechen, etwas enttäuscht, da seine hohe Stimme nicht gerade besonders eindrucksvoll war. Die behandelten Vorgänge blieben in dem üblichen Rahmen der Vorkriegszeit: es handelte sich vor allem um das Pro und Kontra von Haus- und Grundbesitzerinteressen.

Wesentlicher als das Reich der Politik blieb so bis zuletzt die Welt der Schulbildung und ihrer Erweiterung durch das Elternhaus. Als das Abitur herannahte, war ich in der Schule so gut, daß keine wesentlichen Aufregungen entstehen konnten. Unser damaliger Ordinarius

Neubert war ein herzensguter, wackerer Mann, aber maßlos langweilig, obwohl auch er wie Wesner, Möller und Herold bald darauf Direktor geworden ist. Was uns in den untersten Klassen in Latein und Griechisch noch stärker berührte, mußte von uns selbst erfaßt werden, war nicht mehr von ihm vermittelt. In Latein vermochte mir Tacitus trotzdem starkes Interesse abzugewinnen – übrigens mehr die Annalen als die Germania; auch die Briefe Ciceros fesselten mich durch ihre sprühende Gegenwärtigkeit, während seine philosophischen durch ungenügende Interpretation zerredet wurden. Auch Horaz machte dadurch nur mäßigen Eindruck. Im Griechischen blieb mir die Liebe zu den Dichtern bis zuletzt treu. Thukydides und noch mehr Plato waren bei diesem Unterricht zu schwer, um sich uns in dem Maße zu erschließen, das bei günstigerer Lage erreichbar gewesen wäre. Das Examen ging glatt und ruhig vor sich. Mein Versagen in Mathematik war eine ebenso feststehende Tatsache wie das überreichliche Maß an Kompensationen, über die ich verfügte. Man behandelte mich milde. Ich wurde vor allen anderen zu Beginn der mündlichen Prüfung einige Minuten ergebnislos in Mathematik geprüft und dann nach Hause geschickt. Wie immer in den Franckeschen Stiftungen ließen wir uns dann bekränzt und im Triumph von Schülern der Oberklassen unter dem Voraustritt unserer Schülerkapelle die langen Gänge der Stiftung herab und herauf zum Franckedenkmal vor dem Pädagogium tragen, wo feierlich das überlieferte „Nun danket alle Gott!" gesungen wurde. Der Klassenkommers und die goldene Freiheit waren gekommen. Über meine Berufswahl bestand kein Zweifel mehr. Ich war soweit Sohn einer Familie mit freien Berufen, daß mir eine Zukunft als Beamter und vor allem Oberlehrer nicht ohne Unbehagen vorstellbar war. Aber durch den Wandervogel war ich nun doch so stark daran gewöhnt, als „Führer" mit Jüngeren umzugehen, daß mich die menschliche Seite des Lehrerberufes entschieden verlockte. Vor allem war kein Zweifel, daß ich um jeden Preis Geschichte studieren wollte. Ich besaß dafür auch die Billigung meiner Eltern. So konnte ich mich dem Augenblick des Lebens, in dem das Gefühl der Freiheit vielleicht am stärksten ist, ohne Brechung in vollen Zügen hingeben. Wir traten in die Muluszeit ein mit dem vom Wandervogel mächtig geweckten Gefühl, am Beginn einer neuen Epoche zu stehen, die wir uns reizvoll und lebenswert vorstellten wie Ulrich von Hutten am Tor der deutschen Renaissance. Wir träumten uns goldene Berge und glaubten an die Möglichkeit eines menschlich freien und schönen Daseins, schöner als das unserer

Eltern, dem wir mit allen Fibern zustrebten. Im tieferen Bewußtsein hatten wir kaum eine Ahnung, welches Leben voll unerhörter Wandlungen und Katastrophen uns bevorstand. Im Augenblick konnten wir uns fühlen wie jene Generation unmittelbar vor 1789, die ein Dasein von ungekannter Süßigkeit führte, ehe die Dämmerung großer Katastrophen hereinbrach, wenn uns dies nicht als verwerflicher Hedonismus erschienen wäre. Denn da es uns gut ging, waren wir bereit, spartanisch zu leben und mit Rousseau den Ruf nach natürlicher Einfachheit anzustimmen.

(Niederschrift 1943)

ZWEITES KAPITEL

Studienjahre 1911–1914

Die drei Studentenjahre, die ich noch vor dem Ausbruch des Weltkrieges erlebt habe, gehören wohl zu den glücklichsten und ungebrochensten Zeiten meines Lebens. Der Übergang von der Schule zur Universität schien freilich einen Augenblick durch Krankheit beschattet werden zu sollen. Schon schwer erkältet, hatte ich eine Wandervogelfahrt nach Wettin mitgemacht, auf der wir beim Rückweg gegen scharfen Wind ununterbrochen gesungen hatten. Das Ergebnis war eine hartnäckige Dauererkältung und ein ständiger Nasenkatarrh, der sich an der Stelle festsetzte, die durch einen Sturz vom Reck vor wenigen Jahren verknorpelt war. Sie wollte während der ganzen sonst so erfreulichen Muluszeit nicht weichen. Das Frühjahr war schon bei uns in Mitteldeutschland spät und rauh, und mein Vater schwankte ernsthaft, ob er mich in diesem Zustand zum Semester fortschicken konnte. Auch die Behandlung durch einen halleschen Spezialarzt brachte keinen rechten Erfolg. Schließlich entschloß er sich aber doch im Vertrauen auf die Milde des Freiburger Klimas, mich loszulassen, und ich rollte, noch nicht ganz auskuriert, aber selig und zufrieden, nach dem fernen Süden fort. Im Stühlinger nahm mich ein nicht sehr ansehnliches Haus, aber eine große, behagliche Bude bei einem braven Schumachermeister auf, Leiter der Ortskrankenkasse seiner Innung, um die Familientradition mit dem Beruf meines Vaters zu wahren, bei dem ich mich im Sommer und Winter 1911/12 gleichmäßig wohl gefühlt habe. Sehnsucht nach den schöneren Bezirken der Stadt wurde gelegentlich bei mir rege, führte aber bei der Geringfügigkeit aller Entfernungen nicht zu dem Entschlusse einer Änderung.

Meine Abreise hatte sich auch noch unter dem Schatten eines ernsten Familienereignisses vollzogen. Unser Großvater lag im Augenblick meiner Abfahrt, 92jährig, im Sterben. Mein Vater behandelte ihn. Der Kranke war mit allen Lebenskräften zu Ende, aber das Herz wehrte sich zäh, obwohl der arme Körper schon längst durchgelegen und nur noch ein Schatten seiner selbst war. Die letzte Zeit stellte nur noch eine furchtbare Quälerei dar, ganz anders als bei meinem mütterlichen Großvater Triebel, dem ein schwächeres Herz zum Hinüberdämmern während des Mittagsschläfchens auf dem Sofa verholfen hatte. Von Tag zu Tag war das Ende zu erwarten, und trat doch nicht ein, bis mich mein Vater schließlich doch fahren ließ, weil ärztliche Kunst außerstande war, einen bestimmten Zeitpunkt für das sichere Ende vorherzusehen. Erst in Freiburg erreichte mich die Nachricht, die bedeutete, daß der Martinsberg mit seinem großen Garten und der inhaltvollen Bedeutung für einen einheitlichen Zusammenhalt unseres Namens aufhörte, Familienwohnsitz zu sein. Eine der wichtigsten Stätten meiner Kindheit hatte sich wie symbolisch in dem Augenblick geschlossen, in dem ich anfing, in das Leben der Erwachsenen hinüberzutreten. Das Ereignis selbst war zu lange erwartet und lag zu sehr im Bereich des Natürlichen, als daß es bei der großen Familie, die solche Lücken geringer erscheinen ließ als in anderen Häusern, zunächst einen nachhaltigen Schatten hätte werfen können. Noch waren es Zeiten, in denen uns allen gegenwärtig war, was wir dem Patriarchen unserer Familie, dem Ehrenbürger zweier Städte, zu verdanken hatten, der sich nur durch eigene Klugheit und Tüchtigkeit im Leben für uns alle emporgearbeitet hatte. Keiner von uns ahnte, wie viele seiner Nachkommen einst bemüht sein mußten, die Verbindung mit ihm nach Möglichkeit sorgfältig und ängstlich im Schatten zu halten.

Freiburg empfing mich mit dem Glanze des heißen Frühjahrs und Sommers 1911, der unvergeßlich in meiner Seele haften geblieben ist. Oben in Sachsen noch alles winterlich, hier Flieder und Kastanien in vollster Blüte oder in schnellem Aufbrechen. Als ich im Herbst 1940 – nach dem französischen Feldzug – endlich wieder dorthin kam und mit meinem Jungen vom Bodensee her zum ersten Mal wieder durch das Höllental fuhr, traten mir doch die Tränen in die Augen, so unauslöschlich war die Erinnerung an die strahlend sonnige Stadt im Breisgau mit den schönsten Eindrücken meines Jugendlebens verflochten gewesen. Das lag zunächst und vor allem an den Herrlichkeiten, die ich nun mit meinen Freunden als Wandervogel in diesem Jahr als Höhepunkt unserer ganzen jugendlichen Wanderzeit erleben sollte. Frisch und rüstig – denn meine Erkältungen verschwanden sofort in diesem gesegneten Klima – konnten wir Woche für Woche uns die Wunder des südlichen Schwarzwalds vom Kandel über Feldberg und Belchen bis nach Lörrach erwandern. Nur mein erster Sonntag war noch einem einsamen Marsch durch die frühlingfrischen Wälder über St. Peter im großen Bogen zum Höllental gewidmet. Dann hatte ich den Anschluß gefunden, den die enge innere Gemeinschaft dieser Jahre im Wandervogel als Vorwerk der entstehenden Jugendbewegung so leicht vermittelte. An die nicht allzu große, gegen hundert Jungen zählende Freiburger Ortsgruppe schlossen sich etwa zwanzig Studenten aus allen Teilen Deutschlands an, unter denen ich in kürzester Frist gute Kameraden und Freunde gefunden hatte, die – ganz abgesehen von der erbitterten Gegnerschaft meines Vaters, der als alter Korpsstudent alle Schattenseiten des Verbindungslebens fast bis zur Unbilligkeit kannte und bis auf sein geliebtes Fechten unerbittlich ablehnte – niemals die geringste Neigung und Sehnsucht nach anderweitigem Verbindungsleben im überlieferten studentischen Sinne aufkommen ließ. Dieser Kreis bedeutete für mich mehr als die Erfüllung des jugendlichen Bedürfnisses nach Geselligkeit und gemeinsamem Genuß eines der schönsten Teile der deutschen Erde. Gerade meine nächsten Freunde wurden eine Reihe streng katholischer Westfalen, hauptsächlich aus Paderborn, von denen besonders der stattlichste und strengste, Lorenz Rohrbach, der Sohn einer kinderreichen und offenbar in strengster Zucht und einer dadurch auch für andere eindrucksvollen Selbstzucht aufgewachsenen Lehrersfamilie, bleibenden Eindruck auf mich gemacht hat. Er war ein unbedingt zuverlässiger und solider Freund. Es war nicht nur, daß sie auf jeder Wanderung ohne Rücksicht auf Wind und Wetter, auf Naturschönheit und Kunstgenuß, mit eiserner Regelmäßigkeit ihre sonntägliche Messe besuchten – sei es in Freiburg vor dem Aufbruch in frühester Morgenstunde, sei es unterwegs auf größerer Wanderung, indem wir lässigeren Protestanten während ihrer Abwesenheit von der Horde den Kochkessel übernehmen mußten –, der ständige Umgang mit frommen und überzeugten Katholiken erweiterte zum ersten Mal meinen Gesichtskreis über viele norddeutsch-protestantische Voreingenommenheiten hinaus und blieb im stillen unvergessener Besitz. Diese Freunde verkörperten für mich bald die Möglichkeit der von unserer Jugendbewegung so hoch geschätzten Freiheit in Verbindung mit strenger Zucht und unbedingter jugendlicher Reinheit, so daß ich mich in ihrem Kreis das ganze Jahr hindurch so wohl wie nur irgend denkbar gefühlt habe. Vieles, was sonst für diese brausenden Jugendjahre der Freiheit typisch zu sein droht, ist mir dadurch ohne jeden Zwang und mit vollendeter Leichtigkeit ferngehalten worden. Da in Freiburg das

Zusammenwandern von Jungen und Mädel auf der Grundlage der wohltuend freieren süddeutschen Sitte – hier besuchten schon junge Mädchen ohne jede Ombrage selbst das altberühmte Bertholdgymnasium wie auch heute noch in jeder Klasse – bereits üblich war, da Jungen und Mädel zu Hunderten auf ihren Rädern die schönen Gebirgsstraßen durcheilten, war auch im Wandervogel das Zusammenwandern bei Tagesfahrten und kürzeren Ausflügen in die Umgegend bereits gang und gäbe. Auch dabei herrschte ein zwangloser und sehr reiner Ton zwischen den beiden Geschlechtern – jedenfalls im großen und ganzen –, der eine Erlösung nach der kitschigen und von der älteren Generation stets vergeblich überwachten Schwüle der Schülertanzstunde bedeutete, für die Lehármelodien jener Jahre in hohem Maße typisch waren.

Was unsere kleine Wandervogelgruppe gemeinsam schaute und erlebte, hat sich unvergeßlich in die Tafeln der Erinnerung eingegraben. Jeden Sonnabend und Sonntag ging es in die Freiburger Umgebung hinaus. Wir lernten von Nord nach Süd in unserer Heimat nicht jedes Tal, jede Höhe genau kennen, dazu waren es zuviele der Schönheit in dieser gesegneten Landschaft, aber doch unendlich viel und unendlich Schönes. Immer wieder zogen wir hinaus in das Landheim der Freiburger Ortsgruppe in Breitnau über den Hängen des Höllentals. Unvergeßlich ist mir, wie an trüben Tagen der Regen eintönig und melancholisch auf das Dach des Altenhaus, eines Bauerngehöftes, niederrieselte, in dem wir einquartiert waren, während wir beim Vorlesen, Gesang und Kochen unermeßlicher Töpfe von köstlichem Kakao – so etwas wie dem damaligen Nationalgetränk von uns nahezu abstinenten Wandervögeln – die Stunden dahingehen ließen. Abends kam dann und wann, wenn die Wolken zerrissen, ein Abstieg zum Höllental hinab, bei dem wir hinweg über die Vorberge der Freiburger Umgebung die Vogesengipfel und -Burgen in den unglaublichsten Farben und zartesten Tinten mit unerhörter plastischer Schärfe vor uns erblickten. Wir zogen in nächtlicher Wanderung über den Schauinsland auf den Feldberg, rollten uns unterwegs in den Wäldern des Stübenwasen in unsere Zeltplanen, erlebten den Sonnenaufgang auf dem Gipfel des höchsten Schwarzwaldberges, um dann den Tag in ruhigem Sonnen, Braunwerden und Abtrocknen an seinen Flanken zu verbringen. – Ich zog von Freiburg aus zum sonnig-heißen Glottertal, übernachtete bei einfachsten Bauersleuten am Fuße des Kandel, um doch noch immer überrascht zu werden, wenn das schnell gemurmelte Tischgebet der ganzen Familie vor dem mehr als einfachen Abendmahl – Weißkäse und Kartoffeln, später das Kriegslieblingsgericht von Frank Eberhard – begann. Am nächsten Tag kamen die Freiburger Jungen nach, und wir erstiegen gemeinsam den Kandel. In ganz besonders schönen Stunden las wohl auch einer der liebenswürdigsten unter den einheimischen Jungen, der blonde Krafft aus Auggen, die Hebelschen Gedichte in der heimischen Mundart des Wiesentals vor, und wir hatten das Gefühl, in solchen Augenblicken ganz besonders nah an die uns nun schon vertraut anheimelnde Seite dieses alemannischen Landes mit seiner Verbindung von kraftvoller Schönheit und anmutig spielender Grazie heranzukommen. Wir zogen auch einmal über die Halde zu dem stolzen Belchengipfel, dem König der Schwarzwaldberge trotz der massiven Kraft des Feldbergs, stiegen nach Südwesten zu ab, um in Auggen bei Mutter und Schwester von Siegfried Krafft mit größter Gastlichkeit aufgenommen zu werden. Obwohl wir mäßig waren und auf unseren Wanderfahrten meist den Alkohol verschmähten, waren wir doch zum Glück noch nicht genug Puritaner und Doktrinäre, um die guten Tropfen badischen Weins zu verschmähen, die man uns hier mitten im Markgräfler Land vorsetzte. Wie wir in Freiburg in der Weinstube der Eltern unseres heute schon gestorbenen kleinen Kameraden Fritz und seiner Schwester Friedel Briem fröhlich beim Markgräfler und dem feurig schweren Glottertäler verkehrten, um hinterher auf dem Marktplatz davor zu versuchen, ob auch noch alle Mitglieder der Runde rings um den schmalen Brunnenrand balancieren konnten, so waren wir hier in Auggen bereit, uns in die flüssig-edle Landeskunde einführen zu lassen. Von Auggen ging es weiter bis vor die Tore Basels nach Lörrach, wo uns eine größere Wandervogelfeier der ganzen Gegend zeigte, daß damals jene Süddeutschen mit ihrer lebensfrohen Ader uns norddeutschen Wandervögeln in der Kunst des Festefeierns doch erheblich überlegen waren.

Als die Pfingstferien kamen, stand unser Entschluß fest, nicht, wie das damals für den Freiburger Studenten typisch war, in die Schweiz zu gehen. Waren wir doch in diesen sicheren Friedenszeiten der festen Überzeugung, daß die ersehnte Schweizer Reise uns vom ersten selbstverdienten Gehalt als Studienassessoren später gar nicht fehlen könne. Statt dessen sind wir, und haben das nicht zu bereuen brauchen, von der Pfalz, vom Trifels aus, volle achtzehn Tage nach Süden gezogen und haben die Vogesen in der ganzen Ausdehnung ihres Kammes als das schönste deutsche Mittelgebirge neben und vielleicht sogar ein wenig vor dem Schwarzwald, soweit solche Vergleiche überhaupt einen Sinn haben, kennengelernt. Den Auftakt bildete ein Tag in Straßburg, wo wir von einheimischen, in der Hauptsache offenbar reichsdeutsch gebürtigen Wandervögeln in „Privatquartier", wie wir es nannten, das heißt zu Lasten ihrer Eltern beherbergt und bewirtet wurden. In meiner Erinnerung ist doch das meiste gegen den Eindruck des Münsters verblaßt, das seine Wirkung behielt, so sehr wir von dem vertrauten Umgang mit dem Freiburger Münsterturm an höchste majestätische und vielleicht beschwingte Schönheit gewöhnt waren. Es gehörte schon in den Friedenszeiten vor dem Weltkrieg zu den größten Vorzügen einer Vogesenwanderung, daß sie bei weitem nicht so sehr wie reichsdeutsche Mittelgebirge, vor allem in meiner Heimat Harz und Thüringen, von Reisenden überflutet waren. Immer wieder kamen wir, mit Ausnahme der wenigen Pfingstfesttage, in schönste Winkel des Gebirges, die wir uns in tiefer Einsamkeit erwandern konnten. Nach der Wandervogeltechnik jener Jahre kehrten wir nachts beim Bauern gegen geringes Geld (meist zehn Pfennig für das Stroh- und Heulager in der Scheune) oder den Lohn eines herzlichen Dankes ein und hatten uns über die Gastlichkeit auch des Elsässers in der Hauptsache nicht zu beklagen. Wir haben in der Gegend von Weißenburg mit Bauern geplaudert, die im Kriege von 1870/71 noch auf französischer Seite gefochten hatten, während ihre Söhne jetzt als deutsche Soldaten dienten. Ihr Wesen war mindestens im Nordelsaß so urdeutsch, daß kein Gefühl der Fremdheit oder des Gegensatzes aufzutauchen vermochte. Wir haben bei Forstbeamten im Heuschober gelegen, die Gastlichkeit des Klosters auf dem Odilienberg mit seiner stattlichen Herberge genossen und einmal in Schirmeck überwältigend gastfreie Aufnahme durch den bayerischen Apotheker erfahren, der uns mit seinem Jungen am nächsten Tage noch weit auf das Hochfeld hinaus geleitete, wie wir dies auch im Altreich nur selten erlebt haben. Freilich war bei ihm – war er wohl selbst schon aus der Jugendbewegung hervorgegangen? Es ist möglich – doch schon leise spürbar, daß er sich, aus dem Altreich stammend, in seiner elsässischen Umgebung doch isoliert fühlte. Bei der eigentlichen Kammwanderung in den Südvogesen sind wir dann vom Donon an auf Spuren der innerlich ablehnenden Einstellung des Elsasses gegen die deutsche Herrschaft gestoßen. Als wir an einem Sonntag den Spitzkegel dieses schönen Gipfels bestiegen hatten, in dessen weitgedehnten Wäldern sich wenige Jahre später in den ersten Kampfwochen des August 1914 ein guter hallescher Wanderkamerad, Karl Strüver, das erste Kriegsopfer unter unseren halleschen

Wandervögeln, verbluten sollte, da begegneten uns doch ganze Gruppen von Ausflüglern, die in der Stille der Wälder ihren Spaziergang mit kleinen französischen Fähnchen absolvierten und uns dadurch demonstrativ zu einem unserer damals verbreiteten Soldatenlieder, dem „Siegreich wolln wir Frankreich schlagen" aufreizten. Wenige Tage später in der Gegend des Schwarzen und Weißen Sees wurde dann die Haltung der Einheimischen so ablehnend, daß es uns mit Geld und guten Worten weder auf den Bauernhöfen noch im Gasthaus gelang, ein Nachtquartier zu finden, obwohl in dieser Höhe während des Frühjahrs an ein Schlafen im Freien noch nicht zu denken war. Wir konnten uns schließlich nur durch den Appell an den Ortsvorsteher helfen, der uns mäßig genug im Spritzenhaus auf hartem Holzboden unterbrachte.

Eine solche Unannehmlichkeit verschwand aber ganz vor dem Eindruck der landschaftlichen Schönheit dessen, was wir zu sehen bekamen. Von den bizarren vulkanischen Kegeln der Pfalz um den Trifels kamen wir in das liebliche, bei größerem Reichtum doch an das heimatliche Thüringen erinnernde Waldgebiet der Mittelvogesen. Der Zauber von Schloß Nideck, ein sonnenstrahlender Nachmittag auf dem einsamen Wasgenstein, dessen roter Felsen zauberhaft in ein schönes Waldtal hinableuchtete, eine selten schöne Ruine, die Sagsburg, die mir Lorenz Rohrbach für Jahre als Exlibris abzeichnete, die Gegend um die Zaberner Steige, die Poesie des Klosters auf dem Odilienberg, die Hochkönigsburg und das altertümliche Rappoltsweiler sind mir besonders lebhaft in der Erinnerung geblieben. Durch die unendlichen Wälder des Hochfeldes und über die Donongegend drangen wir schließlich zu der grandiosen Schlußkrönung unserer Wanderung, der uns bereits an die Schroffheit der noch unbekannten Alpen gemahnenden Gegend um den Schwarzen und Weißen See, vor. In größter Spannung sahen wir der Kammwanderung unseres letzten Fahrtentages von der Schlucht zum Elsässer Belchen entgegen, nachdem uns der Vorabend auf der Paßhöhe der Schlucht bereits den Ausblick auf das unermeßlich ausgedehnte Waldland des Westens von Gérardmer im Süden bis zu der Tafelebene der lothringischen Seen im Norden geschenkt hatte. Als wir uns aber am Morgen zum Weitermarsch anschickten, brauste ein solcher Frühlingssturm über den Gebirgskamm, daß wir nach einer Stunde zähen Ringens trotz aller jugendlichen Energie nachgeben mußten. Wir kehrten um und zogen die Schluchtstraße abwärts, um über Kolmar mit der Bahn nach Freiburg zurückzukehren, nachdem wir uns dort noch nach

Wandervogelart durch eine ausgiebige Leckerei in der besten Konditorei der Stadt für alle wirklichen oder geträumten Entbehrungen der Fahrtenwochen entschädigt und einen großen Rückblick auf alles Erlebte abgehalten hatten. Ich habe das Elsaß seit jenen Tagen nicht wiedergesehen und bin auch in diesen Kriegsjahren (1944) meines zweiten Freiburger Aufenthaltes bisher noch nicht dazu gekommen, es wieder zu besuchen. Der Eindruck, daß es eine, vielleicht *die* Perle unter den deutschen Landschaften ist, die ich im Leben überhaupt gesehen habe, verblieb aus jenen Tagen mit dauerndem Glanze der Erinnerung.

In Freiburg aber begann jetzt der Hochsommer 1911 mit seiner durch eine ganze Generation nicht wieder übertroffenen Sonnenglut. Selbst im wasserreichen Schwarzwald trockneten die Bäche aus und versiegten die Quellen, so daß überall die Brunnentröge, durch die sonst unermüdlich das frische Quellwasser hindurchrieselt, leer standen. Auch wir selbst spürten die Folgen dieser Trockenheit und konnten uns bei unseren Wanderungen nicht mit der sonst gewohnten Selbstverständlichkeit darauf verlassen, daß hier im Gebirge im Unterschied zu unserer norddeutschen Heimat überall in Gottes Natur das köstlichste Quellwasser zum Trinken und Abkochen zu finden war. Erst im folgenden Winter wurde uns dann ganz klar, daß diese Sonnenglut dafür dem Breisgau einen Wein geschenkt hatte, der ebenso legendär werden sollte wie die Hitze der Sommermonate. Aber in unserem Frohmut und unserer Unternehmungslust sind wir dadurch im Juni und Juli, den beiden letzten Monaten des Sommersemesters, nicht gestört worden. Mir ist mein Geburtstag in diesem Jahr unvergeßlich im Gedächtnis geblieben, der wie alljährlich durch die Sommersonnenwende des Wandervogels eingeleitet wurde. In Halle pflegte ich mehr als einmal an diesem Tage mit meinen Eltern zu den Festaufführungen in Lauchstedt zu fahren, nachdem wir in der Nacht vorher bei Brachstedt auf den Saalehöhen unser Feuer gebrannt und die Nacht durchschwärmt hatten. Auch diesesmal war die Nacht des 21. Juni durch eine Wandervogelfeier ausgefüllt, die auf dem Schönberg stattfand, der, wie eine Bastion dem Schwarzwald nach Westen vorgelagert, auf seinem Gipfel eine Waldblöße als ideale Feststätte bot. Nachdem in den Abendstunden eine Aufführung von Gerhart Hauptmanns Versunkener Glocke durch die Poesie des Ortes mindestens so stark wie durch die Dichtung selbst gewirkt hatte, leuchtete unser Holzstoß weit in die Rheinebene hinab und erfüllte uns mit dem ganzen Hochgefühl, das Schönheit der Natur, ungebrochene

Lebensfreude und Lebenszuversicht der Jugend dieses glücklichen Alters mitzuteilen vermögen.

Nur einmal habe ich eine Gelegenheit versäumt, die bis heute noch nicht ganz, wenn auch annähernd, nachgeholt ist. In den letzten Semestertagen zogen meine sonst ebenso fleißigen und interessierten Freunde noch schnell durch den Hegau – über den Hohentwiel – nach Süden zum Bodensee. Ich habe sie nicht begleitet und bin erst 1940 in einem strahlend schönen Kriegsherbst mit meinem Jungen zum Bodensee nach Radolfzell, Konstanz, Meersburg und vor allem zu der in üppig-reicher Fruchternte prangenden Reichenau gekommen. Was mich 1911 in Freiburg festhielt, war die Vorlesung Meinekkes über das Zeitalter der Restauration und Reaktion, deren spannungsvollen Schlußakkord über die Jahre der Revolution von 1848 ich nicht zu verkürzen übers Herz brachte. Dafür wurde ich reichlich entschädigt durch die Wanderung, mit der wir unsere Rückkehr in die Heimat einleiteten. Zuerst unter meiner Führung ging eine Horde, die aus Freiburgern und Auswärtigen in etwas gewagter Weise zusammengesetzt war, von Donaueschingen aus das Donautal abwärts bis zum Kloster Beuron, das uns dank der Gegenwart unserer katholischen Kameraden mit besonderer Liebe und Ausführlichkeit gezeigt wurde. Wir stiegen dann nordwärts über die Rauhe Alb, die uns in diesem Teil – einem angeblichen Truppenübungsplatz – gegen die Schönheit des Schwarzwaldes doch reichlich herb und ärmlich anmutete, um über den Hohenzollern nach Tübingen und Stuttgart zu gelangen. Es folgte der vielleicht schönste Abschnitt dieser Wanderung: sonnenheiße Tage und warme Augustnächte im üppigen der Weinernte entgegenreifenden Neckartal. Am Tag beschauten wir uns die schönen Städtchen Altwürttembergs vom Schillerort Marbach über die herrliche gotische Kirche von Oppenheim bis hinunter zum Odenwald. Nach dem Besuch des Mellibocus ging es durch liebliche Waldlandschaft über das aus dem Volkslied uns vertraute Maintal hinab, wo das alte Miltenberg zum Höhepunkt unserer städtebaulichen Eindrücke auf dieser Fahrt wurde. Wieder folgten einsame und poesieerfüllte Waldwanderungen durch den Spessart, die eines Tages am Main durch das dramatische Erlebnis eines Waldbrandes unterbrochen wurden. Wir hatten beim Baden und Kochen auf dem südlichen Mainufer eben gesehen, wie ein Schnellzug auf dem nördlichen Ufer in der Richtung auf Frankfurt zu vorüberbrauste, als uns emporzüngelnde Flammen zeigten, daß der Funkenwurf der Lokomotive in diesem heißen Sommer sein Werk getan hatte. Als wir mangelhaft bekleidet so schnell wie möglich zur Hilfe an die nicht weit entfernte Fährstelle eilten, kam es anfangs fast zum Zusammenstoß mit der Landbevölkerung, die nach der Sittenstrenge der Vorkriegszeit auch in diesem Augenblick nicht geneigt war, unsere Badehosen als zureichende Bekleidung anzuerkennen. Wir kamen aber nach Beseitigung des Übelstandes dann doch aufs andere Ufer und haben angestrengt mitgeholfen, das Feuer auf einer Waldlichtung zum Stehen zu bringen, ehe es auf die riesigen Spessartwälder des Hinterlandes übergriff, die nur wenige hundert Meter entfernt in ununterbrochener Folge begannen. Mir ist lebhaft die Erinnerung an den Sog des Feuers geblieben, das nur eine verhältnismäßig bescheidene Waldecke ergriffen hatte, aber trotzdem ein Sturmesbrausen erzeugte, das für ängstliche Gemüter einschüchternd genug wirken konnte. Durch Ziehen von Gräben und Ausschlagen des Funkenwurfs im Grase mit großen Tannenzweigen wurden wir zusammen mit der Dorfbevölkerung schließlich doch der Gefahr Herr.

Entweder kurz vorher oder kurz nachher hatten wir auch selbst ein Erlebnis, das uns die Gefahren dieser Sommerhitze eindringlich vor Augen führte. Ausgerechnet in der Nähe eines Forsthauses, von dem wir uns in diesen patriarchalischen Zeiten noch das Wasser für unser Abkochen – mitten im Walde! – erbeten und erhalten hatten, kochten wir ab, indem wir unseren großen Achtlitertopf auf einen an der Straße liegenden riesigen Baumstumpf auf der einen Seite aufsetzten, da wir nicht genug Steine fanden, um ihn wie sonst üblich nur mit diesen zu unterbauen. Bald genug fing aber der völlig ausgetrocknete Klotz programmwidrig Feuer, und unser Milchreis wurde unter völlig vorschriftswidrige, verderbliche Hitzegrade gesetzt. Wir hatten, was schlimmer war, die größte Mühe, durch Aufschütten von Sand und Erde den Brand zu ersticken, ohne das Ende des Glutprozesses abwarten zu können, und mußten den glühenden Stumpf sehr tief vergraben, um unser Mißgeschick zu verbergen und mit gutem Gewissen den Schauplatz unserer Heldentat verlassen zu können.

Etwa eine Woche später habe ich dann diese Wanderung, so schön sie war, abgebrochen und bin mit noch einem Bekannten in plötzlichem Entschluß nach Hause zurückgeeilt. Wir waren voll des Erlebten und an einem Punkte der Sättigung – wie manches Mal später – angelangt, an dem neue Eindrücke weder zu wirken noch uns anzuziehen vermochten. Den letzten Stoß gab dann, wie üblich, ein mehr als triviales, kleines Vorkommnis. Am Main waren unsere lieben kleinen Freiburger umgekehrt, an denen ich ganz besonders gehangen hatte. Statt dessen kam eine Horde Paderborner Wandervögel, deren norddeutsch-herbere und etwas derbere Art mir zunächst nach der badischen Liebenswürdigkeit der Freiburger Jungen gar nicht recht zusagte. Wir waren gewöhnt, von ihnen den vertraut gewordenen alemannischen Dialekt zu hören, der das Leben wie mit einem leichten Scherzspiel umkleidete. Gleichzeitig übernahm Rohrbach an meiner Stelle die Führung, der als Koch sehr viel besser und solider für unser leibliches Wohl sorgte, aber nun aus Sparsamkeit das Tempo des Marsches beschleunigte, nachdem wir uns gründlich und behaglich an ein die Schönheit der Landschaft auskostendes Schlendern gewöhnt hatten. Als durch irgend einen unglücklichen Zufall binnen weniger Tage immer wieder sparsame Linsen mit knoblauchduftendem Speck auf unserer Tischordnung standen, fühlte ich mich dem Ansturm der sentimentalen und kulinarischen Gefühle des Mißbehagens in einem plötzlichen Anfall von Sehnsucht nach Mutters Verpflegung und Fürsorge nicht mehr gewachsen. Ich spürte, daß der Höhepunkt der Fahrt für mich unwiederbringlich vorüber war. Über eine Woche lang hatten wir am Neckar in den hochgewölbten Buchenwäldern an kleinen Feuern, in den warmen Nächten nur eingehüllt in unsere Zeltplanen, geschlafen, während die Wache träumend sah, wie die Reflexe des Wachtfeuers leise um die silbernen, schlanken Stämme zitterten. Ich wollte mir diese Erinnerung nicht schmälern lassen, verzichtete auf die Besteigung des Kreuzberges und der Wasserkuppe, so sehr ich mich auf sie gefreut hatte – ich habe die Rhön auch seitdem nicht wiedergesehen –, und zog mit einem Bekannten nach Fulda hinab, um von dort so schnell wie möglich nach Hause zu fahren.

Schon der Schluß des Sommersemesters zeigt, daß mich inzwischen auch das Studium mit gleicher Gewalt wie die Schönheit des Schwarzwaldes gepackt hatte. Die Universität, an der damals Geister wie Friedrich Meinecke, Georg von Below und Heinrich Finke[1] gleichzeitig in meinem Fache lehrten, hatte schon mit einem Schlage den Reiz des selbstgewählten Lieblingsstudiums für mich unwiderstehlich

[1] Friedrich Meinecke (1862–1954), ursprünglich Archivar, war über Straßburg (1901) nach Freiburg gekommen (1906–1914), wo er, wie auch in den sich anschließenden Jahren bis zu seiner Emeritierung 1928 in Berlin einen ungemein starken, die Grenzen der Geschichtsschreibung weit überschreitenden Einfluß auf das gesamte deutsche Geistesleben ausübte. Von allen seinen Lehrern hat Herzfeld sich ihm am stärksten verpflichtet gefühlt. Zusammen mit Carl Hinrichs und Walther Hofer hat er nach dem Kriege die Werke Meineckes erneut herausgegeben. Meineckes epochales Werk

gemacht. Als mein Vater mich nach Freiburg schickte, war der Anstoß für ihn freilich nur gewesen, daß er selbst einst dort ein Semester verbracht und, als Korpsstudent zwangsweise bei dem Kartellkorps eingefangen, sein eigenes Schicksal bedauert hatte. Ich sollte als sein Sohn nachholen, was er damals in den Bergen Süddeutschlands gegen seine innerste Neigung hatte versäumen müssen. Ohne es zu wissen und ohne daß selbst mein Geschichtslehrer Herold die volle Bedeutung dieser Wahl übersehen und mir eingeschärft hätte, war ich dadurch an diejenige Universität ganz Deutschlands geraten, die in den geschichtlichen Studien im Augenblick eine unbestritten führende Rolle, im Grunde doch selbst vor dem Berlin von Max Lenz und Dietrich Schäfer[2] einnahm. Zum mindesten für den Studenten der Neueren Geschichte war Friedrich Meinecke in jenem Augenblick der Lehrer, der einen anregungsfähigen jugendlichen Geist das Meiste und Wertvollste zu bieten vermochte.

Obwohl mein Vater Prosektor in Königsberg und Privatdozent in Rostock gewesen war, kam ich 1911 als völliger akademischer Neuling an die Universität. Mein Fach – die Geschichte – stand dem medizinischen Beruf meines Vaters zu fern, als daß seine Lebenserfahrungen ihm als Ratgeber für mich unmittelbar geholfen hätten. Mein etwas pedantischer, aber strenger und gewissenhafter Lehrer

Weltbürgertum und Nationalstaat war 1908, also relativ kurz vor Herzfelds Studienbeginn, erschienen. Desgleichen lag die zweibändige Biographie des preußischen Generalfeldmarschalls Hermann von Boyen wie auch das Buch über *Das Zeitalter der deutschen Erhebung* (1906) schon vor. – Georg von Below (1858–1927) lehrte nach Münster (1891), Marburg (1897) und Tübingen (1901) von 1905 bis 1924 in Freiburg, wo er sich vor allem der Staats-, Verfassungs- und Wirtschaftsgeschichte zuwandte. (*Der deutsche Staat des Mittelalters*, 1914.) – Heinrich Finke (1855–1938) war nach mehrjähriger Tätigkeit (1891–1898) in seiner Heimatstadt Münster 1899 einem Rufe nach Freiburg gefolgt, wo er über seine Emeritierung (1928) hinaus sich vor allem der spätmittelalterlichen Geschichte sowie der spanischen Geschichte widmete. Zahlreiche wichtige Quelleneditionen gehen auf ihn zurück. Der Katholik Finke war viele Jahre Präsident der Görres-Gesellschaft und Mitbegründer ihres römischen Instituts.

2 Max Lenz (1850–1932) war Historiker in Marburg (1881), Breslau (1888), Berlin (1890) sowie in Hamburg (1914–1922). Neben seinen Studien über die Bismarck-Zeit ist vor allem seine vierbändige, materialreiche und über das eigentliche Thema weit hinausreichende Geschichte der Universität Berlin von Bedeutung geblieben. – Dietrich Schäfer (1845–1929) war über Jena (1877), Breslau (1885), Tübingen (1888) und Heidelberg (1896) nach Berlin gelangt (1903–1921). Als Mitglied des Alldeutschen Verbandes und der Vaterlandspartei geriet der streitbare Historiker immer mehr in das nationalistische Fahrwasser Heinrich von Treitschkes.

und Ratgeber Herold hatte mir gelegentlich mit Büchern aus seinem Besitz ausgeholfen, die freilich meinen Neigungen nicht gerade sehr entsprochen hatten. Er hatte auch meinen Studienplan beraten, aber die Verhältnisse im einzelnen doch nicht genügend gekannt, so daß ihm einige Fehler gerade wegen seiner strengen Gewissenhaftigkeit unterlaufen waren. So schickte er mich sofort im ersten Semester in die paläographischen Übungen von Heinrich Finke, der aber keinerlei pädagogische Neigungen für Anfänger besaß. Ich zog zunächst wohlgemut in die wohlweislich nur von 20 bis 30 Studenten belegte Übung hinein und erlebte zu meinem Schrecken, daß der greise und ehrwürdige Dozent, den ich im folgenden Wintersemester aufs höchste schätzen lernte, nach kurzem Vorspiel uns über die Arndtschen Schriften setzte und uns gemütsruhig aufforderte, ihm nun Merowingerschriften vorzulesen, die für mich ein Buch mit mehr als sieben Rätseln bedeuteten. Als Anfänger glaubte ich nicht fortbleiben zu dürfen und quälte mich verzweifelt das ganze Semester hindurch an der völlig unvorbereiteten und daher für mich ganz unlösbaren Aufgabe ab. Finke war insofern ein guter Lehrer, als er sich nicht von den freiwillig gebotenen Arbeitsleistungen seiner Studenten abhängig machte, sondern beliebig aus unserer Schar die Einzelnen zum Entziffern der Vorlagen herausgriff. Ich versagte natürlich vollkommen, und er war zu ungeduldig, um das gern zu sehen, auch zu wenig geneigt, Klippschülern zu helfen, um mir dabei die notwendige Unterstützung und Anleitung zu gewähren. So war diese Übung eine einzige Episode meines Studiums, an die ich im Grunde ungern zurückdenke. Das hatte leider die Folge, daß ich mich viel zu sehr und viel zu lange vom ernsthaften, über Kolleghören hinausgehenden Studium der mittelalterlichen Geschichte zurückschrecken ließ. Ich wurde einseitig Neuhistoriker, obwohl ich natürlich eine ganze Reihe von Vorlesungen über das Mittelalter mit einem nach dem Lehrer wechselnd starken Interesse hörte. Erst spät in Halle – im siebenten, dem letzten Vorkriegssemester – ging ich wieder in ein mittelalterliches Proseminar bei Werminghoff,[3] der trotz eines unerhört zahlreichen Auditoriums ein ausgezeichneter Pädagoge mit feinstem Takt für den Unterschied von Anfängern und Fortgeschrittenen war. Die bei ihm mitgemachte

[3] Albert Werminghoff (1869–1923) galt als ein besonders feinsinniger und behutsamer Analytiker und Interpret mittelalterlicher Quellen. Seit 1913 wirkte er in Halle. Sein Interesse galt vor allem der Verfassungsgeschichte der Kirche.

Übung über die Ordo palatii des Hinkmar von Reims wurde so auch für mich zu einem positiven Erfolg, aber es war zuviel Zeit verloren, die ich nie wieder ganz nachgeholt habe, so sehr ich mich später, besonders in der Gefangenschaft, auch doppelsprachig, mit den Geschichtsschreibern der deutschen Vorzeit und den entsprechenden Monumententexten herumgeschlagen habe. Auch eine private Übung des ersten Semesters zur neueren Geschichte – bei Gustav Wolf über die nachgelassenen Papiere und die Memoiren Metternichs – war im heißen Sommer 1911 gerade kein Genuß, obwohl das Seminar in der alten Universität dank der dicken Klostermauern sicher einer der kühlsten Räume der Stadt war, sehr viel patriarchalischer jedenfalls als im kommenden Winter der inzwischen eingeweihte prunkvolle Neubau. Der gewissenhafte, aber nicht gerade sehr beschwingte Verfasser der Einführung in das Studium der Neueren Geschichte,[4] die ich mir bald antiquarisch zu eigen machte, gab zwar eine leidlich gediegene Anleitung zu erster Memoirenkritik, war aber so erschöpfend langweilig, daß auch ich von der behandelten geschichtlichen Gestalt erst nach dem Weltkriege durch die große Biographie Srbiks ein lebendigeres Bild bekam. Die ersten Eindrücke bei Wolf waren so abschrekkend gewesen, daß ich von ganzem Herzen bereit gewesen wäre, allen Verdammungsurteilen Treitschkes über den mitteleuropäischen Staatsmann Österreichs zuzustimmen.

Das waren nicht die einzigen leisen Schatten, die über mein Freiburger Anfangsstudium zogen, wenn ich fähig gewesen wäre, in die Zukunft vorauszuschauen. Ich hatte die Absicht, ein braver Geschichtslehrer am Gymnasium zu werden, da mir zwar in meinen kühnsten Träumen wohl schon damals Dozenten- und Schriftstellerlaufbahn vorschwebten, ich aber nicht die geringste Ahnung hatte, wie ein solches Ziel erreicht werden sollte. So plante ich neben Turnen als Lieblingsfach von der Schulzeit her Geschichte, Germanistik und Englisch zu studieren. Aus dem Englisch wurde schon in Freiburg nichts. Aus welchem Grunde ist mir nicht mehr recht bewußt. Meine Gymnasialkenntnisse der Sprache aus den Langenscheidtbriefen waren wohl noch so begrenzt, daß ich mich für den Anfang selbst noch nicht an dieses Fach wagte und mich gern hinter seine Stellung als

[4] Gustav Wolfs *Einführung in das Studium der neueren Geschichte* war 1910 in Berlin erschienen. Vgl. auch ergänzend seine dreibändige *Quellenkunde der deutschen Reformationsgeschichte* (1915–1923).

Nebenfach flüchtete, mit dem es ja noch Zeit hatte. Das sollte später beinahe verhängnisvoll werden. In Halle war das Fach anfangs durch den Vorgänger Weyhes, Deutschbein,[5] nicht schlecht besetzt, während der Privatdozent Ritter ein unerträglicher fanatischer Philologe mit starker Neigung zur eigenwilligen Pedanterie war, dessen Einseitigkeit und psychologisch vollendete Verständnislosigkeit bei allen Verdiensten seiner kritisch soliden und scharfen Art mich später noch oft durch die Folgen meinen eigenen Schülern gegenüber tief gereizt hat. Bei Deutschbein habe ich in Halle wenigstens ein Shakespearekolleg gehört, das mir zum dauernden Schlüssel für das Verständnis der originalen Texte des großen Dramatikers wurde. Aber das ist der wesentlichste und vielleicht einzige direkte, freilich auch fürs Leben genügende Gewinn meiner Absicht gewesen, Anglistik zu studieren. Nach dem Krieg versuchte ich noch einmal, bei Deutschbeins Nachfolger Weyhe in die Schule zu gehen. Ich schätze ihn als Menschen und mutigen Charakter, der auch nach 1933 nicht versagte und mich in der Stunde der Absetzung 1938 aus freiem Impulse – nur weil ich ehemaliger Kriegskamerad des Weltkrieges war – großherzig unterstützt hat. Seine literaturgeschichtliche Vorlesung war mir aber damals in fortgeschrittener Entwicklung nicht mehr erträglich. Bei Ritter hatte ich schon vor dem Kriege sofort nach den ersten Versuchen abgebaut, und meine Kenntnisse und vor allem meine Sprechübung genügten nicht, um dem englischen Lektor zu folgen.[6] Dazu fehlte mir der Mut – was das einzig Richtige gewesen wäre –, sofort meinen Vater um die Möglichkeit anzugehen, das mir Fehlende durch Privatstunden nachzuholen, die oft genommen und jederzeit möglich gewesen wären. Wir Geschwister waren dazu aber zu streng und sparsam erzogen worden, so daß uns jede Hilfe dieser Art im Grunde als leise ehrenrührig erschien. Als ich mit dem siebenten Semester in den Weltkrieg hinauszog, hatte ich mein anglistisches Studium überhaupt noch nicht begonnen und fing an, mir schwere Sorgen zu machen, wie ich ohne Enttäuschung für meinen Vater – als Ältester von sechs Geschwistern, die noch vor der Berufsausbildung standen – dies Nebenfach rechtzeitig bis zum Staatsexamen

[5] Max Deutschbein (1876–1949), der von 1910 an in Halle und von 1919 an in Marburg wirkte, hat sich als Erforscher der neuenglischen Stilistik und Syntax sowie als Shakespearekenner einen besonderen Namen gemacht.

[6] Die wissenschaftlichen Spuren der beiden Hallenser Anglisten Ritter und Weyhe sind für den Nachfahren kaum erkennbar geblieben.

nachholen sollte. Wahrscheinlich wäre es nicht, jedenfalls nicht in der geplanten Frist von etwa zehn Semestern Gesamtstudium, geglückt. Ich mußte daher froh sein, als eine im Kriege erscheinende neue Prüfungsordnung im Unterschied zu der bisher gültigen Turnen als selbständiges Fach anerkannte, da ich dies damals nicht sehr schwierige Examen in Halle schon während des dritten oder vierten Semesters mit einer Eins bestanden hatte. So konnte ich mich bei dem notdürftigen Staatsexamen des Jahres 1920 auf Deutsch und Geschichte beschränken. Das hat jedenfalls das Gute gehabt, daß meine alte Liebe für englische Lektüre nicht peinlich gestört wurde und mir die Sprache, die ich als erste ganz aus mir selbst erlernt hatte, nicht durch einen Examensmißerfolg verleidet wurde. Ich habe daher diese Methode der Erweiterung meiner Sprachkenntnisse in der Gefangenschaft mit Spanisch, nach dem Kriege mit Italienisch, Holländisch und schließlich auch Russisch vergnügt fortgesetzt und darin immer eine meiner liebsten entlastenden geistigen Beschäftigungen gesehen, was vielleicht nicht der Fall gewesen wäre, wenn meine englischen Studienpläne eine nur mäßige und ernüchternde Durchführung unter Zwang nach sich gezogen hätten.

Auch mein germanistisches Studium verlief nicht ganz in den Bahnen, die ich mir hätte wünschen sollen. In Freiburg war Hauptdozent der greise Kluge, der fast taub und völlig blind sich von einer Begleiterin in den Hörsaal und auf das Katheder führen lassen mußte.[7] Es war erstaunlich, welche Summe von Wissen er trotz dieser Hemmnisse noch beherrschte. Auch die persönliche Frische des Vortrages hatte wohl etwas gelitten, war aber doch wesentlich stärker vorhanden, als man hätte annehmen sollen. Das Kolleg meines ersten Semesters über die Geschichte der deutschen Sprache bewegte sich vor allem in den Bahnen, die sein populäres Buch einführend vorgezeichnet hatte. Es war eine immerhin anregende Einleitung für das Studium der Germanistik im engeren philologischen Sinne. Die historische Grammatik

[7] Friedrich Kluge (1856–1926), Germanist und Anglist, war über Straßburg und Jena 1893 als Nachfolger Pauls nach Freiburg gekommen. Seit 1901 war er erblindet, was ihn jedoch nicht hinderte, seine Lehrtätigkeit fortzusetzen. Als sein Hauptwerk gilt das *Etymologische Wörterbuch der deutschen Sprache* (1883), daneben aber auch seine *Deutsche Sprachgeschichte* (1920). 1900 begründete er die *Zeitschrift für deutsche Wortforschung* und war wichtiger Mitarbeiter an Hermann Pauls *Grundriß der germanischen Philologie*, für den er eine *Geschichte der englischen Sprache* sowie eine *Vorgeschichte der altgermanischen Dialekte* schrieb.

des Wintersemesters litt dagegen doch etwas unter dem Mangel an straffer Konzentrationsfähigkeit, der selbst für den Anfänger einen gewissen Zeitverlust bedeutete. Erste, freilich solide Begriffe über die beiden großen Lautverschiebungen waren wohl der einzige Gewinn, den ich aus ihm davontrug. Im übrigen wurde ich erst in Halle durch Bremer[8] in dies schwierige Kapitel eingeführt. Mit dankbarer Anhänglichkeit denke ich dagegen an den jung im Weltkrieg gefallenen Hans Schulz[9] zurück, dessen Fremdwörterbuch mir in diesen Tagen wieder auf den Regalen der Freiburger Buchhandlungen als Kriegsobjekt des Verkaufs begegnete. Er gab eine Einführung ins Gotische, die auf Grund des Brauneschen Lehrbuches trotz sehr zahlreicher Hörerschar so lebensprühend und zwingend lehrreich vorging, daß ich diese schönste der älteren germanischen Sprachen mit ihrem sprachgeschichtlich so wundervoll durchsichtigen Bau wirklich von Grund auf erlernte. Seine sprachvergleichenden Hinweise knüpften genau an das an, was wir Gymnasiasten der Vorkriegszeit mitbrachten, und erregten so ein natürliches Interesse für den weiteren Zusammenhang der indogermanischen Sprachenfamilie, das, einmal geweckt, sich auch in selbständiger Literaturarbeit weiterhelfen konnte. Das Gotische blieb dadurch bis zum Staatsexamen der Nachkriegszeit die Grundlage meiner historisch-grammatischen Kenntnisse, mit denen ich mich 1920 auch bei Bremer erfolgreich durchsetzen konnte. Es war ein Unterrichtsbeispiel, das mich sehr zeitig spüren ließ, daß auch der Universitätsunterricht dem Anfänger gegenüber doch nicht allzu sehr auf schulmäßige Straffheit und Energie verzichten soll. Darüber hinaus gab es mir die Möglichkeit, in der Zeit der französischen Kriegsgefangenschaft die ganze Ulfilasbibel in der früh erworbenen Streitbergschen Ausgabe[10] durchzuarbeiten und so wenigstens auf diesem sprachwissenschaftlichen Gebiete eine wirklich solide Grundlage zu schaffen.

[8] Otto Bremer (1862–1936), Germanist, seit 1899 in Halle wirkend, hat besonders auf dem Gebiete der Phonetik und der historischen Grammatik gearbeitet, Herausgeber einer in zahlreichen Bänden vorliegenden *Sammlung kurzer Grammatiken deutscher Mundarten*. (*Deutsche Phonetik*, 1893, *Lautschrift*, 1898, *Ethnographie der deutschen Aussprache*, 1903, *Deutsche Lautlehre*, 1918 u. a. m.).

[9] Hans Schulz (1886–1915), Germanist, Privatdozent in Freiburg, Schüler von Friedrich Kluge.

[10] Die erste Auflage der von Wilhelm Streitberg erarbeiteten kritischen Ausgabe der gotischen Bibel mit Einleitung, Lesarten und Quellennachweisen erschien 1908 in Heidelberg; der zweite Teil, das gotisch-griechisch-deutsche Wörterbuch, folgte 1910.

Dagegen war die neuere Literaturgeschichte durch Ph. Witkop[11] in einer Weise vertreten, die zwar für den Anfänger recht angenehm und anziehend war, aber doch ein ernsthaftes Studium nicht ermöglichte. Der Verfasser des stilistisch schönen Buches über die Neuere deutsche Lyrik, das ich mit Begeisterung las, führte mich zwar bald zu Wilhelm Diltheys *Das Erlebnis und die Dichtung,* war aber als beliebter Damensprecher bereits in bedenklicher Weise zum Schönredner geworden. Immerhin gab er mir in feiner öffentlicher Vorlesung des Wintersemesters bleibende Anregungen über das Thema der großen Epiker der modernen Zeit, die uns eindrucksvoll zu Flaubert, Balzac (den ich persönlich dann freilich weniger beachtete und mir erst sehr viel später eroberte) sowie vor allem zu Dostojewski und Tolstoi hinführten. Heute in der zweiten Kriegszeit des 20. Jahrhunderts denke ich noch gern an die eindrucksvollen Stunden, in denen er uns die Bedeutung von „Krieg und Frieden" als des größten Epos der modernen Zeit einprägte, das in der Übersetzung der Inselromane bald zu meinem dauernden Lieblingsbesitz gehörte. Ernsthafte neuere Literaturgeschichte in einem der Geschichtswissenschaft und Ideengeschichte verwandten Sinne habe ich aber erst in Halle bei Kurt Jahn[12] kennengelernt.

Es versteht sich von selbst, daß wir als Anfänger in dieser noch freier als später beweglichen Vorkriegszeit auch über unsere Fächer hinauszugreifen versuchten. Das tat ich vor allem in juristischen Kollegs, von denen Richard Schmidts[13] große staatswissenschaftliche Vorlesung damals starken Eindruck auf mich machte. Er gab für sein riesiges Auditorium gedruckte Stichwortbogen heraus, in denen das Gerippe der ganzen, seinem späteren Handbuch entsprechenden Vorlesung eingehend enthalten war. Auch für den beginnenden Historiker bot er durch die Weite des Gesichtskreises mancherlei verfassungvergleichende Anregung, obwohl man später sah, daß das meiste

[11] Philipp Witkop (1880–1942) wirkte seit 1910 als Professor der Literaturgeschichte in Freiburg. Neben seinen Studien über die neuere deutsche Lyrik, Kleist, Tolstoi etc. ist er vor allem bekannt geworden durch die in mehreren Auflagen erschienenen *Kriegsbriefe gefallener Studenten.*

[12] Kurt Jahn, Germanist in Halle, im Ersten Weltkrieg gefallen.

[13] Richard Schmidt (1862–1944), Professor der Rechts- und Staatswissenschaften. Neben seinen zahlreichen Studien zum Straf- und Zivilprozeßrecht ist vor allem seine dreibändige *Allgemeine Staatslehre* zu nennen (1901–1903).

reichlich kompilatorisch war und sich nicht allzu sehr durch Originalität der Ideen auszeichnete

Wertvoller war es auf die Dauer, daß ich wenigstens einmal auch durch Rickert[14] in einer ernsthaften philosophischen Vorlesung festgebannt wurde. Ich war spekulativ seinen Ausführungen noch nicht gewachsen und habe erst Jahre später in Halle begonnen, mich systematisch in seine und Windelbands Ideen einzuarbeiten. Aber ich verdanke ihm doch den Hinweis auf Windelbands Geschichte der Neueren Philosophie und etwas später auch das Lehrbuch, die ich mir von meinen Eltern schenken ließ. Als ich dann in Halle philosophisch schnell auf das Trockene geriet, haben diese Bücher wenigstens in stillem Privatstudium mir weitergeholfen und verhindert, daß ein völliges Vakuum durch Fehlen zureichender Anregung eintrat. Sie waren für den Historiker vielleicht auch das Beste, was ihm in jenem Zeitpunkt zugeführt werden konnte. Später in Halle wurde ich dann vorwiegend durch den klugen und feinsinnigen Psychologen Krüger[15] angezogen, der meine Aufmerksamkeit für Jahre auf das Gebiet der modernen Experimentalpsychologie ablenkte, auf dem ich letzten Endes als Historiker dann aber doch nicht viel dauernden Gewinn ernten konnte. Menzer,[16] der eine stärker historische Richtung in Halle vertrat, war damals als Dozent im Gegensatz zu später nur von geringer Anziehungskraft. Die Folge ist gewesen, daß in Halle mein Interesse für den Unterricht in der Philosophie langsam erlahmte. Ich mußte froh sein, daß ich durch die von Rickert gewiesene Richtung allmählich auch zu geschichtsphilosophischen Interessen weitergeführt wurde. Allerdings waren weder Lamprecht, dessen heiß umstrittener Ruhm noch auf seiner Höhe stand, noch Simmel,[17] mit dessen

[14] Heinrich Rickert (1863–1936), Philosoph, galt neben Windelband als Haupt der sogenannten Heidelberger oder Südwestdeutschen Schule des Neukantianismus. Von Freiburg kommend, war er Windelbands Nachfolger in Heidelberg. (Sein Hauptwerk: *Die Grenzen der naturwissenschaftlichen Begriffsbildung*, 2 Bde., 1896/1902.)

[15] Felix Krüger (1874–1948), Philosoph und Psychologe, zunächst in Buenos Aires, dann in Leipzig, von 1910 bis 1917 in Halle, danach wieder in Leipzig.

[16] Paul Menzer (1873–1960), Philosoph, zunächst in Marburg, dann von 1908 bis 1948 in Halle, Schüler Wilhelm Diltheys, nach dem Ersten Weltkriege von besonderem Einfluß auf seine zahlreichen Schüler und die philosophisch interessierten Kreise seiner Wahlheimat Halle.

[17] Karl Lamprecht (1856–1915), Historiker in Bonn und Marburg, seit 1891 in Leipzig, wirtschafts- und kulturhistorisch orientiert. In seiner seit 1891 erschienenen

terminologisch nicht einfachem Buche über Geschichtsphilosophie ich mich herumzuschlagen begann, kaum ein ideales Arbeitsgebiet für den vor allem auf politische Geschichte Rankescher Herkunft eingestellten Fachhistoriker.

Kern und Krönung schon dieses ersten Freiburger Semesters wurden dagegen unstreitig die geschichtlichen Vorlesungen von Below und Meinecke. Below las zum Glück die deutsche Wirtschaftsgeschichte, auf der sein eigentlicher Ruhm neben seinen kritischen Leistungen beruht. Hier am ersten konnte man die vielen Züge übersehen oder überwinden lernen, die seine stark negativ eingestellte Natur gelegentlich fast als eine Art Beckmesser oder Thersites unter den Historikern erscheinen ließen, wobei freilich für den jugendlichen Beobachter die unglücklichen Äußerlichkeiten seines Auftretens mitwirken mochten. Er war im Grunde ein anfangs fast abschreckender Dozent in seiner nachlässigen, von polemischer Galle durchtränkten Vortragsweise, die atemlos Satz an Satz in einem jeder feineren Pflege entbehrenden nüchternen Stil aneinanderreihte. Dazu gab er auch im Beginn dieser seiner wichtigsten Vorlesung wochenlang unendliche Literaturmassen, deren Bücherwust freilich durch scharfe, unerbittliche Kritik lebendig wurde und eine nicht zu verachtende Einführung in dies sein Lieblingsfach darstellte, wenn man erst einmal das Erstaunen über den tödlichen Haß überwunden hatte, mit dem er alle Gegner seiner ausgebreiteten polemischen Tätigkeit, vor allem aber die Vertreter einer Stufentheorie der wirtschaftsgeschichtlichen Entwicklung, verfolgte. Freilich lernte man diese durch seine Angriffe auch gründlich und unvergeßlich kennen. Der sicherste Maßstab für Güte und Erfolg dieser Vorlesung war doch, daß das Interesse an dem von ihm behandelten Fach der Wirtschaftsgeschichte nie wieder ganz erlosch und die von ihm umstrittenen Fragen den Hörer auf Lebenszeit in ihrer weiteren wissenschaftlichen Entwicklung dauernd fesselten. Um so ärger war dann freilich die Enttäuschung über seine Deutsche Kaisergeschichte im Wintersemester. Hier zeigte sich, daß der scharfsinnige Kritiker der Wirtschaft und konstruktive Kopf auch

bändereichen *Deutschen Geschichte* versuchte er, die wirtschaftlichen und sozialen Verhältnisse mit den geistig-kulturellen Strömungen und politischen Entwicklungen seiner Zeit in ihrer gegenseitigen Durchdringung zu verbinden. In Deutschland vielerorts abgelehnt, hat sein Werk jenseits der Grenzen viel Beachtung gefunden. – Georg Simmel (1858–1918), Philosoph und Soziologe, sein hier angesprochenes Werk *Die Probleme der Geschichtsphilosophie*, erschien erstmalig 1892.

der Verfassungsgeschichte unfähig zu jeder aufbauenden allgemeinen Geschichtsdarstellung in größerem Stile war. Es war ein annalistisches Tasten von Jahr zu Jahr, von Einzelereignis zu Einzelereignis, das auf die Dauer unendlich öde wirkte. Da seine Vorlesung um 4 Uhr nachmittags stattfand, wurde sie vor allem am Montag nach dem anstrengenden Skilauf des Wochenendes – von jedem Freitag- bis Sonntagabend – geradezu zu einer Qual. Immer wieder ertappte man sich, wie trotz allen Ankämpfens gegen die Müdigkeit der Kopf über dem Kollegheft tiefer und tiefer sank, bis er wohl gar auf der Bank ruhte, ohne daß man sicher war, es rechtzeitig zu bemerken. Ich habe in meinem akademischen Leben selten ein Beispiel so ausgesprochen einseitiger Bedeutung erlebt, wie es der Faunskopf Below mit seiner nahezu völlig kritisch-negativen Veranlagung darstellte, die auch in seiner politischen und ideengeschichtlichen – etwa in dem Buch über die Geschichtswissenschaft des 19. Jahrhunderts – Polemik der Nachkriegsjahre durchaus das Feld beherrscht, obwohl er sich hier in unbewußter Auflehnung gegen die Schranken des eigenen Wesens den Anschein der ganz konservativen und positiv erhaltenden Natur zu geben suchte. Bei der Eigenart seiner Begabung war es im Grunde erstaunlich, daß er sich auf Lieblingsgebieten wie dem der Wirtschaftsgeschichte zu einem bemerkenswert hohen, wenn auch stets auf Kritik fundierten Grade der Lebendigkeit zu erheben vermochte. Er war eine jener Gestalten, die in den Anfängen einer jungen Spezialwissenschaft durch negative Strenge reinigend und das Gelände säubernd zu wirken bestimmt sind, im Grunde aber doch kein Historiker, der das Leben der Vergangenheit mit wirklicher Liebe in seinem inneren Gehalt in sich aufzunehmen vermag.

Merkwürdigerweise hatte die Freiburger Kollegenschaft ihn mit Friedrich Meinecke, der politisch doch damals schon in unverkennbarem Gegensatz zu dem schroff konservativen Below stand, auch zur Arbeitsgemeinschaft an dem Handbuch der mittleren und neueren Geschichte zusammengeführt, für das freilich nur Below einen Beitrag in seinem recht problematischen, aber stoffreichen Buche über die deutsche Geschichtsschreibung des 19. Jahrhunderts geliefert hat. Auch Meinecke hatte durch seinen damals noch stark auffallenden Sprachfehler eine Belastung mitbekommen, die auf manchen Anfänger im Kolleg recht störend wirkte. Zu Beginn der Vorlesung konnten mehrere Sekunden, wenn nicht wesentlich mehr, vergehen, ehe er so recht in Fluß gekommen war. Auch die feine, verhältnismäßig zarte und meist leise Stimme war zunächst nicht übermäßig eindrucksvoll.

Es kam hinzu, daß er – wohl auch mit Rücksicht auf jene nervöse Sprachhemmung – damals stets aus sorgfältig ausgearbeiteten Manuskripten ablas, von denen er während der ganzen Stunde fast niemals oder nur selten aufzublicken pflegte. Und doch zog dieser feingeistige Sprecher von Anfang an den empfänglichen Hörer unwiderstehlich in seinen Bann. Was Meinecke brachte, war eine Paragraph für Paragraph sorgfältig ausgearbeitete Geschichte der behandelten Epoche, die, bei allen Abzügen gegenüber dem selbständigen Buche, dessen Eindruck doch recht nahe kam. Der Stoff war überaus sorgfältig gegliedert, die Ausführlichkeit oder Knappheit ganz bewußt und exakt geregelt. Es gab keine Längen und selten auffallende Kürzen. Meinecke wurde denn auch in jenen Semestern mit seinem Stoffe regelmäßig fertig und hinterließ eigentlich keine unerledigten Reste. Für den Anfänger, der noch nicht in der Lage war, sich allzuviel durch eigene Lektüre zu erarbeiten, bedeutete dies den großen Vorzug einer gleichmäßig ausgearbeiteten Vorführung des Stoffes. Ich erinnere mich, daß ich auf Grund meiner stenographisch geschriebenen Kolleghefte die bei Meinecke gehörten Perioden (1815–1848 und 1848–1871) in der Kriegsgefangenschaft ohne jede Schwierigkeiten examensmäßig nacharbeiten konnte. Die Schranke dieser Methode war, daß der Reiz eigentlich mündlicher Improvisation durchaus fehlte. Man tat am besten, den Sprecher nicht allzuviel anzuschauen, sondern sich von Anfang an in die eigene Nachschreibetätigkeit zu vertiefen, dadurch auch dem gelegentlich peinlichen Eindruck seines Ringens mit auftauchenden Sprachschwierigkeiten zu entgehen und sich ganz der Aufmerksamkeit auf den Inhalt des Gebotenen hinzugeben.

Das war denn freilich im höchsten Grade anziehend. Schon die erste Stunde – die Einleitung zu Restauration und Reaktion, die die Grundgedanken seines berühmten Buches über *Weltbürgertum und Nationalstaat* brachte – versetzte mich, der von solchen ideengeschichtlichen Möglichkeiten nicht die geringste Ahnung besaß, in einen Rausch der Begeisterung. Ich hatte in diesen ersten Stunden die größten Schwierigkeiten mit dem Nachschreiben: technische mit der Anwendung meiner Schulstenographie auf diese neue Aufgabe und sachliche durch die Schwierigkeiten der für mich ganz ungewohnten und neuen Gedankengänge – bis zu den historischen Fremdwörtern und fremdsprachlichen Eigennamen und ihrer Rechtschreibung hin. Aber das Gefühl, daß sich mir damit eine neue Welt erschloß, war von Anfang an da und von Meineckes Seite auch der pädagogische

Hinweis auf die Quellen, von denen aus weiterzugehen war. Ich bin an diesem sonnigen Maimorgen des Jahres 1911 schon in der Pause vom Hörsaal in die nahegelegene, heute noch unter verwandeltem Namen bestehende Troemersche Universitätsbuchhandlung geeilt und ging mit *Weltbürgertum und Nationalstaat* sowie der Bismarckgeschichte von Max Lenz wieder heraus. Beide wurden Grundbücher meiner beiden ersten Semester, von denen ich mich durch Jahre hindurch bis in den Weltkrieg hinein nicht wieder getrennt habe.

Die persönlichen Einwirkungen, die der Unterricht Meineckes auf mich hatte, waren anfangs merkwürdig genug. Nach den zwei ersten Semestern, die ich bei ihm hörte, kann ich mich nicht zu seinen Schülern im engeren Sinne rechnen, so dankbar ich später mich bei seinem 75. Geburtstag der Schar der Glückwünschenden anschloß. Ich kam als junger Fuchs auch niemals in den engeren Kreis hinein, dessen stärkster Glanz im übrigen mit Hans Rothfels und Siegfried Kaehler[18] schon kurz vor meiner Zeit gelegen zu haben scheint. Aber die beiden Vorlesungen, die ich bei ihm hörte, und das Studium seines Buches, dem sich noch vor dem Kriege auch der ältere *Boyen* und der neu erscheinende *Radowitz und die Deutsche Revolution* anschlossen, blieben doch von dauerndem Eindruck. Richard Fester,[19] der dann in Halle mein vornehmster Lehrer wurde, gehörte zwar ex professo zu den schärfsten Kritikern der von Meinecke vertretenen Ideengeschichte, besonders als nach dem Weltkrieg scharfe politische Gegensätze gegen das Buch über die Staatsräson hinzukamen. Aber er selbst, in seiner Münchener Zeit noch mit dem Dichterkreis um Paul Heyse als spätem Ausklang unseres klassischen Geistes

[18] Hans Rothfels (1891–1976), zunächst Reichsarchivrat in Berlin, habilitiert bei Friedrich Meinecke, 1926 bis 1934 Professor in Königsberg, dann wegen seiner jüdischen Abstammung zwangsentlassen. Nach jahrelanger Wirksamkeit in Chicago lehrte er von 1951 an in Tübingen. Wichtigstes Arbeitsgebiet des im Ersten Weltkrieg Schwerverwundeten war das Zeitalter Bismarcks sowie die Opposition gegen Hitler. – Siegfried August Kaehler (1885–1963) war Professor in Breslau (1928), Halle (1932), Jena (1935) und Göttingen (1936). Sein Hauptwerk: *Wilhelm von Humboldt und der Staat* (1927).

[19] Richard Fester (1860–1947), Historiker in Erlangen (1896) und Kiel (1907), dann in Halle, hervorgetreten durch die Bücher *Rousseau und die deutsche Geschichtsphilosophie* (1890) und seinen *Machiavelli* (1900) sowie durch seine Studien über die Vorgeschichte des Krieges von 1870/71. Bei ihm hat sich Herzfeld habilitiert. Fester wurde 1926 wegen seiner scharfen Gegnerschaft zur Weimarer Republik vorzeitig zwangsemeritiert.

befreundet, gehörte doch persönlich noch zu einer Generation, die den letzten unmittelbaren Kontakt mit dem Weimarer Deutschland des 19. Jahrhunderts in Wissen und Interessen geistig verkörperte. Im Grunde war er gar nicht so abweichend von Meinecke, wie es anfangs nach seinem scharf kritischen Temperament im Vergleich zu der feinsinnig-warmen und leise versponnenen Gelehrtennatur des befehdeten Seniors erscheinen mochte. Dazu konnten die Interessen, die Meinecke angeregt hatte, unter der Decke doch niemals ganz von dem Vorbild dieses aufrichtig von mir verehrten Lehrers erstickt werden, nachdem ich durch einen Glücksfall in Freiburg sie rechtzeitig in mich aufgenommen hatte.

Methodisch lernte ich bei Meinecke noch soviel als möglich durch das Proseminar, das ich im Wintersemester 1911/12 bei ihm mitmachte. Es war weniger der technische Inhalt: ausgewählte Beispiele der Quellenkritik aus der preußischen Geschichte des 18. Jahrhunderts (besonders Friedrichs II. und des Siebenjährigen Krieges), obwohl auch dies nachhaltig wirkte und mir später als jungem Dozenten zeigte, daß für Anfänger oft nicht so sehr die ausführliche, erschöpfende Behandlung eines Einzelthemas als zunächst ein Überblick über Quellenkategorien der verschiedensten Art mit dem Hinweis auf ihre kritische Eigenart von Nutzen sein kann. Wichtiger war der schon zu Beginn der Übung stehende, aus reicher eigener Erfahrung kommende Hinweis auf die Notwendigkeit ausgedehnter Lektüre wirklich klassischer Werke als Grundlage jeder umfassenderen historischen Bildung. Meinecke betonte dabei besonders die Unentbehrlichkeit rechtzeitiger Vertrautheit mit den großen modernen Kultursprachen für jeden Neuhistoriker. Er riet uns, schon in der Einleitungsstunde, das Englische und Französische durch die vollständige Lektüre je eines wirklich umfassenden Standardwerkes ihrer historischen Literatur uns zu eigen zu machen. Ich machte gehorsam mich schon in den stillen Winterabenden dieses Semesters auf dem altmodischen Sofa meiner bescheidenen Studentenbude an die Lektüre der langen Bändereihe des von ihm empfohlenen Werkes von Albert Sorel über *L'Europe et la Révolution,* das ich beim milden vertrauten Lichte meiner Petroleumlampe – was waren es doch noch für stille Zeiten! – auch restlos schaffte, um neben dem mir besonders liegenden Englisch auch das Französische endgültig zu bewältigen. Da ich im Sommer 1913 nicht wieder nach Freiburg zurückkehrte, kam ich nicht dazu, auf Grund seiner Forderung am Schluß des Proseminars während der Ferien mir auch noch das Italienische soweit anzueignen, daß ich eine bescheidene Prüfung in Zeitungslektüre als Voraussetzung der Aufnahme in sein Hauptseminar abgelegt hätte, die er für eine im Sommer geplante Machiavellübung forderte. Auch dies übrigens ein Beispiel, was der Dozent der Vorkriegszeit ohne Schwierigkeiten von seinem gymnasial gebildeten Schülermaterial im Unterschied zu späteren Zeiten voraussetzen und verlangen konnte. Erst nach dem Weltkrieg bin ich deshalb dazu gekommen, mir als angehendem Dozenten die peinlich vermißten elementaren Sprachkenntnisse in Italienisch zu verschaffen. Unvergeßlich schwebt mir auch die Schlußstunde dieses Proseminars vor, die der Lehrer mit einigen Worten des persönlichen Bekenntnisses zu dem menschlichen Sinn des Geschichtsstudiums begleitete, wie er ihn in diesen friedlichen Vorkriegszeiten erfüllte. Es war ein unverhohlenes Bekenntnis zu einem freudigen, religiös fundierten Optimismus in einem Sinne der Menschheitsgeschichte, der noch unmittelbar mit dem verwandten, kulturell und metaphysisch zuversichtlichen Glauben Rankes übereinstimmte: der Überzeugung, daß gerade bei ernstem und tiefem Ringen um den uns freilich nur ahnend zugänglichen Sinn der geschichtlichen Entwicklung das letzte Ergebnis auch für den Historiker persönlich eine optimistische Zuversicht und dankbare Gehobenheit gegen die höheren Gewalten des Lebens sei. Wie weit war man doch, wie weit war auch ein so empfindlicher und gegen die Schwächen dieser Vorkriegszeit durchaus kritischer feiner Geist wie Meinecke von jener lähmenden Wucht der pessimistischen Resignation nach dem verlorenen Ersten Weltkrieg entfernt, der bei ihm später in dem Buche über die Staatsräson zum ersten Mal melancholisch und erschütternd resigniert zum Ausdruck kam!

Am eigentümlichsten sollte zunächst die politische Wirkung sein, die der feinsinnig liberale Meinecke auf mich ausübte. Auch er stand wie die ganze Generation deutscher Historiker vor 1914 doch so tief im Banne Bismarcks, den er neben Erich Marcks[20] psychologisch in seiner Entwicklung mit am tiefsten unter den deutschen Historikern

[20] Erich Marcks (1861–1938), Historiker in Freiburg (1893), Leipzig (1894), Heidelberg (1901), Hamburg (1907), München (1913) und Berlin (seit 1922), hervorragender Kenner des Zeitalters der Reichsgründung. Von der geplanten dreibändigen Bismarckbiographie erschien nur der erste Band (*Bismarcks Jugend*, 1909), daneben das bekannte Lebensbild von 1915, ferner das Alterswerk *Der Aufstieg des Reiches. Deutsche Geschichte von 1807–1871/78*. Mit Karl Alexander von Müller gab der hervorragende Stilist die *Meister der Politik* heraus, 3 Bde. (1922/23).

begriff, daß er für mich zunächst durch den Hinweis auf die politische Gedankenwelt des Reichsgründers entscheidend wurde. Mein Elternhaus stand, wie schon erwähnt, im Zeichen eines gemäßigten, aber eher nach der demokratischen Seite hinneigenden Liberalismus. Ich hatte mich aus dem Gegensatz der Generationen heraus dazu schon früher in einem ersten leisen Widerspruch befunden. Durch Meinecke bot sich mir die Möglichkeit, diesen Antrieb gedanklich zu unterbauen, so daß ich nun zu einer ersten bewußten Festlegung politischer Anschauungen gelangte, die dann durch den Eindruck von Krieg und Nachkriegslage sowie die Einwirkung Festers weiter bestärkt wurde. Ich wurde konservativ, weil mich der Bismarcksche Standpunkt der Staatsautorität gegenüber dem Individuum übermächtig anzog, und fing an, gegen den Liberalismus meines Elternhauses – das übrigens im Weltkrieg dann in typischer Weise die gleiche Wandlung erlebte – in immer bewußteren und schärferen Gegensatz zu geraten. Das hat nach 1918 für meine ganze Entwicklung grundlegende Bedeutung gewonnen und besaß seine letzte Wurzel in der ganz objektiven, warmen Liebe, mit der uns Meinecke die Eigenart des Bismarckschen Staatsdenkens, seine für unsere jugendlich entflammbaren Gemüter unwiderstehlich packende heroische Unabhängigkeit gegen den Geist des 19. Jahrhunderts mit faszinierender Lebendigkeit vorführte. Die bei ihm vorhandenen leisen Vorbehalte nationalisierender und liberalisierender Art wurden von uns oder wenigstens von mir im Anfang überhört. Was etwa in *Weltbürgertum und Nationalstaat* an Hinweisen auf die Spannung zwischen Reich und Preußen enthalten war, wurde nur in jenem Sinne des Bismarckschen starken Staatsgedankens, nicht als Bedenken gegen die Entfernung seines Werkes vom Geist der Zeit empfunden. *Weltbürgertum und Nationalstaat* mit seiner bis zum Poetischen gehobenen liebevollen Darstellung des konservativen Nationalstaatsgedankens im 19. Jahrhundert, die hier geschilderte große Entwicklung von der Romantik zu Ranke und Bismarck wurde der Ausgangspunkt, von dem aus ich mir langsam und tastend eine eigene politische Welt zu formen suchte, die freilich nicht hinderte, daß ich als Wandervogel in meinen Wünschen für allgemeine Lebensgestaltung gründlich Individualist des 19. Jahrhunderts und seines persönlichen Freiheitsstrebens blieb. Aber auch das bedeutete ja Kritik an der vorherrschenden liberal-konventionellen Bürgerlichkeit der älteren Generation, so daß die beiden Elemente der Opposition auf dem Felde des politischen und des allgemeinen Lebens nicht einmal allzu schlecht übereinstimmten.

Im übrigen blieb ich auch im Proseminar zu sehr Anfänger, um zu einer persönlichen Berührung mit diesem scheu verehrten Lehrer zu gelangen, dessen Bedeutung als größter deutscher Historiker jener Generation mir mehr gefühlsmäßig als bewußt klar zu werden begann. Ich habe ihn nur einmal persönlich aufgesucht, als ich am Ende des Sommersemesters trotz meines Verzichts auf den Hegauausflug in seine Gelehrtenwohnung am Schloßberg ziehen mußte, um mir dort persönlich, noch immer etwas verfrüht, ein Testat über die Sommervorlesung zu holen. Er empfing mich mit der für ihn typischen großen Zigarre und unterzeichnete freundlich das Heft, ohne sich mit Rücksicht auf seine Arbeit auf lange Gespräche einzulassen.

Schon das erste Freiburger Semester hatte so eine Fülle belebender Anregung gebracht, die sich im Wintersemester noch verstärkte. Neben der Bismarckvorlesung und dem Proseminar Meineckes wurde es beherrscht von Heinrich Finkes Vorlesung über mittelalterliche Weltanschauung. Sie wies letzten Endes keine systematische Geschlossenheit und Vollständigkeit auf, sondern behandelte mehr einzelne typische Fragenkreise des Themas. Aber sie war von seinem katholischen Standpunkt aus mit einer Liebe und einem so feinen Verständnis gestaltet, daß sie unvergeßlichen Eindruck machte und gerade dem protestantischen Hörer das Gefühl hinterließ, einen unvergleichlich sicheren und von innen her verständnisvollen Führer in die Gedankenwelt des katholischen Mittelalters gefunden zu haben, dessen Widerspruch gegen von Eickens einseitige Systematisierung, dessen warme Hinweise auf den tatsächlichen Reichtum und die innere Lebendigkeit der mittelalterlichen Welt von überzeugender Kenntnis der Sache und liebevollem positiven historischen Verstehen getragen waren.

Das Haupterlebnis meines zweiten Freiburger Semesters blieb jedoch der Winter im Schwarzwald und der erste Skilauf, den ich heute mit meinem Jungen am Feldberg und Belchen mit der gleichen Freude und Begeisterung an der Natur treiben kann wie damals als junger Student. Für mich bedeutete dieser Winter um so mehr, als er mir endgültige Gesundheit von der Gefahr chronischer Erkältungskrankheiten brachte, die nach der Erholung des heißen Sommers 1911 im halleschen Klima während der Herbstferien sofort wieder auflebte. Meine Ferien verliefen dadurch unter dem ziemlich üblen und mir bei meiner sonst seit langem treuen Gesundheit ganz ungewohnten niederdrückenden Gefühl, durch jugendliche Unvorsichtigkeit mir unter Umständen eine dauernde Schädigung zugezogen zu haben. Der stete Nasenkatarrh konnte trotz Spezialbehandlung durch einen Kollegen, zu der sich mein Vater ungern genug entschloß, nicht behoben werden, bis sich dieser entschloß, durch eine kleine Operation die Verknorpelung des linken Nasenganges zu entfernen, die als Folge meines Schülersturzes vom Reck geblieben war. So hatte ich auch einmal die Sensation einer kleinen Operation, mit dem eigentümlichen Gefühl lokaler Betäubung, bei der man dem Sägen im eigenen Organ wie dem Arbeiten des Fleischers im Gefrierfleisch gegenüberstand, um diese Empfindungen freilich mit dem nachträglichen Betäubungs- und Kopfschmerzgefühl gebührend zu bezahlen. Immerhin befand ich mich auch anschließend nicht allzu wohl und mußte bis Weihnachten auf Wunsch meines Vaters noch auf den Wintersport verzichten, dem sich meine Freunde seit dem November gründlich hingaben. Nachdem die Freiburger Luft aber bis dahin ihre Wirkung getan hatte, erhielt auch ich zum Fest eine bescheidene Ausrüstung geschenkt, die uns in jenen Zeiten als Norddeutschen schon recht anspruchsvoll und kostspielig erschien. Sie bestand im Grunde nur aus den Brettern selbst, da wir selbstverständlich auf den benagelten Bergschuhen fuhren, die uns auch zu den Wanderungen des Sommers gedient hatten. Norwegeranzüge waren ein unbekannter Luxus; auch hierfür genügten uns die Sportanzüge des Sommers, während die Frauen noch in Pluderhosen mit darüber getragenem Rock fuhren. Das hatte freilich am Seebuck auch die Folge, daß boshafte Trupps junger Männer dem harmlosen Vergnügen frönten, unsichere Fahrerinnen mit einem kräftigen Skiheil anzuspornen, dessen Beantwortung meist zum Sturz und lebhafter Wellenbewegung dieser nicht allzu schönen Kostümierung führte. Jeder Klippschüler der Gegenwart hätte das Recht gehabt, verächtlich und überlegen auf unsere Ausrüstung herabzusehen. Immerhin die Hauptsache, die technisch befriedigende Huitfeldbindung, bestand schon als das Neueste vom Neuen. Jeden Sonntag strömten bereits Hunderte von Freiburgern auf den Feldberg, auf dem wir ein Rennen zu sehen bekamen, bei dem Norweger zu unserer unvergeßlichen Begeisterung bereits Sprünge zwischen 20 und 30 Metern vorführten, während wir Anfänger es zitternd wagten, eine Abfahrt an dem im Walde unweit des Feldberghotels gelegenen alten Sprunghügel zu unternehmen. Feldberg und Herzogenhorn aber entfalteten im tiefen Winterschnee allen Zauber einer unsterblichen Natur, wenn wir am eisig mattglänzenden Morgen vom Rinken her den Seebuck erstiegen; sie leuchteten purpurviolett, wenn die Sonne sich neigte und mehr als einmal im Süden die ganze

Kette des Hochgebirges vom Berner Oberland bis zur Zugspitze im Alpenglühen sich unseren Blicken darbot.

Von Weihnachten bis Ostern fand uns nun ein jedes Wochenende im Jägerhäusle am Rinken, von dem wir am Morgen zum Feldberg aufstiegen, um die erste Abfahrt das Seebuck hinab zu wagen – mit Schuß natürlich, da die Telemarks, in denen unsere weiter gediehenen Freiburger Lehrmeister vom Tertianer an den Hang hinabkreisten, für uns noch gänzlich unerreichbar waren. Wir tummelten uns den Tag zwischen Seebuck und Herzogenhorn, aßen vergnügt im Kutscherstübchen des Feldberghotels, wo sich alle frischen Sportgeister des Südschwarzwalds sammelten, fuhren zum Herzogenhorn hinüber und stürzten an der großen rechtwinkligen Kurve der Abfahrt, um dann abends über dem Feldsee in Querhang- und Waldabfahrt zum Rinken zurückzukehren. Mehr als einmal, wenn Wolken und Nebel den Gipfel umhüllten, glitten wir in dichterer Reihenfolge als sonst von Nebelstange zu Nebelstange entlang und ließen uns tief von jenem geheimnisvollen Gefühl der Abhängigkeit und doch Beherrschung der Natur erfüllen, die eine solche Fahrt begleitet. Ohne technisch allzu viel zu lernen, wurden wir doch alle miteinander Fahrer, die den harmlosen Anforderungen des südlichen Schwarzwaldes mit seinem großzügigen, dem Anfänger entgegenkommenden Gelände gewachsen waren und mit vollen Zügen die Lebenslust und Freudigkeit in sich einsogen, die diese königlichste aller Sportarten ihrem Jünger schenkt. Als die Fastnachtswoche dem Vernehmen nach den Freiburger Vorlesungsbetrieb zum Erliegen brachte, konnten wir diese Tatsache ebenso wenig kontrollieren wie an dem lustigen, süddeutsch aufgelockerten Treiben in den Straßen der Dreisamstädte teilnehmen, denn wir hatten es samt und sonders vorgezogen, vom Freitag vor der Fastnachtswoche bis zum Montag nach ihrem Ende einen Dauerskikurs auf dem Feldberg zu veranstalten, wo wir jeden Abend todmüde, aber begeistert in die bescheidenen Strohmatratzen des Jägerhäusles sanken, die, glaube ich, für die Nacht uns 50 oder 75 Pfennige kosteten, während Speise und Trank auf die bescheidenste Weise gestellt wurden. Wir haben den Verlust des Faschingstreibens nicht bereut, da gerade in diesen Tagen ein ausgiebiger Schneefall bis zur Rheinebene hinab eintrat. Als wir dann freilich unsere improvisierten Ferien mit einer Abfahrt vom Feldberg bis Freiburg abschließen wollten, schwindelten wir uns zwar mit einigen Stürzen glücklich den stark vereisten steilen Westabhang des Feldbergs hinunter. Dann aber wurden wir nach einer Stunde schwer lastender Schwüle, während derer sich phantastische schwarze Wolkenmassen von Süden her langsam und drohend heranschoben, noch auf dem Stübenwasen von einem Föhn überrascht, dessen warme Regenmassen selbst diesen Schnee auflösten. Lange vor Günterstal waren wir gezwungen, unsere Bretter abzuschnallen und ein erhebliches Wegstück zu tragen.

Das Ergebnis dieser Wintersportzeit war, daß meine Neigung zu chronischen Erkältungen ebenso verschwand, wie sie gekommen war. Ich habe nie wieder darunter gelitten und war die letzten Jahre vor dem Weltkrieg bereits kerngesund geworden. Wie später meine Angehörigen, vor allem mein Junge, nach jahrelangen Halskrankheiten, war auch mir der Schwarzwald und vor allem der Feldberg zur Quelle der Genesung geworden, an die ich zeitlebens mit dankbarer Anhänglichkeit zurückdenke. Freiburg konnte so der Inbegriff eines jugendlichen Kraft- und Glücksgefühls für mich bleiben, dessen beide Hauptquellen, Natur und Studium, die treuen Gefährten des ganzen Lebensganges geworden sind.

Auch die Stadt selbst spielte neben Universität und Schwarzwald mit ihrer unversiegbaren Schönheit eine nicht unwichtige Rolle. Die Lebensverhältnisse waren für den Studenten jener Jahre von einer angenehmen Leichtigkeit, die die vorhergehenden norddeutschen Sorgen vor der Kostspieligkeit Freiburgs angenehm widerlegten. Bei persönlich bescheidenem Wechsel – hundert Mark im Sommer-, 125 Mark im Wintersemester –, der mir aber nach unserer strengen und einfachen Erziehung keinerlei Schwierigkeiten bereitete, konnte ich jedes berechtigte Bedürfnis ohne Beengung erfüllen. Es kam hinzu, daß ich Kolleggelder und Bücher anders als meist der gedrückte Student der Zeit nach 1918 selbstverständlich und großzügig besonders erhielt, außerdem meine Wäsche im Postsack nach Hause sandte und bei der Rückfracht stets auch mitteldeutsche Würste, Süßigkeiten und andere gute Dinge, als weitere Hilfe von meiner Mutter vorsorglich verstaut, darin vorfand. Der Tagessatz des Wandervogels bewegte sich damals auf großer Fahrt zwischen einer Mark und bei luxuriöser Verpflegung, die oft genug durch Geschenke der Bauern noch wirksam unterstützt wurde, 1,25 Mark. Die Wintertage im Jägerhäusle waren natürlich etwas kostspieliger, konnten aber doch auch unser Budget nicht erschüttern. Es blieb genug, um Theater und Konzert sorgenfrei auf bescheidenen Plätzen zu genießen. Der 3. Rang des damals recht guten, vor allem durch seine Inszenierungen auffallenden Freiburger Theaters wurde so jede Woche mindestens einmal

Gegenstand eines Besuches, mit dem meine Bühnenkenntnis überhaupt erst anfing. In Schauspiel wie Oper legte ich erste Grundlagen, die nach der strengen Zurückhaltung der Schülerzeit einen Genuß ersten Ranges darstellten. Ich sah in diesem Winter fast den ganzen Ring und die Mehrzahl der anderen Wagneropern, die mich mit dem ganzen Rausch ergriffen, in den sie dies jugendliche Alter nur versetzen können. Wurde der Wechsel während des Sommersemesters am Monatsende einmal knapp, so brauchte man sich bei der gesegneten Obsternte dieses heißen Jahres nur ein paar Pfund der köstlichen großen schwarzen Kaiserstuhl-Kirschen zu kaufen, um sich zusammen mit einem Liter Milch – nur Vollmilch damals – und einem Pfund Blaubeeren ein Mittagsmahl zu verschaffen, das allen Ansprüchen an Quantität und Wohlgeschmack genügte und mehr als einen Tag hintereinander nicht als Entbehrung gerechnet zu werden brauchte. Einmal wöchentlich traf sich unser Freundeskreis abends reihum auf den Buden, um bei Gespräch und Diskussion von Studienthemen – Problemen natürlich – auch gegenseitig die heimatlichen Pakete auszukramen, so daß ein kulinarisch nicht zu unterschätzender Austausch von gutschmeckenden Heimaterzeugnissen aus Holstein – wir hatten auch zwei Kieler unter uns –, Westfalen und Mitteldeutschland begann. Im Alltag bot die katholische Burse für ganze 75 Pfennige ein Mittagessen, das in den Kriegszeiten der folgenden Generation auch verwöhnte Esser begeistert hätte. Ich erinnere mich mit besonderer Liebe an die gebackenen köstlichen Fische und Mehlspeisen des mir als norddeutschem Protestanten noch unbekannten Fastentages, des Freitags. Nicht allzu häufig versammelte uns schließlich abends die Briemsche Weinstube, deren Sohn und Tochter, Friedel und der heute nun auch schon verstorbene Fritz Briem, zu unserer Wandervogelgruppe gehörten. Hier arbeiteten wir uns in die Geheimnisse der Markgräfler und Glottertäler ein, die durch den Genuß der frischen Freiburger Brezeln und Salzstangen vorsorglich entgiftet wurden. Ob das Rezept auch noch dem Glottertäler standgehalten hatte, wurde zum Schlusse nachgeprüft, wenn die ganze Runde traditionsgemäß um den Rand des vor dem Hause plätschernden Brunnens kreisen mußte.

Nur einmal versagte die Technik, als wir anschließend – wohl vor den Weihnachtsferien – sofort mit dem Nachtschnellzug nach Frankfurt fahren mußten, dessen Schlingern uns doch erheblich seekrankheitsartig in Mitleidenschaft zog. Im übrigen war auch Frankfurt als Reisestation eine nicht zu übersehende Ergänzung zu Freiburg. Auf der Anfahrt trafen wir uns schon in Bebra, damals einem großen Umsteigeort. Die Schnellzüge von Paderborn und Halle liefen dort gegen Mittag gleichzeitig ein, so daß schon von den Fenstern aus eine stürmische Begrüßung mit den im Sommer liebgewordenen Kameraden stattfand. Nach Weihnachten hatte das freilich eine tragikomische Folge. Meine Mutter hatte mir unter dringenden Mahnungen zur Tugend wieder einmal einen Regenschirm geschenkt, den wir als Wandervögel im Herzensgrunde tief und leider unkorrigiert verachteten. Ich hatte auch reumütig durch alle Festesliebe gelobt, ihn wie einen Augapfel zu hüten. Diese stürmische Begrüßung aber war zu viel. Ich ließ ihn schon in Bebra im Zuge stehen – wider Willen, denn ich habe mich tatsächlich dann zu einer Aktion beim Freiburger Fundbüro aufgerafft, um ihn mit Rücksicht auf meine Mutter zurückzuerhalten. Er kam nicht wieder, und lange sah ich das als Schicksalswink an. Erst in Berlin habe ich mir dann selbst – etwa 1939 – noch einmal einen herrlich schönen und gediegenen Schirm bei Wertheim gekauft, als ob ich kommende Kriegszeiten und Sachenknappheit vorausgeahnt hätte. Ich wollte nun endlich ein guter Hausherr werden, da ich die Schwierigkeit einsah, allein für meine Sachen in Berlin zu sorgen. Als ich aber tief in Gedanken durch diese guten Vorsätze mein Büro in der Bendlerstraße – die Zigarre im Munde – verließ, machten mich Passanten sofort, noch vor der nahen Tiergartenecke, auf ein heftiges Qualmen aus diesem schönen Instrument aufmerksam. Ich hatte die Asche in die Falten des Schirms fallen lassen, und der war so zerlöchert, daß ich ihn im beginnenden Weltkriege nicht wieder reparieren lassen konnte – vielleicht wäre es möglich gewesen, aber nun war ich mir selbst gegenüber in diesem Punkte der Lebenskarriere mutlos geworden.

In Frankfurt haben wir bei unserer Durchfahrt auch unsere erste Mozartoper – ich glaube den Figaro – und später die noch ganz moderne und für uns furchtbar aufregende Salome von Richard Strauß mit einer Französin in der Hauptrolle gesehen. Die Musik faszinierte mich vollständig; anschließend haben uns freilich unsere erhitzten Gemüter zu glücklicherweise erfolglosen Eskapaden getrieben, nach denen wir froh sein konnten, am nächsten Morgen die frische Freiburger Gebirgsluft zu atmen.

Auch das politische Leben Freiburgs bot uns mannigfach Lehrreiches und Interessantes, während die große Universitätsfeier anläßlich der Einweihung des neuen Gebäudes uns weniger verlockte. Das war doch in erster Linie eine Sache der Korporationen. Wir zogen es vor, einige Tage später zum Semester zu kommen, und trauerten dann, trotz aller Vorzüge des Neubaues, den patriarchalischen alten Klosterräumen in der Salzstraße doch etwas nach. Im Wintersemester begann der Wahlkampf des Jahres 1912 mit seinen katastrophalen Folgen für die deutsche Geschichte auch in Freiburg spürbar zu werden. Redner wie der Universitätsprofessor Schultze-Gaevernitz, wie Friedrich Naumann, den ich hier – ohne allen tiefen Eindruck – kennen lernte, wie der Kulturreferent des Zentrums Pfeiffer und vor allem der als Demagoge blendende, aber doch auf uns sofort abstoßend wirkende Erzberger führten uns Möglichkeiten des politischen Lebens vor, die in der vom Gegensatz konservativ-sozialdemokratisch beherrschten norddeutschen Heimat uns kaum so deutlich geworden wären. Aber das spielte sich doch mehr im Hintergrund unseres an sich ausgefüllten Studentenlebens ab, und die Erinnerung daran ist – wie ich gestehen muß – bezeichnenderweise hinter der Fülle der sonstigen Freiburger Eindrücke völlig verblaßt.

Jene unvermeidliche leise Undankbarkeit, die dem Gedächtnis des Menschen nur die wirklich frohen und wirklich trüben Tage einprägt, die Jahre eines stilleren Gleichmaßes aber ein wenig im Schatten versinken läßt, spielt wohl mit, wenn mir die nun folgenden halleschen Studentenjahre von 1912 bis 1914 nicht ebenso deutlich gegenwärtig sind, wie das eine im vollen Sonnenglanz strahlende Freiburger Erstlingssemester. Ich habe mich im Elternhaus so wohl gefühlt, wie nur irgend denkbar ist. Auch das Verhältnis zu meiner Stiefmutter war jetzt völlig ausgeglichen und konnte menschlich kaum schöner sein. Noch im Weltkrieg habe ich mich als Soldat und Offizier mehr als einmal in knappen Urlaubstagen zu ihr flüchten können wie nur das leibliche Kind zur eigenen Mutter. In den gelegentlich wiederkehrenden, während jener Studentenjahre zum Glück nicht tragisch zugespitzten Nervenkrisen meines Vaters war ich noch mehr als in der Schulzeit in der Lage, ihr beistehen zu können. Der Sommer war nicht in gleichem Maße durch große Familienreisen ausgefüllt wie bisher. Meistens gingen meine Eltern mit den jüngeren Stiefgeschwistern sowie Werner und Ilse bescheiden in das kleine thüringische Tautenburg zwischen Dornburg und Jena, dessen anmutige Art ganz für den Sinn seines Vaters gemacht war, der an seiner zärtlich geliebten und in etwas verwandten schlesischen Heimat ebenso hing wie an diesem anmutigen thüringischen Vorland. Ich hatte während der Schulferien im Juli meist noch Semester und mußte in Halle bleiben, konnte sie aber dort – besonders zum Geburtstag meiner Stiefmutter am 15. Juli – auch mit guten Freunden zum Wochenende besuchen, so daß der Familienzusammenhang nicht ganz abriß. Meine Stiefmutter begann unter dem Erbübel ihrer Familie, der Gicht, zu leiden. Nachdem eine erste Kur in einem rheinischen Sanatorium keinen besonderen Erfolg gehabt hatte und eine mit der Behandlung verbundene Mastkur für ihr sonst gutes Herz nicht unbedenklich gewesen war, ging sie gelegentlich in das kleine vorthüringische Bad Köstritz mit seinen heißen Sandbädern, wo wir sie ebenso leicht von Halle her besuchen konnten.

Stärker noch als in den letzten Schuljahren begann sie, meinen Freundeskreis an die Familie heranzuziehen. Paul Riewald hatte allerdings inzwischen sein Staatsexamen gemacht und legte sein Probejahr in Wittenberg ab, wo ich ihn nur noch gelegentlich besuchen konnte. Dazu hatte er sich in dem heimischen Prenzlau verlobt, wo ich einmal auf einer Ostseewanderung – ohne daß er selbst da war – seine Eltern und seine Braut besuchte. Die Verlobte hat mit rührender Treue an seinem Gedächtnis gehangen, als er 1915 in Frankreich fiel. Sie ließ sich, was damals nur durch besonderen kaiserlichen Gnadenakt möglich war, den Familiennamen des Gefallenen verleihen und stand noch während des ganzen Weltkrieges mit meiner Stiefmutter in brieflicher Verbindung. Ich verlor dann langsam die Familie aus den Augen und habe nur noch einmal, als mein „Miquel"[21] erschien, den jüngeren Bruder meines Freundes als Oberfinanzrat im Popitzschen Ministerium kennengelernt und bin ihm für Förderung in der Frage der Drucklegung des Buches verpflichtet gewesen. In die erste Reihe meiner Freunde trat jetzt, alle anderen überschattend, der Archäologe Willi Westphal, der ebenso wie Riewald nicht nur der stete Wandergefährte und Studienvertraute der letzten Friedensjahre, der Mensch, mit dem alle weltanschaulichen und persönlichen Entwicklungskrisen dieser bewegten Jahre gemeinsam erlebt wurden, war, sondern auch steter Gast meines Vaterhauses wurde. Was ihn mit meiner Stiefmutter in einer auch für mich wertvollen Weise eng verband, war ihre gemeinsame Musikalität. Sein nicht kunstmäßig geschulter, aber angenehmer, von starker natürlicher Begabung getragener Bariton war eine der schönsten Ergänzungen zu ihrem

[21] Die zweibändige Biographie des preußischen Finanzministers Johannes von Miquel war 1938/39 erschienen.

Sopran. Und je weniger meine Stiefmutter über den Mühen ihres großen Haushaltes zum Musizieren kam, um so lieber ergriff sie an ruhigen Abenden diese Gelegenheit. Als der Wagnersche Parsifal frei wurde und das rührige Hallesche Theater ihn sofort in der glanzvollen Bayreuther Besetzung herausbrachte, haben ihn beide in unserem Hause gemeinsam durchgearbeitet, so daß wir, vorbereitet wie selten, uns diesem Ereignis hingeben konnten. Es war eine besondere Tragik, daß ihn mein Vater 1914 als Militärarzt mit seinem Kollegen Schwencke selbst auf dringendste, unwiderstehliche eigene Bitten für diensttauglich erklärte, obwohl Bedenken wegen seines Herzfehlers bestanden, den der in Kolberg und Stolpmünde aufgewachsene, sonst urgesunde und kräftige Gutsbesitzerssohn sich als Schüler durch übermäßige Schwimmanstrengung in der Ostsee zugezogen hatte. Er ist als Artillerieoffizier während der Sommeschlacht dieser Belastung zum Opfer gefallen und kehrte als siecher Mann in die Heimat zurück, wo ich ihn geistig noch immer so rege wie vor dem Kriege, aber körperlich zu jeder, auch nur gelehrten fortgesetzten Arbeit außerstande wieder traf, ehe er nach fast zehn Jahren seinem Leiden erlag. Wenn irgend einem meiner Freunde, dann wäre diesem hochbegabten Menschen eine zukunftsreiche Laufbahn von wirklich bedeutenden Ausmaßen sicher gewesen, schon vor dem Kriege Lieblingsschüler von Karl Robert und mit weitgreifenden Arbeiten zur Geschichte des griechischen Theaters beschäftigt, bei denen seine starke künstlerische Ader ein Ergebnis versprach, das wohl weit über eine durchschnittliche philologische Leistung hinausgegangen wäre. Unvergeßlich bleibt mir, wie er bei der Lauchstedter Aufführung eines von Robert[22] wiederhergestellten euripideischen Satyrspiels die Hauptrolle spielte. Wenn sich um einen meiner Freunde für mich die Vorstellung, daß die Besten meiner Generation im Felde geblieben sind, verdichtete, so ist er es gewesen. Unvergeßlich sind mir die Wandertage, an denen er uns seine Lieder sang, die stillen Stunden, in denen er uns mit seiner warmen, schönen Stimme die geliebten griechischen Dichter vorlas, in denen wir uns mit Nietzsche herumschlugen, gemeinsames Musizieren von ihm, der ein guter, frei improvisierender Guitarrespieler geworden war, und unserem Freunde

[22] Karl Robert (1850–1922), Archäologe und Altphilologe, seit 1890 in Halle wirkend. (*Archäologische Märchen*, 1886; *Ödipus. Die Geschichte eines poetischen Stoffes*, 1915; *Archäologische Hermeneutik*, 1919, sowie weitere bedeutende Werke.)

Werner Schulze, der die Geige ebenso über den Durchschnitt hinaus spielte.

Jahr für Jahr führten uns auch jetzt noch große Wanderungen in den Ferien weit in schönste Teile des deutschen Vaterlandes hinaus, wenn auch das Studium uns allmählich immer stärker neben der Jugendbewegung in Anspruch nahm. Nur das Skifahren wollte zu unserem Kummer von Halle her nicht mehr so recht gedeihen. Auf einer schönen Pfingstfahrt, der ersten, die ich gemeinsam mit Willi Westphal unternahm, hatten wir am Fuße des Inselsberges in Winterstein ein poetisch stilles Pfarrhaus entdeckt, dessen Herr, der Pfarrer Munck, uns wie so häufig evangelische Pfarrherren gastlich aufgenommen hatte. Ihn wie so manchen seiner Kollegen mochte die Art der damaligen Jugendbewegung als etwas anmuten, das sie selbst sich gewünscht und ein Jahrzehnt zuvor noch nicht so gefunden hatten. Dazu kam, daß für sie in der Stille ihrer Dörfer das akademische Gespräch mit uns heranwachsenden und damals lebhaft bewegten Wissenschaftsjüngern eine gern gesehene Erfrischung bedeuten mochte. Wir haben lange Abendstunden bei ihm in heißen Diskussionen verbracht. Dadurch haben wir uns in den Vorkriegsjahren Jahr für Jahr zu Weihnachten in diese Inselsberggegend ziehen lassen, erlebten aber den Kummer, daß hier die Schneeverhältnisse doch zu schlecht waren, gar nicht zu vergleichen mit dem Schwarzwald oder auch nur dem Brocken, zu dem ich nach dem Weltkrieg von Halle her wiederholt flüchtete. Mehr als einmal harrten wir um Weihnachten angstvoll wartend eine volle Woche aus, um dann doch heimzukehren, ohne jemals auf den geliebten Brettern gestanden zu haben. Warum wir niemals den Entschluß faßten, in den Harz, das uns wohlbekannte Fichtelgebirge oder gar in das Riesengebirge zu gehen, in dem gleichzeitig andere hallesche Wandervögel ihre elementaren Skistudien absolvierten, vermag ich nicht mehr recht zu sagen. Offenbar war es doch die starke Anziehungskraft dieses gebildeten und gastlichen thüringischen Pfarrhauses, die uns an Thüringen fesselte.

Um so reicher war der Ertrag der Sommerzeiten, während zu Ostern, Pfingsten und im Herbst kleinere Wanderungen nach Thüringen und dem Harz uns meist in wohlvertraute Bezirke der engeren Heimat führten. Im August 1912 zog ich, nicht ohne etwas Freiburg- und Schwarzwaldsehnsucht im Herzen, mit einem evangelischen Theologen, Jakob Strauch aus Halle, an die Ostsee. Er war der Sohn eines bescheidenen Elternhauses, still und versponnen, nicht besonders ergiebig, weder intellektuell noch gefühlsmäßig, da er zu offener

Aussprache wohl zu scheu war. Ich verdanke ihm immerhin einen ersten lebendigen Hinweis auf die große deutsche Mystik des ausgehenden Mittelalters, die eben damals durch die schönen Ausgaben des Diederichverlages leicht zugänglich wurde. Sonst ist er mit dem Weltkriege leise wieder aus meinem Leben verschwunden, wie er vorübergehend in dieses eingetreten war. Auch seine Stimme war kaum so viel besser als meine eigene, und unsere Musik auf Guitarre und Mandoline – der höchsten Stufe des mir erreichbaren Saiteninstrumentes – kann unseren Gastgebern nur in ganz besonders bescheidenen Fällen sehr melodisch geklungen haben. Aber wir verdanken diesem gemeinsamen Musizieren bei unserem Wandern doch subjektiv schöne Stunden und manchen netten Kontakt mit den Häusern, die uns des Abends in Holstein und Mecklenburg gastfrei aufnahmen.

Wir begannen in Kiel, wo uns unter einem strahlend blauen Himmel der Besuch eines Zeppelins überraschte. Ich hatte zwar schon ein erstes Luftschiff unter dramatischen Voraussetzungen in Bitterfeld gesehen, habe aber den tiefen Eindruck der Überwältigung des Luftmeeres durch den Menschen wohl kaum im Leben wieder so majestätisch eindrucksvoll wie an diesem herrlichen Tage empfunden, an dem wir in der Gestalt des Kreuzers Moltke auf der Reede auch ein ganz neues deutsches Kriegsschiff besichtigen konnten, das erste und letzte meines Lebens. Nur in Nienhagen – vor Warnemünde – hatte ich als älterer Schüler schon einmal einen Kreuzer der Marine betreten können, obwohl jetzt eben mein Bruder Eberhard angefangen hatte, ihr als Seekadett anzugehören.

Dann führte uns eine fleißig mit dem Dehio vorbereitete Architekturwanderung durch die Backsteinkirchen des westlichen Ostseeraumes bis Rügen. Über die verträumte Stille der Holsteinischen Schweiz mit den Seen von Plön, dem Uglei- und Kellersee, zogen wir über Eutin in die Lübecker Bucht, an deren Rande uns ein still verträumtes Pfarrhaus mit besonderer Herzlichkeit aufnahm. Auf Lübeck folgte der Marsch nach Schwerin und den Schweriner See entlang nach Norden. An dessen Ende suchten wir erneut für die Nacht unser Glück beim Pfarrherrn und fanden bereitwillig Aufnahme. Wieder war es ein jüngerer Herr, der über Strauch als Berufskollegen erfreut war und uns bis über Mitternacht hinaus zu einem festlichen Essen mit einer Flasche Wein zuzog. Als wir am nächsten Morgen schieden, war er nicht mehr zu sehen. Auf unsere erstaunte Frage erfuhren wir, daß wir geholfen hatten, ihm eine schöne und schwere Stunde des Wartens zu erleichtern. Er hatte in der Nacht, als wir nach unserem Symposion in tiefem Schlummer lagen, im Oberstock des Pfarrhauses seinen ersten Sohn geschenkt erhalten.

Wismar als kleine, aber stolze Krone dieser hansischen Ostseestädte mit seinen so eindrucksvoll großartigen Kirchen und glanzvollen Patrizierhäusern, Doberan und Rostock bildeten den Höhepunkt unserer Architekturfreuden, die uns vor allem in Lübeck Herrlichkeiten sehen ließen, die heute seit Jahren in Schutt und Asche gelegt sind. Wir konnten damals von dieser selbstzerstörerischen Wandlung der Geschicke Europas in unserem frischen Jugendmut nichts ahnen. So sah ich dann nach Nienhagen und Warnemünde auch Graal wieder und zeigte meinem Kameraden die üppigen Wälder der strandnahen Rostocker Heide, ohne zu wissen, daß ich hier mit Frau und Kind zwei der glücklichsten Sommer meines Lebens verbringen würde. Wieder schloß diese Küstenwanderung mit einem der harmlos nettesten Quartiererlebnisse dieser Ostseefahrt.

Wir waren bisher im allgemeinen in den behaglichen Bauernhöfen der reichen Marschenlandschaft Holsteins und Mecklenburgs mit ihren saftig grünen Koppeln und Knicks eingekehrt, soweit nicht hier und da ein Pfarrhaus uns aufgenommen hatte. Es waren meist Höfe von behaglichem Wohlstand, deren Inhaber weit genug emporgestiegen waren, um den ältesten Sohn als Einjährigen – am liebsten bei einem Kavallerieregiment – dienen zu lassen, während die Töchter nur zum Teil eine gehobene Erziehung zu genießen schienen, zum Teil brav und bieder bei den Eltern als Hilfe in Haus und Landwirtschaft tätig waren. Fast jeden Abend entwickelte sich für uns zwei das gleiche Bild einer selbstsicheren, meist ohne Zögern auf unsere bescheidene Frage zusagenden Gastfreundschaft. Wir wurden nach der ersten wie die Morgenwäsche oft unter der Hofpumpe vollzogenen Säuberung vom Staub der Landstraße in ein Zimmerchen für uns geführt, um ohne Rücksicht für unser leibliches Wohl sorgen zu können, das durch einen riesigen Berg von Bratkartoffeln mit solidem Schinken und Rührei, zum Abschluß aber durch eine riesige Schüssel köstlicher roter Himbeergrütze mit Vanillesauce aufs beste sichergestellt wurde. Aber an jenem Abend, an dem wir die Rostocker Heide verließen, um in Ahrenshoop, damals ein verträumter Malerwinkel und eine Zuflucht naturliebender Künstler, uns etwas vor dieser städtischen Bevölkerung Quartier zu suchen, geschah doch wieder einmal etwas Unerwartetes. Wir saßen auf einem kleinen Rasenfleck mit Obstbäumen am Rande des Ortes und musizierten noch ein wenig vor dem immer etwas unangenehmen Geschäft des Quartiermachens. Das erweckte die Aufmerksamkeit zweier vorübergehender städtisch gekleideter Damen. Im allgemeinen standen diese bei uns weniger im Rufe der Gastlichkeit als die uns für diese Zwecke vertrautere Landbevölkerung, so daß wir nur langsam warm wurden, als sie ein Gespräch mit uns anknüpften. Das Ende aber war die Einladung, bei ihnen in einem der stattlichen Holzhäuser von Ahrenshoop zu übernachten, in denen sich die Pensionen der damaligen Zeit, stilvoller als in den reicheren Häusern der Nachkriegszeit, verbargen. Wir wurden fürstlich aufgenommen und haben bis lange nach Mitternacht mit ihnen gemeinsam musiziert und geplaudert, um dann am Morgen die Wanderung durch den urwaldähnlichen Dars anzutreten. Leider haben wir von ihm nicht das gehabt, was wir hätten haben sollen, weil uns bald ein flotter Wagen überholte und aufnahm. Wir waren in diesem Fall schwach genug, das Angenehme dem Schönen vorzuziehen und uns schnell nach Prerow mitnehmen zu lassen. Ehe wir den Abschluß unserer Ostseewanderung auf Rügen begannen, suchten wir das stille Greifswald heim, wo ich das erste und einzige Mal, zusammen mit meinem Freunde, das kleine trauliche Häuschen meines Onkels Heinrich besuchte. Tante Therese, eine Schwester meiner Mutter, lebte noch; sie war durch ein frühes Leiden seit langer Zeit gelähmt und an den Rollstuhl gefesselt, aber nicht nur die aufrichtig frömmste, sondern auch eine der warmherzigsten und liebsten Hausmütter unserer Verwandtschaft. Die älteren Vettern, Ludwig, Martin und Gottfried, waren im Augenblick nicht zu Hause, so daß der jüngste, Enno, uns die bescheidenen Schönheiten der Greifswalder Umgebung zeigen mußte. Aber ich lernte meine beiden Basen Elisabeth und Maria kennen, um Elisabeth dann in der kritischen Zeit um und nach 1933 erst als Ärztin in Leipzig wiederzusehen, die bald darauf als Missionsärztin nach Assuan ging. Sie blieb dort einigermaßen in Verbindung mit uns, mußte notgedrungen nach Kriegsausbruch 1939 in die Heimat zurückkehren und hat mir in der Krise meiner Haft während des letzten Jahres so freiwillig und großzügig beigestanden, daß ich ihr für immer verpflichtet bleibe.

Den landschaftlichen Höhepunkt unserer Wanderung bildete dann Rügen, wohin wir von Stralsund aus übersetzten, nachdem wir dies in der Begleitung eines dort als Schriftleiter lebenden früheren halleschen Wandervogelführers Kurt Diethe, eines merkwürdig schwärmerisch verstiegenen Autodidakten, gründlich kennengelernt hatten. Wir verschmähten die Bahn und haben die ganze Insel über Bergen von

Westen her zu Fuß durchquert und dadurch mit doppelter Steigerung nach dem Besuch von Sassnitz die stolze Krone ihrer Schönheiten, den Königsstuhl mit seinen weißen Kreidefelsen und den hochgewölbten Buchenwäldern seiner Umgebung, kennengelernt. Als wir dann in den nächsten Tagen bis Kap Arkona nach Norden wanderten, wurde uns freilich das Wetter endlich untreu, und wir lernten die Ostsee nun auch einmal von ihrer melancholisch trüben Seite an stürmischen Regentagen kennen. Schließlich kehrte ich allein auch noch in Prenzlau ein, um im Hause der Eltern Paul Riewalds ebenso gastlich wie bei den eigenen Verwandten versorgt zu werden. Der Prenzlauer See und die stolze gotische Fassade der Stadtkirche bildeten die letzten starken Eindrücke dieser Wanderung des Sommers 1912.

Den eigentlichen Höhepunkt aller meiner Vorkriegsfahrten stellte aber doch erst die Wanderung des letzten Friedensjahres 1913 dar, in dem ich zusammen mit Willi Westphal und Werner Schulze auf diejenige Fahrt ging, die mich nicht nur am weitesten führte, sondern auch in der Harmonie des Zusammenlebens mit den Gefährten wie der Fülle und dem Reichtum der Eindrücke an der Spitze aller Erlebnisse dieser harmlos frohen Studentenjahre steht. Wir begannen mit dem rauschend großartigen Eindruck des mittelalterlichen Nürnberg, um dann freilich, durch das Semester ein wenig bildungsmüde geworden, so schnell wie möglich in die Berge des Bayerischen Waldes zu flüchten. Von Cham aus sind wir bis Passau nach Süden gezogen. Es war zunächst ein glühend heißer Sommer wie einst 1911, so daß wir fast Nacht für Nacht, geschützt durch unsere Zeltplanen, mit einem Nachtlager im Freien durchzukommen vermochten. Nur in der Gegend des Osser und Arber überraschte uns ein häßlicher Regentag, so daß wir in den Schutz eines Bauerngehöftes – ich glaube, es war in Eisenstein – flüchten mußten. Im Heu des Schobers gelegen, haben wir beim Rauschen des Regens und den Donnerschlägen eines vor unseren Augen vorüberziehenden Gewitters uns durch Westphal den Gefesselten Prometheus des Aischylos vorlesen lassen. Es war einer der stärksten Eindrücke wirklich gemeinsamer Erhebung durch die Kunst, der mir aus meinem ganzen Leben geblieben ist.

Als wir nach einer guten Woche Passau erreichten, lachte uns vorübergehend wieder ein strahlender Sonnenhimmel, so daß wir nicht nur den Zusammenfluß von Inn und Donau mit dem zähen gegenseitigen Ringen ihrer besonders im Inn stürmisch flutenden Wassermassen, die ragenden Kirchen auf dem Hochplateau der Stadt, sondern auch die Dampferfahrt eines Nachmittags auf der Donau in Richtung

Linz wirklich genießen konnten, von der uns ein langer Fußmarsch spät in der Nacht nach Passau zurückbrachte. Es folgte Salzburg. Wir schliefen auf der Feste Hohensalzburg, in der ein bescheidener Raum, wie damals schon häufiger, als Jugendherberge zugänglich war. Noch heute erinnere ich mich in allen Einzelheiten, wie auf der Burg an jenem Abend ein Transport österreichischer Reservisten zusammengestellt wurde und seinen letzten Appell mit voller Ausrüstung abhielt, ehe er zu einer Übung in die Berge abging. Der soldatische Eindruck war freilich für uns preußische Straffheit gewohnte Reichsdeutsche nicht gerade überwältigend. Die Mehrheit der schon älteren Mannschaften stützte ungeniert ihren allmählich schwer werdenden Rucksack auf die im Rücken untergestützten Gewehrläufe, während vorn der Vorgesetzte die gefüllten Patronentaschen inspizierte. Es war ein Eindruck lässiger Bequemlichkeit, an den wir später im Weltkrieg mehr als einmal haben zurückdenken müssen, obwohl uns wenig später am Gardasee auch österreichische Alpenjäger (Tiroler Kaiserjäger) entgegentraten, die als ausgesuchtes Menschenmaterial, aber auch durch natürlich soldatische Straffheit der Haltung zum Besten gehören, was ich soldatisch im Leben überhaupt gesehen habe. Der Eindruck, den wir von ihnen an der damaligen italienischen Grenze empfingen, war sehr viel stärker als wenig später in der Münchener Leiberkaserne durch die zwar riesigen, aber im Vergleich zu ihnen doch allzu massiven und schwerfälligen Kolosse der oberbayerischen Bauernsöhne, die wir in der Türkenstraße vor unseren Augen exerzieren sahen.

Mit den höchsten Erwartungen stießen wir dann in das eigentliche Salzkammergut hinein, fanden in diesen gesegneten Zeiten sogar in Berchtesgaden eine Unterkunft nach unserer Gewohnheit, als wir den Königssee besuchten. Unser Plan war gewesen, zum mindesten den Watzmann zu besteigen, ehe wir das Salzkammergut wieder verließen, um nach den Tauern weiter vorzudringen. Aber am nächsten Tage hatte jener Bindfadenregen sich endgültig festgesetzt, der den Wanderer in diesem herrlichen Alpenwinkel zur hellsten Verzweiflung bringen kann. So stiegen wir durch eine wundervolle Klamm südlich zur Tauernbahn hinüber, eine eindrucksvolle Paßwanderung, auch wenn sie sich bei einem Wetter vollzog, das neben einigen Kriegserlebnissen vielleicht das nässeste meines Lebens gewesen ist. Wir waren froh, als wir am Abend diesmal in einem stattlichen Alpengasthof unterkamen, in die Betten verschwinden und alle unsere Sachen bis in den letzten

Rucksackwinkel hinein einer gründlichen Trocknungsprozedur übergeben konnten.

Dies Erlebnis ließ in uns den großen Entschluß reifen, zu einer Wanderung nun nach Süden zu eilen, um eine Zone besseren Wetters zu finden. Wir setzten uns auf die Bahn und fuhren bis Innsbruck durch. Schon hier lachte wieder die Sonne und ließ uns bei dem Anblick der Statuen Peter Vischers in der Hofkirche wie der ganzen Stadt das Herz höher schlagen. Am Abend schon stiegen wir ein kleines Stück die Brennerstraße aufwärts und fanden Rast in einem stattlichen Molkereigehöft. Als die Dunkelheit heraufzog und wir im aufdämmernden Sternen- und Mondlicht vor dem Haus zu musizieren begannen, scharten sich bald Knechte und Mägde dicht um uns, und es begann etwas, was wir auch in jener noch nicht so von Reise- und Wandergruppen überlaufenen Vorkriegszeit nicht allzu oft erlebt haben. Sehr bald setzte der Chor unserer Hörer mit eigenen Liedern ein, die bald, immer abwechselnd, auf unsere Zupfgeigenhansellieder antworteten. Es war ein fröhliches Musizieren unter Gottes freiem Himmel im Anblick der herrlichsten Natur, wie es schöner nicht gedacht werden konnte, und der rechte Auftakt zu den großartigen und für uns neuen Wandererlebnissen, die nun während der nächsten beiden Wochen Tag für Tag uns erwarten sollten.

Schon die nachfolgende Tageswanderung erschloß uns in jetzt ständig treuem Sonnenschein eine Wunderwelt. Wir zogen über den Brennersattel nach dem altertümlichen Sterzing mit seinen langen Laubengassen, um dort von der großen Straße seitwärts zum Jaufen abzubiegen. Am Abend nahm uns in einem Seitental ein Bauernhof auf, auf dessen Galerie wir bis tief in die Nacht bei einzig klarem Sternenschein, trunken vor Glück wie der Taugenichts Eichendorffs, musizierten. Unmittelbar unter der Paßhöhe des Jaufen kochten wir dann am folgenden Mittag in heißer Sonnenglut, die uns auf der hochgelegenen Almwiese tief zu bräunen begann und erlaubte, unsere ganze „große Wäsche" zu erledigen und nach dem Ende der Rast bereits wieder trocken über den Leib zu ziehen, soweit es wünschenswert war. Der Abstieg vom Jaufen ins Passeiertal, vorüber am Hofe Andreas Hofers, und durch das Passeiertal bis Meran brachte, auf einen Tag zusammengedrängt, den Übergang in die beginnende südliche Vegetation. Wir fühlten uns wie im Rausch, als wir unsere Mittagsrast zum ersten Mal in heißer Sonnenglut zwischen Rebenfeldern, ersten Zypressen und immergrünem Gesträuch am Absturz des Passeiertales vor Meran abhielten und zwischen den weiß gewaschenen

Felsblöcken, die sich in malerischer Plastik auftürmten, Kühlung in dem noch immer gebirgsfrischen, klaren Wasser suchten. Aber weder Meran noch Bozen vermochten uns jetzt noch zu halten. Der uralte Drang nach dem Süden war über uns gekommen. Wir strebten auf der großen Talstraße der Etsch immer schneller nach den Grenzen Italiens voran und ließen uns auch nicht mehr durch die Wunder der Südtiroler Bergwelt fesseln, die ich bis heute nicht oder nur vom eiligen Schnellzug aus wiedergesehen habe. Nur eine großartig malerisch gelegene Burgruine südlich von Meran fesselte uns noch einen Nachmittag so, daß wir stundenlang in ihren waldumwobenen Trümmern umherstiegen. Wenn des Mittags die Sonne zu heiß wurde und in den kühler werdenden Nächten, in denen Tausende von Grillen ihr eintöniges Konzert bei Einbruch der Dunkelheit begannen, fanden wir Schutz in den Gängen der in flacher Wölbung gezogenen Weinfelder, die noch weit genug vor der Ernte standen, um dies zu erlauben. Unser Herz schlug höher, als wir hinter Neumarkt die scharf gezogene Sprachgrenze erreichten und uns noch ständig die Laute des Italienischen entgegenschlugen, das wir in den Tagen der Alpenwanderung schnell wenigstens soweit gemeinsam gelernt hatten, daß uns die Zahlen für die notdürftigsten Einkäufe gegenwärtig waren. Die Muße der Fußwanderung zeigte uns im Gegensatz zum flüchtigen Reisenden in Eisenbahn und Auto mit aller Deutlichkeit, wie unverkennbar sich hier das Gebiet zweier großer Völker mit einem Schlage gegeneinander absetzte. Gleich in der ersten Nacht auf italienischem Gebiet schliefen wir in einer roh gemauerten, kreideähnlichen Steinkammer, deren Decke uns durch eine breite Öffnung in den sternbesäten Himmel emporblicken ließ und den Eindruck eines der Räume erweckte, in denen italienische Maler die Geburt des Heilands dargestellt hatten. So groß war unsere Ungeduld geworden, daß wir schließlich in einem gewaltigen Nachtmarsch bis Trient eilten, der uns unabsehbar durch italienische Dörfer mit ihren nach der Straße zu düster und hoch geschlossenen Steinfronten, mit den von hohen Zypressen überragten Kirchhöfen führte. Vor den Toren von Trient schliefen wir im leisen Morgennebel auf Heuhaufen längs der Straße und mußten schleunigst flüchten, als uns bei Sonnenaufgang das Gewirr fremdsprachiger Laute weckte, da die Besitzer zeitig gekommen waren, die Ernte einzufahren. Sie bemerkten uns zum Glück nicht, da wir am entgegengesetzten Ende der langgestreckten, vom Nebel noch verschleierten Wiese gerastet hatten. Der Marktplatz von Trient, das uns nur flüchtig fesselte, verstärkte durch seine reiche Obst- und

Blumenpracht nur den Drang nach Süden, so daß wir mit der Bahn bis Riva fuhren, an dessen Bergflanken eine militärische Übung sich durch rollendes Geschützfeuer verkündete, an das wir uns später als symbolisches Vorspiel nahender Kriegsereignisse erinnerten. Unser Ziel war der Gardasee. Den letzten Paßübergang legten wir zu Fuß zurück, um uns von dem großartigen ersten Blick auf den blauen See von den Höhen über Torbole überraschen zu lassen. Von dort aus sind wir eine Woche später auch von dem See geschieden, der als unser stärkstes Vorkriegserlebnis südlicher Landschaft nun zur Krönung und zum Höhepunkt unserer ganzen Fahrt wurde.

Bei den Eltern meines Freundes Jakobsen, der selbst freilich gerade in diesem Jahre seine Sommerferien nicht in der Heimat, sondern bei holsteinischen Verwandten verbrachte – er und seine Familie gehörten ganz dem Typ des blonden Norddeutschen von der Küste an – durften wir dann in Arco in der von seinem Vater verwalteten Pfarre des großen, damals noch österreichischen Kurortes einkehren. Die Betten der beiden Söhne, die uns zugewiesen wurden, waren auf dem zimmergroßen Dach der ebenerdigen Veranda aufgeschlagen und leicht mit nach vorn offenen Zelten überdeckt. Der Mond ging vor unseren Augen über der von Pinien und Zypressen umrauschten malerischen Burg von Arco auf, um sich im majestätisch langsamen Bogen über die unserer Lagerstatt gegenüber ragenden Berge östlich des Sees weiter zu bewegen. War die Nacht unter diesem geheimnisvollen Zauber vergangen, so eilten wir tagsüber zum See hinunter nach Torbole und Riva. Mit voller Seele gingen wir in der Landschaft auf, die einst auch Goethe am gleichen Seeufer den ersten Eindruck der plastischen Schönheit des Südens vermittelt hatte. Der Inhaber des Bootes hatte mit uns auf eine Stunde zu tragbarem Preise abgeschlossen. Aber als wir auf die Höhe des Sees hinausgelangt waren, kam planmäßig die Borra, der mittägliche Südwind auf, der planwidrig für uns, kaum aber gegen die Vorausberechnung des Bootsführers sofort den Mast zusammenbrechen ließ. Wir kamen über eine Stunde verspätet an das Ufer zurück und sollten nun einen solchen Phantasiepreis zahlen, daß wir uns energisch sträubten. Durch die furchtbare Drohung, mit ihm zur Polizei gehen zu wollen, blieben wir in diesem Kampf schließlich Sieger und feierten den Erfolg mit einer ausgiebigen Mahlzeit der überall feilgebotenen Wassermelonen. Täglich gingen wir auf der wundervollen, in den Fels geschlagenen Uferstraße spazieren, um dann zu Hause mit den leichten Mahlzeiten empfangen zu werden, die der heißen Sommerzeit entsprachen. Wir lebten von

Makkaroni, Polenta und vor allem zahllosen rohen Tomaten, die wir in Halle so noch nicht genossen hatten, so daß ich sie bei der Rückkehr begeistert unter leisem ersten Erstaunen in der Familie einführte. Wir schlossen diese glanzvolle Woche, die immer wieder beim italienischen Rotwein in versteckten kleinen Wirtschaften von Riva gefeiert wurde, schließlich mit einer Dampferfahrt zum Südende des Sees nach Gardone. Im gemieteten Boot, von dem aus wir nach Herzenslust schwimmen konnten, umkreisten wir dort im Land der Zitronen, Apfelsinen und Palmen die Isola Bella. In Gardone freuten wir uns an dem geschmeidigen Spiel der kleinen braungebrannten Italienerbuben, die am Ufer die Dampferreisenden erwarteten, um blitzschnell in dem kristallklaren, durchsichtigen blauen Seewasser nach den kleinen Münzen zu tauchen, die man ihnen hineinwarf. Die Rückfahrt im Lichte der untergehenden Abendsonne, im sterndurchfunkelten einbrechenden Nachtdunkel, das durch die Scheinwerfer von beiden Seiten des Sees – dem österreichischen und italienischen – magisch durchbrochen wurde, war vielleicht der Höhepunkt, in dem wir drei schweigend unseren Erinnerungen nachhingen, während unendliche Lichtreflexe in den schaumsprudelnden Wassern, die durch die Schraubenwelle des Dampfers aufgewirbelt wurden, spielten und sich zur Seite die hohen Felsenufer und die burgähnlich wirkenden italienischen Dörfer im Dunkel der Nacht geheimnisvoll aufreckten.

Als uns der Schnellzug dann nach Innsbruck zurückführte, atmeten wir doch tief auf, als im Etschtal die ersten breitästigen Tannen, Buchen und Eichen wieder sichtbar wurden, nachdem wir zwei Wochen lang uns inmitten des stolzen, aber starren südlichen Baumwuchses der Pinien und Zypressen bewegt hatten. Unsere Wanderung fand noch immer einen letzten, sich steigernden Abschluß, der diese Rückkehr in die nordische Heimat unterstreichen sollte. Von Garmisch aus bestiegen wir als Entschädigung für die im Beginn unserer Wanderung gescheiterte Alpenfahrt die Zugspitze. Das nahende Ende der Reise war freilich schon in vielen Einzelheiten deutlich. Meine soliden Wanderstiefel waren völlig aus den Fugen gegangen. Zum Glück hatten wir Unterkunft im Hause eines Schusters gefunden, dessen Tochter mir während ihrer Ausbesserung ein Paar altehrwürdige, wenn auch steinharte Bergschuhe lieh, so daß ich mich nicht auszuschließen brauchte. Durch die tosende Partnachklamm und das Rheintal stiegen wir über Knorrhütte und den weitgestreckten Schneeferner vorsichtig auf den Grat und freuten uns, daß diese erste Probe einer größeren Besteigung ohne Schwierigkeiten und nach unserer

Stählung durch fünf Wanderwochen in recht kurzer Zeit spielend überwunden wurde. Es war die erste Alpenersteigung meines Lebens, die an Großartigkeit der Eindrücke nur noch im Engadin während der späten zwanziger Jahre einmal überholt wurde. Noch war das alte Haus auf der Zugspitze kein Hotel mit modernem Luxus und entsprechenden, müßig mit der Bahn heraufkommenden Gästen. Jeder, der oben in dem berghüttenähnlichen massiven Haus weilte, hatte sich dies mit eigenem Aufstieg ehrlich verdient. Es war voll besetzt, und wir schliefen, Männer und Frauen, in drangvoller Enge, leicht frierend in unsere Decken gewickelt, auf einem Strohlager, auf dem kein Platz frei war. Der Sonnenaufgang des Morgens über den eisigkalten Schnee- und Felsgipfeln des Wettersteingebirges, der unendliche Blick in die bayerische Hochebene bis München entschädigte für alles ebenso wie die atemberaubende Tiefe des Nordhanges über dem Eibsee. Als dann der Abstieg begann, war noch alles, was auf dem am Vortag so leicht erstiegenen Grat feucht war, gefroren. Wir mußten einige Vorsicht wahren, da wir weder Seil noch sonstige Hilfsmittel besaßen, kamen aber glücklich hinunter und eilten im Gewaltmarsch talwärts, indem noch einmal alle gesammelte Kraft freudig angespannt wurde. Dann aber war wieder einmal jener Augenblick eingetreten, in dem selbst unsere jugendliche Eindrucksbereitschaft gesättigt und selbst erschöpft war. Zwar kehrten wir noch in München in der Leiberkaserne ein, wo der Versuch, dem Exerzieren der Rekruten mit staunender Kritik zuzusehen, uns freilich einen jeden Preußen beschämenden großen Anpfiff des Leutnants zuzog, der gar nichts mehr von österreichischer Liebenswürdigkeit besaß. Aber beim ersten Versuch nach der Betrachtung der alten Pinakothek, uns München anzusehen, mußten wir feststellen, daß städtische Eindrücke auf uns nicht mehr zu wirken vermochten, so daß Westphal und ich so schnell wie möglich im Bummelzug vierter Klasse nach Halle zurückkehrten.

Es gab beim Empfang noch eine kleine Überraschung, die von uns nie vergessen wurde. Der Wandervogel pflegte in jenen Jahren als Vorläufer später allgemeiner Gebräuche mehr als einmal unliebsames Aufsehen zu erregen. Es gab in Mitteldeutschland schon jedesmal einen leichten Straßenauflauf, wenn wir mit unseren Skiern durch die Stadt zur Bahn zogen. Die Sommerhitze hatte uns nun aber in Passau veranlaßt, uns samt und sonders nach gut bayerischem Vorbild die ersten kniefreien Hosen unseres Lebens zu kaufen und unsere braven, aber heißen Manchesterhosen wohlverpackt im Paket nach Hause zu senden. Das Aufsehen in den Straßen Halles – zum Glück lag die Königsstraße nicht weit vom Bahnhof entfernt – war nicht gering, als wir in dieser Aufmachung an einem strahlend heißen Sommernachmittag unseren Einzug hielten. Daheim hat meine gute Stiefmutter doch wohl einen schweren Schlag verspürt, als sie uns so erblickte. Ein kleines Erlebnis der Nachkriegszeit, das sich mir ebenso fest eingeprägt hat, zeigt deutlich, welche Revolution dieser Übergang der Jugend zu leichterer Sommerkleidung damals noch bedeutete. Wir gingen von nun an auch in die Kollegs, wenn nicht in der kniefreien Hose – das wagten wir doch nur höchst selten, wenn es vor Beginn einer Wanderfahrt schwer zu vermeiden war –, aber doch wenigstens in dem ebenso verpönten, neu aufkommenden und von uns damals sehr geliebten breit umgelegten Schiller- anstatt des schrecklichen allein zulässigen steifen Stehkragens. Als ich 1920 aus der Kriegsgefangenschaft zurückkehrte und mein Lehrer Fester mich durch Zufall sofort Albert Werminghoff als Heimkehrer vorstellte, empfing dieser mich, der ich inzwischen Offizier geworden war und mir das ganze Selbstgefühl des Leutnants angeeignet hatte, sofort mit den Worten: Er erinnere sich mit voller Bestimmtheit an mich; ich habe doch mit einem Jenenser Freunde, Carstens, in seiner letzten Vorkriegsübung während des Sommersemesters 1914 stets als erster in der hintersten Reihe mit dem Schillerkragen gesessen. Das war mir im Augenblick gar nicht einmal sehr angenehm, aber wir mußten jetzt nach dem Kriege schnell feststellen, daß das, was wir damals als kecke und isolierte Wagehälse begonnen hatten, inzwischen Allgemeingut aller Schichten geworden war und jeden Reiz des Aristokratisch-Individuellen verloren hatte.

Mannigfache Pläne für eine Wanderung des Jahres 1914, die diesen Rekord der Italienfahrt noch übertreffen sollte – wir dachten vor allem an Hohe Tatra und Karpaten –, wurden im Jahre 1913/14 gesponnen. Sie sind nicht zur Ausführung gelangt, weil im Augenblick des Semesterendes der Weltkrieg ausbrach. Ich habe die Karpaten und die Schneegipfel der Tatra nicht als Wanderer, sondern als Kriegsfreiwilliger auf dem Transport von Frankreich zur Ostoffensive des Frühjahrs 1915 zum ersten und bisher einzigen Male von der Bahn aus gesehen.

Die Poesie der Wandervogelbewegung stand so auch hinter der ganzen Dauer meiner drei Studienjahre in Halle und ließ den Abstand von Freiburg nicht allzu sehr empfinden, obwohl die Sehnsucht nach dem schönen Süden lange genug nachwirkte. Hier und da wurde erwogen, ob ich noch einmal eine andere Universität besuchen sollte. Das war nicht vorgesehen, weil mit dem Eintritt Eberhards in die Marine 1913 nun auch die Berufsausbildung meiner jüngeren Geschwister belastend begann. Aber mein guter Vater war persönlich schließlich doch bereit, mir unter Umständen diese Möglichkeit zu gewähren. In den beiden ersten Semestern (3. und 4.), die dazu am geeignetsten waren, wurde ich jedoch in Halle festgehalten, weil ich mein Turnlehrerexamen ablegen wollte und daher an einen Universitätswechsel nicht denken konnte. Als dann die Entscheidung spruchreif wurde, stellte sich heraus, daß meine Eltern aus Sorge vor den Versuchungen der Großstadt mich nicht gern nach München oder Berlin gehen lassen wollten, obwohl diese nach ihrer Besetzung in Geschichte nach Freiburg allein so recht in Betracht kommen konnten und auch gerade in Berlin – ganz abgesehen von unserer Wandervogelimmunisierung für viele Gefahren – zahlreiche Verwandte vom Vater wie der Mutter her mich sicher eingerahmt haben würden. Ich selbst aber hatte nach Freiburg keine rechte Neigung, an eine neue Mitteluniversität – etwa Kiel oder Marburg – zu gehen, die landschaftlich wahrscheinlich einen Rückschlag bedeutet hätte und mich im Studium nach Meinecke, Below und Finke zu enttäuschen drohte. So verzichtete ich schließlich selbst, da ich auch vom halleschen Wandervogelleben und meinem Freundeskreis mich immer stärker festgehalten fühlte. Zum mindesten der Unterricht bei Richard Fester war auch so, daß ich mich im Studium in Halle wohlzufühlen begann, obwohl ich gegenüber den großzügigeren Freiburger Verhältnissen dauernd in meiner Vaterstadt Lücken verspürte.

Nach der hinreißenden Poesie des Studienanfangs begann langsam, aber stetig wachsend die Prosa der Examensvorbereitung unter nicht immer ganz leichten Personalverhältnissen aufzusteigen. Am wenigsten traf dies zu für die Ablegung meines Turnlehrerexamens im dritten und vierten Semester. Die in jener Periode hierfür beanspruchte Zeit war beschränkt und entzog dem wissenschaftlichen Studium nicht allzu viel Zeit. Allerdings hatte man im Winter abends täglich zwei Stunden Geräteturnen, die auch einen geübten Körper sehr stark beanspruchten, was der Kollegbetrieb am folgenden Tage doch deutlich spürte. Die sachlichen Anforderungen blieben aber – bis auf ein wenig schwedische Gymnastik, die mir neu war – eher hinter dem zurück, was wir selbst schon im Schülerturnverein gekonnt hatten, so daß das Ganze doch eher eine willkommene Körperschulung bedeutete. Die Gymnastik im Sommer brachte außer ein wenig Leichtathletik in der Hauptsache nur die uns aus der Schule vertrauten alten Turnspiele, in denen ich nicht glänzte und auch jetzt nicht viel dazulernte. Mehr Freude bereiteten mir die Probestunden an halleschen Schulen als erster Versuch eigener Unterrichtstätigkeit, bei dem mir zugute kam, daß ich in Schulklasse und Turnverein bereits als Vorturner jahrelang mich auf eine solche Tätigkeit vorbereitet hatte. Eine reine Freude war schließlich im letzten Vorkriegssemester der nur einen Monat – den Juli 1914 – umfassende Schwimmlehrerkurs, der infolge des drohenden Kriegsausbruchs noch eine Woche verfrüht durch eine Art Notexamen geschlossen werden mußte. Wir lernten auch dabei nicht allzu viel. Der Unterricht in den verschiedenen Schwimmtechniken war höchst mangelhaft und wurde wenig ernsthaft betrieben. Wir tauchten – im Unterricht für das Rettungsschwimmen – nach Flaschen auf dem Grund der schmutzig gelben, nicht allzu tiefen Saale, die nicht von den sie haltenden Leinen losgemacht wurden; man brauchte nur den Kopfsprung so einzurichten, daß man die Leine zwischen Füße oder Arme zu fassen bekam, um die zu suchende Flasche mit Sicherheit und ohne zeitraubende Anstrengung aufzufinden. Als Gewinn blieb ein lebhaft angeregter Wettbewerb im Lernen der verschiedenen Sprungarten übrig, der gewissermaßen ein fortgesetztes Turnen bedeutete, meiner Veranlagung entsprach und mit willigem Eifer betrieben wurde. Das Ganze duldete keinen Vergleich mit der Nachkriegsausbildung für Turnlehrer im Hauptfach, die mehrere Jahre umfaßte und wesentlich lehrreicher, aber auch anspruchsvoller und so belastend war, daß die Turnkandidaten, insbesondere die Turnstudentinnen, regelmäßig die größte Mühe hatten, in ihren theoretischen Fächern nicht hoffnungslos auf den Hund zu kommen. Ich habe als Lehrer und Prüfer bei mehr als einem Falle verzweifelte Rettungsversuche aus diesem Grunde unternehmen müssen. Gewiß war dafür die Ausbildung unserer Nachfolger, besonders in Gymnastik, wesentlich besser, aber ich bin doch nicht recht sicher, ob nicht eine Übersteigerung und oft eine unzulässige körperliche Überanstrengung durch Überhetzung vorlag. Das trat mir besonders bei der jetzt ebenfalls neu einbezogenen Skiausbildung im Winter entgegen, an der ich zweimal als eine Art Schlachtenbummler im Großen Walsertal teilnahm. Die Vorbildung war für dies alpine Gelände in keiner Weise genügend. Besonders für die Studentinnen war daher die Anstrengung eigentlich regelmäßig viel zu groß, – soweit sie nicht, was in Halle selten war, schon vorher im privaten Leben einigermaßen reichlich auf den Brettern gestanden hatten. So waren schwere Überanstrengungen und entsprechende Enttäuschung an dem schönen Wintersport nach meiner Beobachtung nicht selten. Die Freude an dieser ganzen Ausbildung stand – trotz aller Sportbegeisterung der Nachkriegsgeneration – oft genug nicht im richtigen Verhältnis zu der aufgewandten Mühe. Im ganzen hatte ich gegenüber diesem zweifellos gründlich modernisierten und technisch wirksameren Unterrichtsgang doch immer leise Zweifel, ob er nicht des Guten zuviel verlangte, wo bei uns in mancher Richtung, besonders was die Gymnastik betraf, zweifellos zu wenig geschehen war.

Während das Turnen mir keine Stunde Sorge bereitete, hätte mir die Anglistik Sorgen genug bereiten müssen, wenn ich sie nicht praktisch dadurch erledigt hätte, daß ich sie weiterhin einfach links liegen ließ. Allmählich bildete sich aber auch für mein germanistisches Studium ein merkwürdig gemischter, nicht mehr recht befriedigender Zustand heraus. Ich habe in diesem großen Fache, zu dessen literaturgeschichtlichem Teil mich ernsthafte historische Neigung zog, viel Freude erlebt, aber auch alle Bedenken und Gefahren der Freiheit des deutschen Universitätsstudiums bei nicht völlig genügenden Lehrkräften reichlich am eigenen Leibe kennengelernt, die bei der freilich unentbehrlichen Bedeutung des Forschers neben und vor dem Lehrer im Universitätsdozenten immer wieder erscheinen müssen. Vieles, was ich später selbst als Dozent durch intensive Bemühung um den Einzelnen, vor allem den Anfänger, zu erreichen bestrebt war, geht auf diese Erfahrungen der eigenen Studentenzeit zurück, in der noch nicht wie später verbreitete Mängel der Schulbildung für die Schattenseiten des Universitätsunterrichts verantwortlich gemacht werden konnten. Die Germanistik war in Halle während der Jahre meines Studiums mit Ph. Strauch, Saran, Otto Bremer und Kurt Jahn[23] wissenschaftlich durchaus ernsthaft und würdig besetzt, wie denn der Rang der halleschen Hochschule im ganzen noch wesentlich höher stand als nach dem Weltkrieg. Noch immer lag etwas von dem

[23] Philipp Strauch (1852–1934), Germanist, lehrte ursprünglich in Tübingen und von 1893 an in Halle. Er hat sich vor allem mit der deutschsprachigen Literatur des späten Mittelalters und Fragen der Mystik beschäftigt; auf ihn gehen zahlreiche Texteditionen zurück – Bremer: s. Anm. 8, – Jahn: s. Anm. 12. – Franz Saran (1866–1931), Germanist, lehrte seit 1905 in Halle, später in Erlangen, Herausgeber der *Jenaer Liederhandschrift* (1901) sowie der *Bausteine zur Geschichte der deutschen Literatur* (seit 1909), Verfasser zahlreicher Studien zur Metrik- und Verslehre.

Schimmer der zweiten preußischen Universität auf der Vereinigten Friedrichsuniversität Halle-Wittenberg. Berufungen und ihre Annahme zeigten, daß die Entwicklung Halles zur Fabrikstadt noch nicht entfernt so schreckend wirkte wie nach 1918, als die Saalestadt zuerst durch die revolutionären Unruhen der ersten Nachkriegsjahre stark in Verruf geraten war. Leider war in der Kombination Strauch – Saran – Bremer das philologische Moment ganz überwiegend – auch Sarans nüchtern-verständige Art gehörte ihm ganz an –, während meine persönliche Neigung dazu recht mäßig war. Saran war unstreitig der beste Lehrer dieser Dreiheit. Er stellte aber in seinen praktischen Übungen zur historischen Grammatik solche Anforderungen an bereits präsentes und den Stoff beherrschendes Wissen, daß ich als Anfänger nur mühsam und zum Teil gar nicht mitkam. Als ich dann höhere Semesterzahlen erreichte, war er bereits nach Erlangen fortgegangen. Der gute Vater Ph. Strauch war ein Ehrenmann von unbedingt reinem Charakter und seltener wissenschaftlicher Hingabe an seinen Beruf. Ich werde nicht vergessen, mit welcher Anteilnahme und Rührung er sich als Protokollant bei meinem Staatsexamen seines früh gefallenen Kollegen Jahn erinnerte und welche warme menschliche Anteilnahme er als Lehrer wie später als älterer Kollege jedem Jüngeren stets zeigte. Von Furcht vor ihm konnte um so weniger die Rede sein, als sich sein Gedankenkreis in einigermaßen festgelegten Bahnen bewegte. Für keinen zweiten Lehrer meiner Studienzeit haben so ausgearbeitete und umfassende Fragebogen über die im Staatsexamen und Doktorexamen vorauszusehenden Klippen bestanden wie bei ihm. In der Vorlesung erstickte er aber leider jedes interessante Problem unweigerlich durch einen Wust langsam und umständlich vorgetragener Literaturangaben und breit ausgesponnener Einzelerörterungen, so daß es fast unmöglich war, bei ihm zum Kern der Sache vorzudringen. Vor allem fehlte ihm die zusammendrängende Schlagkraft, die gerade der germanistische Dozent braucht, wenn seine Schüler ohne allzu großen, in diesem Riesenfach einfach untragbaren Zeitverlust in die gewaltige Summe unentbehrlichen konkreten Wissens über alle Stufen der historischen Sprachentwicklung vom Gotischen über Alt- und Mittelhochdeutsch bis zum Neuhochdeutschen, das freilich noch nicht ganz die große Rolle wie nach dem Weltkrieg spielte, eingeführt werden soll. Was in Halle schmerzlich fehlte, war damals ein junger Dozent, der wie Hans Schulz in Freiburg wirklich gute, grammatisch präzise und schulmäßig lehrreiche Einführungen in diese historischen Sprachstufen hätte geben können. Ich lernte dadurch weder Mittel- noch Althochdeutsch mit der nötigen zeitlichen Beschleunigung und scheute im Bewußtsein meiner Lücken auch vor dem Aufnahmeexamen in das germanistische Proseminar zurück, durch das man hindurchgegangen sein mußte, ehe eine Zulassung zu den mich anziehenden eigentlich literaturgeschichtlichen Übungen für die Oberstufe zulässig war. Erst unmittelbar vor Kriegsbeginn fing ich als vorgeschrittenes Semester endlich an, mir diejenigen konkreten Kenntnisse der althochdeutschen und mittelhochdeutschen Grammatik zu verschaffen, die außer dem mir seit Freiburg vertrauten Gotisch notwendig waren, um die für das Proseminar vorgesehene Aufnahmeprüfung abzulegen. Ich bin dann niemals mehr dazu gekommen, sie zu machen, und bin nach dem Kriege wesentlich als Autodidakt in das Staatsexamen gegangen, was die ganze philologische Seite der Germanistik anbetraf. Eine gewisse Verschüchterung, die durch die paläographischen Erfahrungen bei Finke in Freiburg entstanden sein mochte, hemmte mich noch stärker, als wohl nach meiner sonstigen Veranlagung notwendig gewesen wäre. Das Ergebnis war, daß ich im Grunde erst während der französischen Kriegsgefangenschaft (1917–1920) mich aus eigenem Antrieb durchgreifend zur Ausfüllung dieser Lücken aufraffte und dort an der Hand der gangbaren Lehrbücher (Braune und Paul) das Althochdeutsche wenigstens notdürftig, das Mittelhochdeutsche wohl leidlich passabel mir zu eigen machte. Von Strauch habe ich allerdings durch einige liebevoll ausführliche Interpretationskollegs zu Hartmann von Aue für das Mittelhochdeutsche doch wesentliche Grundlagen erhalten. Jedenfalls spricht dafür, daß ich schon vor dem Weltkrieg auf eigene Faust mit ausgebreiteter Lektüre mittelhochdeutscher Literaturwerke begonnen hatte. Immerhin hatte ich doch in Halle nicht ein einfaches Vakuum für den germanistischen Teil meines Studiums zu verzeichnen. Ich wendete mich in meiner Notlage zu dem bereits betagten Extraordinarius Otto Bremer, der zwar ebenfalls in Vortrag und Denkweise ein langsamer und schleppender Lehrer war, auch er in Gefahr, wie so viele Philologen in dem Reichtum seiner Einzelgelehrsamkeit zu ersticken. Bremer hatte manch merkwürdige äußere Angewohnheiten, die ihn geradezu als Original erscheinen ließen. Unter anderem konnte er niemals zur Zeit in die Vorlesung kommen und stürmte jeden Tag erst lange nach dem akademischen Viertel die Treppen zum Universitätsplatz hinauf, um dann atemlos von der eiligen Höhenbesteigung zu dem im obersten Stock des Gebäudes gelegenen Auditorium zu gelangen, von dessen

Fenstern aus wir ihn seit langem amüsiert beobachtet hatten. Es dauerte dann regelmäßig einige Zeit, bis er in seinem Vortrag das von diesem Eilmarsch herrührende mitleidenswürdige Schnaufen überwunden hatte. Aber er war dabei doch ein selbständiger, nicht unbedeutender Kopf mit eigenen Ideen, die man trotz der gelegentlich skurrilen Form langsam schätzen und achten lernte. Im Grunde war er wohl eine stärker schöpferische Begabung als die neben ihm stehenden Ordinarien des Faches und jedenfalls ein Mann, der bei mancher Verschrobenheit in seiner persönlichen Wissenschaft nie auf eigenes kritisches Denken gegenüber überlieferter Autorität und gangbarer Lehrmeinung der Zeit verzichtete. Seine historische Grammatik und seine Vorlesung über das Nibelungenlied vermochten trotz aller Mängel in der Form Dauerndes zu geben und sind mir in dankbarer Erinnerung geblieben, während ich für seine Leistungen als Sprachforscher im engeren Sinne (Dialektforschung) erst nach meiner Studentenzeit genügend Verständnis erlangte.

Zu einem ganz freien Aufatmen kam ich aber doch nur bei dem noch jüngeren Kurt Jahn, der im Grunde allein eine moderne, dieses Namens würdige Literaturgeschichte darbot. Ich habe keine seiner Vorlesungen versäumt und von Opitz bis zur Romantik allmählich die ganze neuere deutsche Literaturgeschichte bei ihm in gediegen ausgearbeiteten und auch in der Form den Ansprüchen des Historikers voll zusagenden großen Vorlesungen gehört, die für mich der liebste und dauernd wertvollste Teil des germanistischen Studiums geworden sind. Sie machten es ihrem Hörer möglich, auch nach dem Studium mit der weiteren verfeinernden Entwicklung der Literaturgeschichte in Verbindung zu bleiben, so daß ich mit tiefer Trauer erfuhr, daß gerade er ein Opfer des Weltkrieges geworden war, nachdem er literarisch nur zum Abschluß eines schönen Buches über Goethes Dichtung und Wahrheit gekommen war. Zum Glück lebte seine liebenswürdige Persönlichkeit auch im Kreise der Kollegen mit gleicher Stärke fort, wie im Herzen seiner Hörer. Als ich mich nach dem Weltkrieg zum Staatsexamen stellte – erst bei Unger,[24] nach dessen plötzlichem Fortgang von Halle bei Strauch, um schließlich überraschend

[24] Rudolf Unger (1976–1942), Germanist, gehörte zu den Universitätslehrern, die es nie lange an ein und derselben Hochschule aushielten: 1911 sehen wir ihn in München, 1915 in Basel, 1917 in Halle, 1920 in Zürich, 1921 in Königsberg, 1925 in Göttingen, wo er dann auch verblieb.

Bremer zugewiesen zu werden, obwohl ich bereits alle Fragebogen für den guten Vater Strauch mir ausgiebig zu eigen gemacht hatte und mich nun plötzlich noch einmal gründlich umstellen mußte –, brauchte ich nur zu sagen, daß ich in der Hauptsache Schüler von Jahn gewesen sei, um bei Bremer wie bei dem protokollführenden, sichtlich durch die Erinnerung an Jahn bewegten Strauch die großzügigste Rücksicht auf diese Tatsache zu finden. Ich weiß nicht, was ohne diesen Lehrer aus meinem germanistischen Studium geworden wäre, bei dem ich ebenso wie in der Anglistik die Erfahrung hatte machen müssen, daß es mir bei aller Liebe zum Fach und zur Arbeit überhaupt doch unendlich schwer fiel, an Dinge zu gehen, an denen ich kein natürliches, organisch erwachsenes Interesse und Verhältnis besaß.

Ein Fach, das sich im Vergleich mit Freiburg ebenfalls nicht ganz so entwickelte, wie es möglich gewesen wäre, sollte in Halle auch die Philosophie werden. In Menzers geschichtlichen Vorlesungen fand ich nach dem starken, wenn auch zunächst mehr persönlichen als sachlichen Eindruck Rickerts keine rechte Freude. So ging ich wesentlich zu dem tüchtigen Psychologen Krüger, der später nach Leipzig und Berlin weiter berufen wurde. Er interessierte mich so stark, daß ich mich weitgehend durch die damals noch moderne Experimentalpsychologie Wundtscher Prägung angezogen fühlte und mich auch bemühte, den völkerpsychologischen und geschichtsphilosophischen Ausbau ihres Urhebers kennen zu lernen. Das hat mir in diesem Stadium meiner Entwicklung manche Freude bereitet und sicher nichts geschadet, war auf die Dauer aber doch nicht recht fruchtbar, da die Verbindungen von dieser philosophischen Richtung zur klassischen Geschichte Rankescher Art, für die ich durch Meinecke gewonnen war und bei der ich durch Fester festgehalten wurde, letzten Endes doch nur schwach waren. Als ich nach dem Kriege nach Halle zurückkehrte, stand inzwischen Ziehen an der Stelle Krügers, mit dem ich mich noch sehr viel weniger befreunden konnte, da inzwischen auch meine eigenen Positionen schärfer geworden waren und ich nicht mehr die Harmlosigkeit des Anfängers besaß, der vor dem Weltkriege nebeneinander Kollegs der Rankeschen Schule hörte und in privatem Studium trotz aller Ketzerwarnungen Belows in Freiburg doch die Freude am Studium der weithin anregenden Schriften Karl Lamprechts – gerade der geschichtsphilosophischen und methodischen, weniger der zu breiten und formlosen Deutschen Geschichte – nicht ganz unterdrücken konnte.

So blieb als Bollwerk und Rückhalt, um das Studium weiter lebenswert zu machen, mein eigentliches geschichtliches Hauptfach. Altertum und Mittelalter lagen dabei weiter, eher noch stärker als in Freiburg, im Schatten. In alter Geschichte hatte ich während meiner Freiburger Zeit Griechische Geschichte bei Fabrizius[25] gehört, der eine gleich gediegene Einführung in die sachlichen und literarischen Probleme der klassischen Zeit von den Perserkriegen bis auf Perikles und während des nächsten Semesters auch des Peloponnesischen Krieges gegeben hatte. Sie hatte das Interesse lebendig gemacht, mich an die Literatur – von Curtius bis auf Beloch[26] – herangeführt, so daß die Beschäftigung mit diesem großen Fragenkreis später nie mehr ganz abriß. In Halle wirkte der typisch baltendeutsche, vornehm-müde Ernst von Stern, der etwas matt, aber doch befriedigend las, ohne allzu tiefen Eindruck auf mich zu hinterlassen. Schlechter stand es anfangs um das Mittelalter, für das ich sehr verwöhnt war. Hier wirkte noch der greise Lindner,[27] der aber nur noch ein Schatten seiner besseren Zeiten und Leistungen war – ein Fall, der gegenüber vielen entgegengesetzten, die Zwangspensionierung der Hochschullehrer nach dem Weltkriege als Wohltat hätte empfinden lassen können – jetzt ganz der Verfasser seiner breiten und doch recht flachen Weltgeschichte. Seine Vorlesungen waren so unerträglich geworden, daß ich mich nach wenigen Stunden nicht mehr zu ihrem Besuch aufschwingen konnte und auch das Mittelalter ungern für längere Zeit ganz aus meinem Kreis verschwinden ließ. Erst kurz vor dem Ausbruch des Weltkrieges kam dann mit Albert Werminghoff wieder frischeres Leben zum Durchbruch. Ich konnte bei ihm noch

[25] Ernst Fabricius (1857–1942) war Althistoriker und Epigraphiker. Von 1888 bis 1924 wirkte er in Freiburg. Er hat sich vor allem durch Forschungen zur kretischen, kleinasiatischen und griechischen Geschichte einen Namen gemacht.

[26] Ludwig Curtius (1874–1954), ein Ästhet unter den Althistorikern, wirkte in Erlangen, Freiburg und Heidelberg, widmete sich vor allem der römischen Geschichte, war 1928 erster Direktor des Deutschen Archäologischen Instituts in Rom. Sein Hauptwerk *Die antike Kunst* begann 1923 zu erscheinen. – Karl Julius Beloch (1854–1929) hat ebenfalls sehr lange in Rom gearbeitet, später in Leipzig. Verfasser einer dreibändigen Geschichte Griechenlands (1893–1904) sowie einer römischen Geschichte (1926).

[27] Theodor Lindner (1843–1919) war zunächst Professor in Breslau und Münster gewesen, ehe er 1888 für ein Vierteljahrhundert nach Halle ging. Seine kompendienhaften Werke zur deutschen Geschichte, zur Geschichte der Hanse u. a. glaubte er mit einer zehnbändigen auswalzenden Weltgeschichte krönen zu können. Seine liberale, laizistische, zuweilen antiklerikale Grundhaltung tritt dabei immer wieder deutlich hervor.

eine Papstgeschichte hören, die von der ausgebreiteten Gelehrsamkeit seiner Verfassungsgeschichte der Deutschen Kirche im Mittelalter (im Meissnerschen Grundriß) getragen war. Letzten Endes konzentrierte sich aber meine ganze Arbeitskraft mehr und mehr auf das Gebiet der mich übermächtig anziehenden Neueren Geschichte.

Leider hatte ich in Freiburg – vor allem als Hörer von Wolf – einen durchaus unberechtigten Argwohn gegen Nichtordinarien und Privatdozenten gefaßt, an den ich später in den Zeiten der nicht ganz leichten eigenen Anfänge als Dozent in Halle mehr als einmal reumütig zurückdenken mußte. Ich ging infolgedessen von 1912 bis 1914 weder zu dem mir später so großzügig entgegenkommenden Hasenclever, von dessen ausgedehntem Wissen ich manches hätte lernen können, noch zu Hartung, der als noch junger Dozent in Halle wirkte und eben seine Verfassungsgeschichte der Neuzeit schrieb. Erst nach dem Weltkrieg habe ich ihn als junger Studienreferendar einige Stunden besucht, ohne ihn jetzt wegen Kollision mit meinen Unterrichtsstunden längere Zeit hören zu können. Ich konnte so nur noch feststellen, was ich versäumt hatte.[28]

Es war die Folge dieses Vorurteils, daß ich noch einseitiger, als es nach den persönlichen Verhältnissen notwenig gewesen wäre, fast nur bei Richard Fester hörte, von dem ich kein einziges Kolleg dieser Jahre versäumte. Ich habe auf diese Weise bis auf Reformation und Gegenreformation bei ihm den ganzen Kurs der neuhistorischen Vorlesungen bis zur Bismarckzeit – zum Teil parallel zu Meinecke – gehört. Fester ist als der Lehrer, bei dem ich mich später habilitierte, zum Schicksalsmann meiner wissenschaftlichen Entwicklung geworden. Der Einfluß, den er auf mich, vor allem im ersten Nachkriegsjahrzehnt, ausgeübt hat, kann nicht hoch genug eingeschätzt werden. Ich verdanke ihm in den kritischen Augenblicken meiner Laufbahn von 1921 bis 1933 so unendlich viel Gutes und Förderndes, daß es

[28] Von den hier genannten Historikern (Wolf, Hasenclever und Hartung) hat anscheinend nur der letztere einen stärkeren Einfluß auf Herzfeld ausgeübt. Fritz Hartung (1883–1967), als Sohn eines preußischen Beamten in Lothringen geboren, hat sich stets den Fragen nach dem Wirken geschriebener Ordnungen auf den Verlauf der Begebenheiten gestellt. Von daher darf seine *Deutsche Verfassungsgeschichte vom 15. Jahrhundert bis zur Gegenwart* (1. Aufl. 1914) sowie sein Werk über *Hardenberg und die preußische Verwaltung in Ansbach-Bayreuth* (1906) wohl als sein wesentlichster Beitrag zur Geschichtswissenschaft angesehen werden. Von Halle ging er 1923 nach Berlin, wo er bis zuletzt Mittelpunkt eines Kreises ihn verehrender Schüler blieb.

undankbar wäre, den trüben Ausgang einer auch persönlich lange freundschaftlichen Beziehung und der ehrlichen Verehrung von meiner Seite in den Jahren nach 1938, als sich der Greis zum unbedingten Anhänger des Dritten Reiches entwickelte, auf diese früheren Zeiten zurückwirken zu lassen. Fester war, als ich zu ihm kam, bereits als Historiker umstritten. Nach den glänzenden Anfängen seiner Frühzeit, den Büchern über Machiavell, Wilhelmine von Bayreuth und die deutsche Geschichtsphilosophie der klassischen Zeit war seine literarische Produktion allmählich langsamer und zögernder geworden. Sie sollte immerhin nicht unterschätzt werden. Er hat doch noch nach dem Weltkrieg in vorgerücktem Alter seinen stacheligen, aber doch bedeutsamen Kaiser Karl geschrieben und ist, bis über das 80. Lebensjahr hinaus, von erstaunlicher geistiger Frische und gelehrter Regsamkeit geblieben. Die Übungen, die er in jenen Vorkriegsjahren über die Emser Depesche abhielt, wurden die Grundlage seines Buches über den Kriegsausbruch von 1870/71, das bis zur vollen Erschließung der amtlichen Dokumente nach dem Weltkriege in Schärfe der Kritik und Sorgfalt der Untersuchung unübertroffen war. Allerdings hatte er sich fortschreitend auf die Abfassung von peinlich exakten und kritisch scharfen, wenn auch unleugbar durch ein mühsam gebändigtes subjektives Temperament oft überspitzten Einzelstudien beschränkt. Das ließ ihn langsam neben Altersgenossen wie Meinecke, Hermann Oncken[29] und Erich Marcks zurücktreten, neben die er sich in seiner Frühzeit als gleichberechtigte Hoffnung des Faches hatte stellen können. Aber er war und blieb ein Mann der Vorkriegs- und Weltkriegsgeneration, in dem auch mir noch die alte, reiche Bildung des 19. Jahrhunderts und ihre unmittelbare Verbindung mit der klassischen Periode des deutschen Geistes lebendig

[29] Hermann Oncken (1869–1945) hat an zahlreichen Universitäten (Chicago, Gießen, Heidelberg, München) gelehrt, bevor er 1928 als Nachfolger Meineckes nach Berlin berufen wurde. Seine Werke galten vor allem den großen Themen der Reichsgründung und des deutschen Kaiserreiches. (*Lassalle*, 1904, *Rudolf von Bennigsen*, 2 Bde. 1910, *Die Rheinpolitik Napoleons III.*, 1926, *Großherzog Friedrich von Baden*, 2 Bde. 1926/27, *Das Deutsche Reich und die Vorgeschichte des Weltkrieges*, 2 Bde. 1933.) Mit den Machthabern nach 1933 geriet der Repräsentant der „bürgerlichen Geschichtsschreibung der Weimarer Republik" (Walter Frank) schon bald in einen ausweglosen Konflikt, der mit seiner Ausschaltung aus seinem Amt endete. (Vgl. seinen Aufsatz über die *Wandlungen des Geschichtsbildes in revolutionären Epochen* in der *DAZ* vom 13. Januar 1935 und Walter Franks skandalöse Entgegnung *L'Incorruptible. Eine Studie über Hermann Oncken* im *Völkischen Beobachter* vom 3./4. Februar 1935.)

entgegentrat. Nicht umsonst hat er als greiser Münchener Emeritus sich noch mit eingehenden Studien über die Helena im zweiten Teil des Goetheschen Faust beschäftigt. Das Maß der literarisch-künstlerischen, wenn auch streng in traditionell-klassischem Sinne, der musikalischen und philosophischen Bildung, das mir in ihm entgegentrat, ist mir dauernd in imponierender Erinnerung geblieben. Fester war ständig mit einer Fülle von Arbeiten und Interessen beschäftigt, die literarisch keinen Niederschlag gefunden haben, aber nicht übersehen werden durften, wenn man zu einer richtigen Einschätzung der geistigen Tragweite seiner Persönlichkeit kommen wollte. Aber seine streng zusammengefaßte, schließlich immer mehr epigrammatisch und sententiös zugespitzte Schreibweise, an der er unermüdlich im einzelnen feilte und konzentrierte, ließ ihn der literarischen Produktion gegenüber immer schwerflüssiger und zurückhaltender werden. Ein wenig Epikuräertum und Rücksicht auf seine trotz stattlichen Körperbaus nicht sehr feste Gesundheit – er hatte sich wohl frühzeitig überanstrengt und war in dieser Hinsicht etwas ängstlich und um sich besorgt geworden, außerdem von Natur aus unleugbar mit gewissen Zügen eines naiven persönlichen Egoismus behaftet – ist wohl auch dazu gekommen, um ihn im späteren Leben von allzu rücksichtsloser wissenschaftlicher Askese abzuhalten, die ja selbst ein Jakob Burckhardt verabscheut hat. Aber die innere Beweglichkeit des Geistes und der Reichtum seiner Interessen war in meinen halleschen Zeiten noch stets vorhanden. So beschäftigten ihn jahrelang Studien über das historische Porträt des 16. und 17. Jahrhunderts, über die er in guten Stunden hinreißend lebendig plaudern konnte. Er kannte seit seiner Arbeit über das Theater der Wilhelmine von Bayreuth die Musikgeschichte des 18. Jahrhunderts so gründlich wie nur ein Musikhistoriker von Fach – war er doch selbst hochmusikalisch und stets auch ein guter Klavierspieler – und vielleicht mit reicherem und lebendigerem kultur- und geisteshistorischem Hintergrund als mancher von diesen. So besaß er viele Möglichkeiten der Anregung, die weitere Fachkreise kaum mehr hinter dem öffentlich sichtbar werdenden, immer stärker polemisch erregten Schriftsteller vermuteten.

Seine großen Vorlesungen beschränkten sich vor dem Weltkriege auch in keiner Weise auf das Feld etwa der politischen Geschichte, so sehr ihm diese im Rankeschen Sinne im Vordergrunde stand. Vielleicht das Beste, was er uns geboten hat, war eine Vorlesung über die Französische Revolution, die zwar über die Anfangsjahre bis 1793 kaum hinauskam – darin war er ständig das Gegenteil Meineckes –, dafür aber nicht nur eine glänzende Einführung in ihre Historiographie, sondern auch in einer besonderen Wochenstunde eine getrennte Geschichte der englischen und französischen Aufklärung gab, die ein mustergültiges Beispiel einer ideengeschichtlichen Behandlung von Literatur- und Geistesgeschichte war, wie ich es in gleich anregender Weise kaum je im Leben wieder gehört habe. Dazu war er durch seine archivalische Früh- und Münchener Dozentenzeit, in der er aus finanziellen Gründen, wie er mir manchmal tröstend erzählte, bis zur gesundheitlichen Gefährdung an den Regesten der Markgrafen von Baden gearbeitet hatte, auch ein Kenner der spätmittelalterlichen Geschichte von hohen Graden. Er las eine Geschichte dieser Epoche seit dem Interregnum, die durch ihre an Ranke geschulte Weite des Gesichtskreises, durch allseitige Durchdringung und Beherrschung dieses damals meist im Stoffreichtum untergehenden Zeitalters turmhoch über dem stand, was neben ihm Lindner oder auch die zu jener Zeit führende literarische Darstellung Loserths[30] (im Handbuch Below-Meinecke) gab. Auch das Schmeidlersche Handbuch der Nachkriegszeit ließ mich nur mit bedauerndem Erinnern an die großzügige, stets die ganze Breite der universalgeschichtlichen Zusammenhänge überblickende Behandlung denken.

Dieser wertvolle Gehalt steckte allerdings in einer nicht ganz leicht zu erschließenden Schale, die viele meiner Altersgenossen von seinem Unterricht einigermaßen zurückschreckte. Wie Meinecke war auch Fester des freien Wortes nicht ganz mächtig. Bei allem Selbstbewußtsein litt auch er an gewissen inneren Hemmungen, die seine Rede nur stockend, unsicher und mit überraschend leiser Stimme aus dem mächtigen Körper hervordringen ließ. So hielt auch er sich an ein genau ausgearbeitetes Manuskript, das mit verhältnismäßig leiser, trockener Stimme, dazu einigermaßen ohne Punkt und Komma, ohne wirklich belebende Akzente vorgetragen wurde. Schlimmer war für Durchschnittshörer, daß die Formulierungen dem Beispiel seiner schriftstellerischen Tätigkeit nachstrebten, die letzte Prägnanz und epigrammatische Schärfe des Ausdrucks über alles stellte. So war es nicht ganz leicht, ihm in der etwas schnellen Vorlesung wirklich zu folgen. Auch ich habe einigermaßen ringen müssen, ehe ich die

[30] Johannes Loserth (1846–1936), österreichischer Historiker, lehrte von 1875 an zunächst in Czernowitz, dann von 1893 bis 1917 in Graz. In seinen Arbeiten behandelte er vorzugsweise Wiclif, Hus, die Reformation und die Gegenreformation.

Schwierigkeit des gleichzeitigen Verstehens und Nachschreibens bei ihm wirklich meisterte. Dann besaß man freilich Kollleghefte, die in ihrer Art einen recht wertvollen Besitz darstellten, aber auch von einer persönlich nicht übertragbaren Eigenart waren, die später bei eigener Dozententätigkeit immer wieder Anregung gewährten, aber jedem Versuch der äußerlichen Aneignung zum Glück spröde widerstrebten. Auf jeden Fall überragte er an wissenschaftlicher Anregung und allgemeiner Kultur alles, was ich sonst in Halle hörte, zum mindesten in meinem eigentlichen Fach, so daß ich allmählich ganz in seinen Bann geriet und auch aus diesem Grunde nicht mehr an einen Wechsel der Universität dachte.

Ebenso problematisch für die Masse der Studenten und ebenso wertvoll für den empfänglichen Schüler, der ihm zu folgen vermochte und die Energie besaß, sich auf seine Anforderungen einzustellen, waren seine Übungen. Jede von ihnen beschäftigte sich selbständig mit einem wissenschaftlich-kritischen Problem, das nicht nur zu Lehrzwecken pädagogisch vor uns ausgebreitet wurde, sondern einen eigenen Ertrag wirklich vorwärtsführender Forschungsergebnisse anstrebte. Ich habe bei ihm über Rousseaus Contrat Social, Pufendorfs Severinus de Monzambano und zweimal über die Emser Depesche geübt und muß bekennen, daß jede dieser Übungen einen bestimmten Fortschritt meiner wissenschaftlichen Erziehung bedeutete. Den stärksten Eindruck hinterließen mir damals die Übungen über den Kriegsausbruch von 1870/71, deren Thema und Eigenart schon stark in den Kreis wissenschaftlicher Arbeit zur politikverbundenen neuesten Geschichte hinwies, der unsere ganze Nachkriegsgeneration jüngerer Historiker und gerade mich persönlich nach 1920 bei dem Erscheinen der großen deutschen Aktenpublikation anfangs so übermächtig in seinen Bann zog. Fester war gewiß schon bei diesem Thema nicht ganz frei von der stark subjektiven politischen Einstellung, die seine Arbeiten nach der Revolution vollends kennzeichnen sollte. Aber er war auch mustergültig durch den unbedingten Fleiß und durch die Exaktheit streng wissenschaftlicher Schulung, mit der er ein solches Problem anfaßte und bis in die Einzelheiten der Kursbücher des Jahres 1870 verfolgte – mit Mühe und Not hat er ein Exemplar bei der Preußischen Staatsbahnverwaltung auftreiben können –, um das eng verflochtene Netz der Verhandlungen zwischen Paris, Madrid, Ems und Berlin aufzudecken, das vor der Veröffentlichung des Aktenmaterials in der Nachkriegszeit mit solchen Mitteln angefaßt werden mußte, um ein Höchstergebnis zu sichern. Ich denke daher an diese Schülerjahre der Vorkriegszeit jetzt mit ungemischter Dankbarkeit zurück. Schon im Jahre 1913 hatte ich mir von Fester auch ein erstes Doktorthema geben lassen: über die öffentliche Meinung Preußens und den Ausbruch des Krieges 1866, das ich freilich bis 1914 nicht mehr beenden konnte. Nach dem Weltkriege ist es dann liegen geblieben. Ich hatte immerhin genug von ihm kennen gelernt, um bereits erste Bedenken gegen die Anziehungskraft und Fruchtbarkeit solcher Themen zur Geschichte der öffentlichen Meinung zu fassen. Ein sonderbarer Zufall des Schicksals fügte es dann so, daß meine erste Verlobte, Martha Jahn in Leipzig, nach dem Kriege genau das gleiche Thema durch Felix Salomon[31] gestellt erhielt. Es hatte noch immer keine genügende Bearbeitung gefunden. So konnte ich ihr wenigstens mit den Trümmern meiner Vorkriegsarbeit helfen, die auf diese Weise nicht ganz verloren gegangen ist. In dem, was ich bei Fester gelernt hatte, lag jedenfalls der bleibende Gewinn der halleschen Studienjahre bis 1914, der unverloren wirksam werden konnte, als ich nach den sechs Jahren der Unterbrechung durch Weltkrieg und Gefangenschaft endlich wieder zur wissenschaftlichen Arbeit zurückkehren durfte.

Die Stärke der Kriegseindrücke hat wohl bewirkt, daß mir das private Leben jener Jahre vor 1914 nicht so deutlich im Bewußtsein geblieben ist, wie bei anderen Lebensperioden. Vielleicht liegt es auch daran, daß es im ganzen doch die behagliche Bekanntheit von Elternhaus, Universität und Wandervogel eine Zeit ruhiger Sicherheit, des Fehlens neuer stärkerer Eindrücke und des stillen Wachsens und Gedeihens war. Ein ausgedehnter und reich bewegter Freundeskreis trug auch die Entwicklung der persönlichen Bildung unaufhaltsam weiter vorwärts. Aber nur eine nähere Prüfung derjenigen Bücher, die ich von der Inselausgabe der Goetheschen Werke damals schon erwarb und zur ersten bescheidenen Grundlage meiner späteren Bücherei machte, ihre Scheidung von dem, was erst in den Nachkriegsjahren hinzukam, würde eine genauere Absonderung ermöglichen, was mich damals schon stärker gefesselt und angezogen hat. Es ist doch wohl so, daß auf diesem innersten Gebiet persönlichen Wachsens die Jahresringe gerade dadurch ineinander verschwimmen, daß lebendiger Besitz, sich stets weiter wandelnd, auch durch

[31] Felix Salomon, Historiker in Leipzig, bemühte sich vor allem um Fragen der öffentlichen Meinung und der politischen Parteiprogramme.

die späteren Lebensperioden in kaum abtrennbarer Gestalt hindurchgeht. Dazu waren diese Jahre durch die reiche Anregung des Studiums in Literaturgeschichte und Neuerer Geschichte eine Zeit so umfassender Aufnahme und Lernbegierde, daß zunächst vieles einfach stofflich übernommen und eingegliedert wurde, was sich erst später zu bestimmter Gestalt und bestimmtem Verhältnis entwickeln konnte, als die Zeit der studentischen Rezeptivität überwunden war und in Verbindung mit der eigenen Lebensarbeit sich schärfere Formen der Stellungnahme zum aufgenommenen Bildungsgut herausbildeten. Nur so viel weiß ich mit aller Bestimmtheit, daß durch eine ausgezeichnete Vorlesung von Jahn schon damals eine starke Neigung zur deutschen Romantik lebendig wurde, die, in der Nachkriegszeit wieder aufgenommen, lange von bestimmendem Einfluß auf mich geblieben ist. Es ist wohl kaum zu verkennen, daß diese Neigung auch durch den Wandervogel stimmungsmäßig so stark vorbereitet und begründet war, daß das Gegenteil hätte auffallen müssen. Lauchstedt und das hallesche Theater, vor allem die Freundschaft mit Westphal waren stärkste fördernde Mächte in diesem Prozeß der Aneignung literarischer Bildungsmöglichkeiten. Nicht zu vergessen ist auch, daß im Wandervogel mehr und mehr sich Strömungen durchsetzten, die über die bloße Entlastung von großstädtischem Druck in der Natur hinaus suchten, überhaupt einen neuen Stil des freien und natürlichen Lebens zu finden, der über die bürgerliche Konvention der älteren Generation hinausführen sollte, ein Bestreben, das richtig oder irrig, jedenfalls unleugbare Stärke und die Echtheit eines von innen kommenden Bedürfnisses besaß. Diese Entwicklung erlebte 1913 ihren Höhepunkt mit der Tagung auf dem Hohen Meissner,[32] an der ich persönlich freilich durch einen Zufall nicht teilnahm. Wir alle standen ideell auf dem Boden der hier aufgärenden Gedanken und Forderungen und nahmen mit heißem Kopf an den anschließenden Auseinandersetzungen in der Öffentlichkeit teil, die bis auf den preußischen und bayerischen Landtag übergriffen, nachdem die ältere Generation erst einmal alarmiert war. Die Anregungen, die auf dem Meissner gegeben waren, beschäftigten auch uns ständig. Abstinenz und Ablehnung der Formen von Komment und überliefertem studentischen Verbindungswesen, tastendes Suchen nach Siedlungsformen

[32] Die Zusammenkunft auf dem Hohen Meißner fand im Oktober 1913 statt. Sie gilt als die Geburtsstunde der (unpolitischen) bündischen Jugendbewegung.

neuer Art, das Verhältnis der Geschlechter zueinander, kristallisiert um die Frage der gemeinsamen Erziehung und des gemeinsamen Wanderns von Jungen und Mädchen, im Jungwandervogel unter dem bedenklichen Einfluß der Blüherschen[33] Bücher auch das Problem des Verhältnisses von Knabe und Jüngling im klassischen Sinne beschäftigten uns ständig und führten zu heißen Kämpfen in unserem jugendlichen Kreis, über deren Erbitterung wir später wohl gelegentlich lächeln mochten. Altersgenossen wie der spätere Kunsthistoriker Ludwig Grote,[34] mit dem ich als Tertianer und Sekundaner in den Anfängen unserer Wandervogelkarriere noch sehr friedlich zusammengegangen war, wurden durch solche Gegensätze zeitweise völlig von uns getrennt. Man lieferte sich politisch-diplomatische Kämpfe und Kriege um den Besitz und die Leitung der Ortsgruppen, die zwar unblutig verliefen, aber immer wieder den gegenseitigen Herauswurf von uns „Führern" und ein erbittertes Wettringen um die Scholaren zur Folge hatten. Nach außen hin mag das Bild oft genug wirr und wüst ausgesehen haben. Zweifellos waren aber auch diese mit innerer Anteilnahme getragenen Konflikte ein Zeichen von der Lebenskraft der Bewegung, die uns – auf bescheidener Ebene vielleicht, aber doch ohne gebrochene Skepsis – gründlich ausfüllte. Nach dem Weltkrieg mußte dann wohl durch dritte Bekannte erst vorsichtig tastend angefragt werden, ob diese homerischen Kämpfe vergessen und vergeben seien, ehe etwa Grote und ich zu nun lang dauernder Bekanntschaft und allmählicher Freundschaft wieder zusammengeführt wurden.

Es ist mir nicht erinnerlich, daß wir in diesen letzten Vorkriegsjahren besonders besorgt in die Zukunft geblickt hätten. Unsere Familie war sicherlich tief innerlich an der Erhaltung des Friedens interessiert, seitdem mein Bruder Eberhard 1912 in die Marine eingetreten war und als Kadett auf den ersten großen Reisen, dann in der Mürwiker Kriegsschule seinen Aufstieg zum Seeoffizier begann. Aber die

[33] Hans Blüher (geb. 1888), selbst aus der Jugendbewegung kommender philosophierender Publizist, hatte durch sein 1912 erschienenes Hauptwerk Wandervogel der Bewegung zunächst starke Antriebe gegeben, stieß dann aber wegen seiner Stellung zur männlichen Gleichgeschlechtlichkeit zunehmend auf Ablehnung.

[34] Ludwig Grote (1893–1974) war viele Jahre Galeriedirektor in Dessau und nach dem Kriege Generaldirektor des Germanischen Nationalmuseums in Nürnberg. Seine Forschungen galten vor allem der deutschen Romantik. Sehr erfolgreich war er auch als Initiator bedeutender Kunstausstellungen.

Verwicklungen der Balkankriege und die ihnen folgenden diplomatischen Reibungen sind wohl zu undurchsichtig gewesen, als daß – mit der episodischen Ausnahme der Heeresvorlage von 1913 – uns die Gefährdung unseres ganzen Daseins so recht deutlich und vor allem dauernd deutlich gewesen wäre. Meiner Erinnerung nach scheint ihr Eindruck eher geringer gewesen zu sein als der der früheren europäischen Krisen von 1908 und 1911. Aber dazu fühlten wir uns im Wandervogel doch auch in lebhaftem Gegensatz zu dem offiziell abgestempelten Patriotismus und seine oft reichlich vergriffen und staubig gewordenen Formen. Wir empfanden uns zuversichtlich als aufsteigendes Geschlecht, das von der Hoffnung erfüllt war, diesen überlebten Formen einmal gründlich den Prozeß machen und eine neue, bessere Welt schaffen zu können, wie dies jede frische Jugend einer ruhigen geschichtlichen Zeit immer wieder geträumt hat. Als dann der große Brand des Jahres 1914 ausbrach, packte er uns dann aber doch nicht so überraschend, wie man danach denken könnte. Es machte sich nun bei aller dramatischen Wucht der Ereignisse geltend, daß wir doch ein Wetterleuchten nach dem anderen am europäischen Horizonte erlebt hatten und einigermaßen an den Gedanken gewöhnt waren, nach der langen Friedensepoche von zwei Generationen seit 1870 doch einmal wieder vor den Riss treten zu müssen. Auch der Wandervogel war, wie gerade der Hohe Meissner gelehrt hatte, trotz aller Opposition gegen die äußeren Formen bestehender Bürgerlichkeit doch schon durch das Erlebnis der Schönheit unserer Heimatlandschaft, durch die Versenkung in die Kraft und Eigenart des Stammeslebens von einer sehr tief liegenden, echten Vaterlandsliebe erfüllt, die es für selbstverständlich hielt, daß das eigene Vaterland auch im Reiche der menschlichen Idealträume führend sein müsse. So war auch in unseren Reihen alles zu dem Ver Sacrum vorbereitet, das der August 1914 von uns allen verlangen sollte. In den wenigen Wochen der Julikrise vollzog sich so schnell, daß die Erinnerung die einzelnen Abschnitte nachträglich nur noch annähernd erfassen kann, die Wandlung aus einem Dasein, das mit voller Zuversicht einem ungetrübten individuellen und in erster Linie privaten Streben hingegeben war, zu dem Entschluß, der Probe standzuhalten, die uns vom Schicksal bereitet wurde.

(Niederschrift: April 1944)

DRITTES KAPITEL

Weltkrieg und Kriegsgefangenschaft: 1914–1920[1]

Kriegsfreiwilliger 1914/15

Vorbereitet durch immer neue politische Krisen Europas, die einen abschließenden Zusammenstoß befürchten ließen, und doch ungeahnt in der Plötzlichkeit seines Hereinbrechens, trat der Erste Weltkrieg im Sommer 1914 in unser aller Dasein. Ich erinnere mich noch, daß ich, vom Baden kommend, mit meinen Brüdern zuerst in einer halleschen Vorstadtstraße nahe am Hettstedter Bahnhof auf einem Extrablatt die Nachricht von der Ermordung des österreichischen Thronfolgers las. Ich war immerhin genügend historisch geschult, um sofort ein fatales Gefühl zu haben.

Gerade in diesen Tagen und Wochen war mein Bruder Eberhard als frisch gebackener Fähnrich auf Urlaub von der Marineschule Mürwik bei uns. Er mußte unter anderem Reitstunden nehmen, um gegen Söhne feudaler Familien nicht zu sehr ins Hintertreffen zu kommen, und als er plötzlich abberufen wurde, übernahm ich schleunigst sein damals hochbegehrtes Abonnement und hatte wenigstens noch drei- oder viermal schulmäßigen Unterricht. Es war höchste Zeit und gut angewendete Mühe. Bis ich Leutnant wurde und plötzlich als

[1] Von diesem Kapitel, dessen Niederschrift zeitlich nicht genau festgelegt werden kann, liegen nur ein sehr umfangreiches Unterkapitel „Kriegsfreiwilliger 1914/15" sowie die ersten Seiten eines zweiten Unterkapitels „Leutnant im Kaiser Franz Gardegrenadier-Regiment Nr. 2" vor, das die Erinnerungen etwa bis zur Jahreswende 1915/16 enthält. Im wesentlichen handelt es sich um die Schilderung seiner Meldung als Kriegsfreiwilliger, seiner Kameraden und Vorgesetzten und – z. T. sehr detailliert – ausgestandener Kampfhandlungen. Es sollen hier nur die ersten Seiten wiedergegeben werden. Zu Herzfelds militärischem Werdegang seien an dieser Stelle noch einige Daten genannt:

Vertreter des Kompanieführers meine Mannen hoch zu Roß bei Besichtigungen und Gefechtsübungen anführen sollte, hatte ich dann nicht wieder Gelegenheit, mich mit der edlen Reitkunst zu befassen.

Das erste Signal, daß es ernst wurde, erfolgte für unsere Familie schon eine Woche vor der Mobilmachung. Eberhard wurde spät an einem heißen Sonntagabend – schon mitten in der Nacht – telegraphisch nach Mürwik zurückberufen. Die erste Mahnung und der erste schwere Schlag für unsere Eltern, vor allem unsere Stiefmutter, die alles nun Folgende mit der ganzen ihr eigenen tief intensiven Gefühlskraft durchlebte und durchlitt. Ich erinnere mich, daß diese Abreise auch für mich das Signal zu einigen schlaflosen Nächten wurde, in denen die ganze ungeheure Veränderung des Daseins innerlich durchgerungen werden mußte. Ich stand in einem mich ganz ausfüllenden Studium, dicht vor dem Abschluß, voll Hoffnung, irgendwie doch den Weg zu wissenschaftlicher Arbeit zu finden, wenn ich auch bei unserer großen Geschwisterzahl nicht wagen konnte, ohne weiteres an

10. August 1914 Eintritt als Kriegsfreiwilliger beim Infanterie-Regiment Nr. 93 in Dessau.
10. September 1914 zum Infanterie-Regiment Nr. 232 versetzt, an der Front seit 12. Oktober 1914.
1. Januar 1915 zum Infanterie-Regiment Nr. 77 in Celle versetzt.
17. August 1915 zum Reserve-Offiziers-Lehrgang nach Döberitz kommandiert.
15. Oktober 1915 zum Leutnant der Reserve im Infanterie-Regiment Nr. 77 befördert.
26. Oktober 1915 zum Kaiser Franz Gardegrenadier-Regiment Nr. 2 versetzt (2. Btl./ 8. Kp.).
8. September 1916 Bataillonsadjutant beim Füsilier-Bataillon daselbst.
5. Mai 1917 bis Februar 1920 französische Kriegsgefangenschaft (Lager Auch und Boyardville auf der Insel Oléron).

Fronteinsatz
1914 russische Front (Laozerze und Pisornitzken).
1915 Winterschlacht in der Champagne. Mai bis August 1915 Schlacht von Tarnow-Gorlicze und anschließende Verfolgungskämpfe.
1916 Stellungskämpfe bei Roye-Noyon.
1917 Doppelschlacht Aisne-Champagne.

Auszeichnungen
26. Juli 1915 EK II. Klasse.
8. Juni 1916 EK I. Klasse.
Sachsen-Meiningensches Ehrenkreuz.
(Angaben lt. Zentralnachweiseamt für Kriegsverluste und Kriegsgräber/Büro für Kriegsstammrollen Nr. St. G. 1079, H. 38, Berlin, 17. Januar 1939.)

eine Habilitation zu denken. Denn alles versank jetzt im Dunkel einer ungewissen Zukunft, die nur das eine bestimmt mit sich brachte: das Opfer eines großen Teiles jener Jugend, in der wir uns zukunftsfreudig und hoffnungsvoll bewegten. Die Stunde, in der man sich selbst zum Einsatz und zur Bereitschaft des Opfers entschließen mußte, war gekommen. Was wir in der Geschichte so oft berauschend gelesen hatten, stand jetzt in aller Größe und Härte vor den Toren. Was Wunder, daß diese stillen Stunden der Rechenschaft für alle sensitiveren Gemüter unserer Generation als Ausgang einer Friedenszeit von unvorstellbarer Sicherheit der Existenz eine schwere innere Krise, vielleicht eine der schwersten unseres ganzen Lebens bedeutet haben. Das aber ging dann, je weiter sich die Lage entwickelte, doch zum Teil unter in jenem Rausch allgemeiner Begeisterung, der die Mehrheit dieser kriegsentwöhnten Generation erfaßte. Wie in den Hauptstädten Europas wogten auch in dem bescheidenen Halle, das dazu kaum Veranlassung gab, Studenten und junge Leute in begeistertem Zuge durch die Straßen. Da man keine Monarchen zur Verfügung hatte, begnügte man sich damit, die Demonstration vor der Wohnung des Regimentskommandeurs der 36er abschließen zu lassen. Es war ein Oberst von Oertzen, dessen Jungen uns alle vom Wandervogel her gut bekannt waren. Der Älteste, Albrecht, ein unbedingt zuverlässiger, sauberer Junge, das Muster eines preußisch erzogenen Offizierssohnes trotz der scheinbar wenig dazu passenden Betätigung im Wandervogel, fiel schon in den allerersten Zusammenstößen im Westen, wohin er durch die Stellung seines Vaters als Fahnenjunker der 36er schnell ins Feld gekommen war.

Ich erinnere mich an die unheimlich gespannte Atmosphäre der letzten Vorlesungen, vor allem einer Stunde im Auditorium Maximum bei dem Psychologen Krüger, als gerade die verfrühte Falschmeldung des *Berliner Lokalanzeigers* über eine angebliche Mobilmachung nach Halle gekommen war, die mir Westphal noch zu Beginn der Stunde mit heißem Gesicht überreichte. Krüger schloß mit einem Appell an seine Hörer, der seinen tiefsten Eindruck erst machte, als wir ihn einige Tage später selbst als Kriegsfreiwilligen auf dem Kasernenhof der Feldartillerie-75er sahen, wie er allein in der Hut eines erprobten Wachtmeisters sich bemühte, die Grundgeheimnisse des Exerzierens beschleunigt zu erlernen.

Bei dem Rausch edelster Begeisterung, der die ganze deutsche Jugend erfüllte, war es selbstverständlich, daß niemand zurückbleiben wollte und konnte. Eberhard war schon zu den Fahnen gerufen. Ich war ja nur für die Studienzeit zurückgestellt und mußte mit sofortiger Einberufung rechnen, wenn es mir nicht gelang, vorher unterzukommen. Am Abend des Mobilmachungstages bat in einer tief bewegenden Szene mein erst sechzehnjähriger, überaus zarter Bruder Werner die Eltern, auch ihm die Erlaubnis zur Meldung als Kriegsfreiwilligem zu geben. Sie erfolgte, so schwer dieser Entschluß war, auf der Stelle, da weder mein Vater noch meine Mutter in echt altpreußischer Pflichtauffassung das Recht einer Ablehnung zu besitzen glaubten. Man kann darüber streiten, und selbst im Verwandtenkreise sind ihnen später gelegentlich bittere Vorwürfe gemacht worden. Aber auf jeden Fall repräsentierte ihre Haltung und ihre Entscheidung das Beste der vaterländischen Gesinnung jenes denkwürdigen August 1914, mag dieser Impuls durch Mißbrauch der nachfolgenden Generation auch noch so sehr entweiht worden sein. Und man kann nur wünschen, daß ein Gran jener Opferbereitschaft und jenes inneren Mutes zur Pflicht, der Millionen von Familien in jener Stunde durchdrang, sich auch einmal für Aufgaben des Friedens mobilisieren ließe und den Mangel an „Zivilcourage" verdrängte, der für den Deutschen bei allem Löwenmut auf Schlachtfedern in seinem Gehorsam vor jeder Obrigkeit oft charakteristisch geworden ist.

Es war in jenen Tagen vorübergehend leichter, den Entschluß zur Meldung als Kriegsfreiwilliger zu fassen, als zur Ausführung zu bringen. Tag für Tag waren die Kasernen überfüllt von einer Menge von Bewerbern, die wieder fortgeschickt werden mußten, weil der Raum trotz engster Belegung und weitgehender Zuhilfenahme von Bürgerquartieren doch nicht reichen wollte. Ich war mit Werner, Westphal und anderen W. V.-Kameraden zuerst draußen bei den 75ern in der Merseburger Straße. Westphal kam dort unter und hat den Feldzug bei diesem Regiment mitgemacht, bis er sich an der Somme die schließlich tödliche Verschlimmerung seines schon im Frieden bestehenden Herzleidens zuzog. Er hat sich letzten Endes bewußt geopfert. Mein Vater, der ja Stabsarzt der Reserve war, und der gut mit uns befreundete Dr. Schwenke hatten ihn bei der Einstellung durch Zufall zur Untersuchung bekommen und gleichmäßig gewarnt. Er hatte auf der Einstellung bestanden und war mit seinen Bitten durchgedrungen, gerade weil er uns so gut kannte. Die Zeit des Drückebergertums war wirklich noch nicht gekommen, und 1914 hätten alle besseren Elemente Versuche dieser Art mit Abscheu von sich gewiesen.

Nachdem wir bei den 75ern gescheitert waren, haben wir an einem der folgenden Tage wieder die Kaserne der 36er in der Reilstraße vom

Morgen bis zum Abend eines heißen Augusttages belagert. Schließlich wurden wir zur Untersuchung in das Garnisonlazarett am Paradeplatz gejagt, um dort aber nur zu erfahren, daß der Bedarf inzwischen bereits gedeckt sei. Werner gelang es anfänglich sogar, zur Einstellung zu kommen. Er wurde aber nach ein oder zwei Tagen Exerzieren – vielleicht wegen seiner Kleinheit und Zartheit – wieder hinausgeschickt, hatte nun Halle satt und fuhr schnurstracks nach Dessau, wo es ihm auch gelang, bei den 93ern angenommen zu werden. Ich bin ihm dann einige Tage später dorthin gefolgt. Sehr ungern zu Anfang, da die Masse meiner Wandervogelfreunde schließlich doch bei den heimischen 36ern untergeschlüpft war. Niemand konnte ahnen, daß das meine Rettung werden sollte. Von den etwa 28 Freiwilligen unserer ca. 100 Jungen zählenden Wandervogelortsgruppe sind ungefähr 24 gefallen. Davon weitaus die allermeisten schon beim ersten Einsatz von Ypern 1914, zu dem auch die Kriegsfreiwilligen der Universitätsstadt Halle nahezu ausnahmslos gelangt sind. Dadurch, daß mich das Schicksal zwangsläufig nach Dessau geführt hatte, kam ich in den Osten und in eine ganze militärische Entwicklung, die bewegter und abwechslungsreicher war, als wenn ich in die breite Bahn der Ypern-Kriegsfreiwilligen im Westen geführt worden wäre.

Immerhin wurde jede Stunde in Halle ohne die Uniform mehr und mehr eine Qual. Mein Elternhaus begann sich in ein Heerlager zu verwandeln. Jedermann, der sich ohne Familie in unserem Bekanntenkreis in Halle befand, war durch meine Stiefmutter zu jeder Tageszeit als Gast willkommen geheißen. Wir haben Mittagstische von zwanzig Personen, und das nicht als Seltenheit gehabt. Wir feierten den letzten Abend in der Heimat mit manchem Bekannten vor dem Ausmarsch. Ich sehe die kleine Edda noch vor mir, wie sie auf der Merseburger Straße, neben ihrer Mutter stehend, Blumen für Westphals Freund Alfred Riek heraufreicht, der hoch zu Roß als Artillerieunteroffizier im Augenblick des Ausmarsches vor uns hielt. In der Universität war alles in schnellster Auflösung. So fuhr auch ich, sobald es ging, nach Dessau, um diese drückende Zeit des Wartens abzukürzen.

Ich hatte Glück wie vor mir der kleine Werner. Dessau war weniger überfüllt, und nach kurzem Warten war ich als Kriegsfreiwilliger angenommen, verschwand in der Kleiderkammer auf dem Boden und paradierte bald in einem viel zu großen Exemplar einer verblichenen alten Friedensuniform aus den letzten Garnituren des Regimentes 93. Das Bild war wenig ermutigend. Als ich am nächsten Sonntag mich bei meinem Onkel Buff, einem entfernten Verwandten, melden wollte, der in Dessau höherer Bahnbeamter an leitender Stelle war, schloß das Mädchen mißtrauisch die Tür bis auf eine kleine Ritze und ließ mich erst nach längerer Verhandlung und Rückfrage bei ihrer Herrschaft ein. Als ich dann nach dem Essen schied, war ich gerettet. Beide Söhne waren nicht nur Soldat, sondern hatten auch im Frieden gedient. Der Zweite war nicht allzu groß, so daß ein von ihm stammender Einjährigenextrarock leicht für mich zurecht gemacht werden konnte. Zusammen mit einer weißen Sommerhose war ich damit wieder auf Kulturhöhe beim Ausgang und mußte für meinen schäbigen Dienstanzug nur bei der Idee leicht erröten, daß ich in ihm von Bekannten beim Ausmarsch auf der Kavallierstraße gesichtet wurde. Das war aber eben wegen seiner Scheußlichkeit schwierig und ist auch nie geschehen. Außer bei Buffs fand ich bald gastliche Aufnahme in der Familie eines Baumeisters, bei der Riewald in Quartier lag und Werner sich ebenfalls schon gastlich angesiedelt hatte. Es waren endlos viele Kinder, die Mutter gestorben, die älteste Tochter, handfest und energisch, in die Rolle einer etwas materialisierten Lotte Buff gedrängt, die uns ausgezeichnet versorgte. Es gab Tafelrunden und Butterbrotwettessen, die sich mit dem Vorbild unseres Elternhauses durchaus vergleichen konnten. Am liebsten war ich doch bei Buffs, wo der feingebildete Onkel, selbst Veteran von 1870, noch immer seine Gewehrgriffe an einem alten Beutegewehr zackig vormachte und zu ernster Unterhaltung über die Zeitereignisse zu finden war oder gelegentlich ein Spaziergang mit der im Hause lebenden Tochter, meiner Kusine Käte Buff, möglich war, die selbst später in Dessau Mutter einer kinderreichen Arztfamilie wurde.

Zum Glück brauchte ich nicht – wie Werner – in der wenig freundlichen Alten Kaserne am Ende der Kavallierstraße zu wohnen, sondern kam in Privatquartier, ganz in der Nähe, in der Familie eines Magistratsbeamten: Mann, Frau und erwachsene Tochter. Ich war dort in jenen patriotisch erregten Tagen, die sich bald durch die Flut der einströmenden anfänglichen Siegesnachrichten in grenzenlose Begeisterung steigerte, aufgehoben wie im siebten Himmel, verpflegt in einer Weise, wie es zu Hause kaum hätte sein können. Jeder Wunsch wurde uns an den Augen abgelesen, während uns selbst gelegentlich die Sorge zu bedrücken anfing, wir könnten zu spät ins Feld gelangen, wenn zum mindesten die wirkliche Entscheidung schon gefallen sei. Führung und Heimat standen aber vollkommen gleichmäßig unter dem Banne der Idee vom kurzen Kriege, von der Undenkbarkeit eines langen Ringens und neigten daher dazu, in jeder Nachricht über einen Teilsieg bereits die Gewähr für den nahenden Zusammenbruch der Gegner zu sehen.

Unsere Ausbildung war weniger vollkommen als die Unterbringung im Privatquartier und die auf eigene Faust bewirkte Lösung des Geselligkeitsproblems in dienstfreien Stunden und Tagen. Auf dem Kasernenhof mühte sich in den nächsten Tagen ehrlich ein alter Unteroffizier um uns, der selbst noch mit dem Gewehr 88 ausgebildet war und sich mit dem neuen Modell 98 bis zuletzt ebensowenig zurechtfand wie mit einigen inzwischen abgeänderten Kommandos. Wenigstens war er ehrlich und versuchte nicht, uns entgelten zu lassen, was ihn bekümmerte. Vielleicht der beste Teil der sechs bis sieben Wochen Ausbildung von Mitte August bis in die ersten Oktobertage war neben den elementaren Grundlagen des Exerzierens die Schießausbildung: wir haben immerhin öfters scharf nach der Scheibe geschossen, auch einige Male bei einer Art Felddienstübung Platzpatronen zur Verfügung gehabt, so daß wir notdürftig begriffen hatten, wozu ein Gewehr da ist. Das Scheibenschießen war für mich zunächst eine Qual. Ich schoß mit Brille miserabel und mußte fast immer als einer der beiden Schlumpschützen des Zuges bei der Rückkehr an seinem Schwanz den Patronenkasten mit durch Dessau tragen. Im Augenblick suchte ich die Ursache in der Brille, die ich als Schüler getragen, als Student bei meinen vielen Wanderungen mit günstigem Ergebnis abgelegt und jetzt aus Scheu vor dem Soldatentum wieder angelegt hatte. Nervosität und Unsicherheit gegenüber der neuen Aufgabe kamen wohl auch dazu. Jedenfalls habe ich später befriedigend geschossen: sowohl beim Offizierskurs 1915 wie später als Leutnant, der nach jedem Schießdienst seines Zuges sich selbst auf die Pritsche begeben mußte. Allerdings war ich von der Brille als Kriegsinstrument schnell wieder abgekommen, nachdem mir im Herbst 1914 in Ostpreußen drei Gläser während weniger Tage unbrauchbar geworden waren. Ich habe dann auch bei Patrouillen mit Aufmerksamkeit dasselbe erreichen können wie mit dem Glas. Höchstens ließ ich mich gern durch Kameraden mit erprobt guten Augen begleiten, die mich rechtzeitig auf etwas Verdächtiges im Gelände aufmerksam machten, was mir allenfalls entgangen war. Auch mit dem Schießen ging es seitdem ganz gut. In jener ersten Ausbildung hat es mir aber ein paar so bittere Stunden gemacht, daß ich auch aus diesem Grunde mit fiebernder Ungeduld dem Ausmarsch ins Feld entgegensah, der uns von diesen kleinlichen Seiten des Kommiß befreien sollte.

Etwa vier Wochen nach meinem Eintritt in Dessau, am 10. September, wurde uns beim Dienst die Frage vorgelegt, wer sich freiwillig zu einer Reservedivision melden wolle; es bestehe Aussicht, daß diese im Osten früher eingesetzt werde, als wir von Dessau dem aktiven Regiment als Ersatz nachgeschickt werden könnten. Das genügte, um mit Hunderten sowohl Werner wie mich zu sofortigem Vorspringen zu bewegen. Wir waren an das sehr gute Dessauer Regiment ja in keiner Weise innerlich gebunden und vermochten damals auch noch gar nicht den Unterschied zwischen aktivem, alt-historischem Regiment und einer jungen, eben erst in Aufstellung begriffenen Reserveformation zu ermessen. Ebensowenig ahnten wir, daß wir auch beim Verbleiben in Dessau wenige Tage später einer Reserveformation überwiesen worden und mit dieser gleich unseren halleschen Freunden nach Ypern gelangt wären, wo alle diese kriegsfreiwilligen Regimenter dann die gleiche furchtbare und sinnlose Bluttaufe erhalten haben.

Einige Tage nach unserer Meldung, die uns zum Reserve-Regiment 232 des berühmten 25. Reservekorps führte, marschierten wir in aller Frühe von Dessau aus, um im Lager Altengrabow bei Magdeburg mit Kontingenten anderer Städte zu einer ganzen Reservedivision zusammengestellt zu werden, die dort binnen vierzehn Tagen schleunigst für den Einsatz im Feld fertig gemacht werden sollte. Es war auf jeden Fall ein Gewaltstück, dessen Schattenseiten – eine Folge ungenügender Ausschöpfung der Wehrkraft im Frieden – wir gründlich am eigenen Leibe erfahren sollten. In Dessau hatten wir in ganz kleinem Stile Felddienstübungen versucht. Es waren Ausmärsche längs der über das Bahngelände führenden Chaussee, an der später die Villen und Siedlungshäuser der Bauhausangehörigen entstanden. Das Ganze war mehr Spielerei und Erholung vom Exerzierdienst. In Altengrabow wurde jetzt schleunigst versucht, das Versäumte nachzuholen. Kompanie-, Bataillons-, Regimentsübungen und einige Tage Auftreten im Gesamtverband der Division, mehr bescheidene Aufmarsch- und Entwicklungsübungen für unsere neuen Vorgesetzten als noch Ausbildung für uns. Die Truppe bestand aus ganz wenigen Aktiven, einer wesentlich größeren Anzahl von alten Landwehrleuten – sächsisches Material aus Halle, Altenburg, Leipzig –, meist Industriearbeiter mit einer selbst 1914 nur geringen Begeisterung, die sich von Anfang an auf den Standpunkt stellten, als Familienväter den gefährlichen Teil des Krieges möglichst uns „Kriegsfreiwilligen" überlassen zu müssen. Damit ruinierten sie natürlich zum Teil auch die bei uns anfangs ehrlich hochgehende Begeisterung. Für den Gebildeten war der Dienst nicht ganz leicht zu ertragen, weil Sauberkeit und körperliche Disziplin dieser Bevölkerungsschicht nicht sehr hoch standen. Ich erinnere mich mit tiefstem Entsetzen an den Gaskrieg, der bei nächtlichen Ausmärschen auf natürlichem Wege, aber mit Wollust und Leidenschaft geführt wurde. Es konnte einem davon wirklich schlecht werden, und ich habe später weder bei den 77ern, die freilich eine Gentlemantruppe waren, noch bei den Franzosen je etwas Ähnliches wieder getroffen. Für die Mentalität war es bezeichnend, daß in der Nacht vor unserem Ausmarsch die Baracken endlos von sentimentalen Liedern widerhallten. Das „Morgenrot, Morgenrot" mochte zur Not noch zu ertragen sein. Der Schlager der Stunde aber war das „Stürmisch die Nacht und das Meer ging hoch", als ob alle diese braven mitteldeutschen Sachsen ihr Leben lang nur mit Orkan und Seenot gerungen hätten.

VIERTES KAPITEL

Der Abschluß der Berliner Zeit

Untersuchungshaft 1943

Anfang Dezember 1942 hatten die Verhältnisse ergeben, daß Irmgard Kamlah[1] das Schlußkapitel der Wohnung in der Forststraße mit mir teilte. Während die Überführung der Möbel aus Zehlendorf durch Grotes[2] und der endgültige Tausch der Wohnung nach München immer brennender wurde, sah sie sich erneut, zum dritten Mal binnen Jahresfrist, aus ihrer bisherigen Wohnung herausgedrängt. Auch hier hatten die Verhältnisse zu den Wirtsleuten nicht stimmen wollen. So nahm sie jetzt das bisher stets abgelehnte Angebot an, in meiner gleichzeitig von Dr. Tönnies[3] verlassenen Wohnung eine Zuflucht zu suchen. Im Grunde sind wir in dieser Zeit wenig zusammengekommen. Ich setzte meinen umfangreichen Berliner Verkehr umsomehr ungeschmälert fort, als in den Häusern meiner Verwandten trotz der Zustimmung meiner Frau ein entsetzter Alarmschrei erhoben wurde, der bereits der späteren These von Einzelnen präludierte, daß ich Irmgard hörig geworden und dadurch ins Unglück gerissen worden sei. Irmgard Kamlah war beruflich überlastet, hatte schwer mit der umfangreichen Arbeit in ihrer neuen Stelle an der Bibliothek der

[1] Irmgard Kamlah (1901–1992) hatte 1934 mit einer Arbeit über *Karl Georg Maaßen und die preußische Finanzreform von 1816–1822* bei Herzfeld promoviert. Von ihrem Lehrer gefördert, war sie jetzt als Bibliothekarin am auslandswissenschaftlichen Institut der Berliner Universität tätig. Nach dem Kriege hat sie lange Jahre in der Wissenschaftlichen Abteilung des Deutschen Bundestages in Bonn gearbeitet, wo sie u. a. ein Bestandsverzeichnis nichtamtlicher Periodika (246 S., 1967) anlegte.

[2] Über Ludwig Grote vgl. ZWEITES KAPITEL, Studienjahre, Anm. 34. Herzfeld und Grote kannten sich seit ihrer gemeinsamen Wandervogelzeit in Halle, wo der Vater Grotes ein Baugeschäft besaß.

[3] Dr. Tönnies war eine frühere Schülerin von Herzfeld.

auslandswissenschaftlichen Fakultät in Berlin zu ringen und war außerdem leidend. Sie sah sich mit Schrecken nach einer Untersuchung ihres Rückgrates, an dem sie über stete Schmerzen zu klagen hatte, vom Arzt dazu verurteilt, so bald wie möglich ein Panzerkorsett auf mindestens ein Jahr zu tragen. Dazu fuhren wir beide zu Weihnachten vergnügt auf Urlaub zu unseren Familien, ich nach Freiburg, wo zum erstenmal seit 1938 ein von akuten Gesundheitsstörungen freies Weihnachtsfest gefeiert wurde.[4] Mit Frank war ich auch zwei Tage oben in Kappel bei Frau Straub,[5] die ebenfalls schwer krank gewesen war. So fehlten alle Gäste, und wir waren mehr als Besucher der Familie am Neujahrstage und 2. Januar dort oben, machten gleich am ersten Tage eine umfangreiche Skitour über den Hochfirst nach Saig, die zeigte, wieviel der Junge gelernt und wie sehr er sich gekräftigt hatte. Am 2. Januar wurden wir den ganzen Tag durch dichtes Schneetreiben im Hause festgehalten. Mühsam genug lief ich dann abends zur Bahn, während Frank vergnügt auf seinen Brettern die letzte, freilich nicht mehr sehr günstige Abfahrt machte. Da Irmgard anschließend an ihren Urlaub noch nach Kiel hatte fahren müssen, trafen wir erst Mitte Januar wieder in der Forststraße zusammen. Wenig später kam eines Sonntags von Frau Grote die telegraphische Nachricht, daß die Wohnung an einen Reichsbahnrat vermietet sei; ich war gerade in Nikolassee, und Irmgard teilte mir gebrochen die Hiobsbotschaft dorthin am Telephon mit. Durch die Berufsstellung des neuen Mieters entwickelten sich die weiteren Ereignisse mit einer für die Kriegszeit sonst ganz ungewohnten Schnelligkeit. Schon in den ersten Februartagen konnte der Umzug stattfinden. Während ich jetzt das mir seit langem angebotene sichere Refugium bei Oberstleutnant Dr. Gieraths[6] in Postdam beziehen

[4] Diese Bemerkung bezieht sich wahrscheinlich auf den Zustand von Herzfelds erster Frau Irmela, einer Tochter des Oberregierungs- und Schulrates Minck in Magdeburg, geb. 1903. Sie war schon 1937 an einer Tuberkulose erkrankt. Ihr Zustand wechselte häufig. Weihnachten 1942 scheint sie sich etwas wohler gefühlt zu haben. Die Familie hat bis zu ihrem Tode (11. März 1947) die Hoffnung auf eine Besserung in ihrem Befinden niemals ganz aufgegeben.

[5] Die Pension Straub in Kappel bei Lenzkirch im Südschwarzwald war ein bevorzugter Erholungsplatz für Herzfeld und seinen Sohn während der Kriegsjahre. Es war von dort aus nicht sehr weit zu dem von beiden gern aufgesuchten Luftkurort Saig.

[6] Oberstleutnant Dr. Günther Gieraths (gest. 1967 in Potsdam), später in Berlin-Lichterfelde wohnend, war ein enger Freund Herzfelds aus dem Ersten Weltkrieg. Als Beinamputierter hat er auch die ärztlicher Hilfe von Herzfelds Vater in Anspruch

konnte, allerdings in Abwesenheit seiner verreisten Frau, kalt und zunächst gegen die Forststraße ein entschiedener Rückgang im „Komfort" bei aller kameradschaftlich herzlichen Aufnahme durch den Hausherrn, sah Irmgard sich zunächst in heller Verzweiflung auf die Straße gesetzt. Eine neue Wohnung in Lichterfelde stand erst für den März in Aussicht. Als Zwischenlösung mußte eine Pension ins Auge gefaßt werden, die nach ihrer Verhaftung am 1. März durch das englische Bombardement zerstört wurde, so daß die Rettung ihrer ganzen Habe nur der inzwischen eingetretenen Katastrophe zu verdanken war. Auch hier blieb dann noch eine Woche, ehe sie einziehen konnte. Das Problem wurde nur dadurch gelöst, daß ihr Frau Neise[7] in rührendem Entgegenkommen anbot, solange in ihrer Wohnung unterzuschlüpfen.

Schließlich waren aber doch alle schwierigen Fragen gelöst. Am 1. Februarsonntag zogen wir auseinander: am folgenden Mittwoch sahen wir uns noch einmal in einem Furtwänglerkonzert, zu dem mir Fritz[8] Karten verschafft hatte. Beide waren wir unruhig und kamen nicht ganz zum Genuß des Schönen. Bei der Rückfahrt in dem dunklen Potsdamer Zuge deutete ich zum ersten Mal leise an, wie tief mich doch die persönliche Trennung nach dieser kurzen Episode berührte, in der beide bis zuletzt die volle Haltung bewahrt hatten. In einem der Gespräche der letzten Abende war Irmgard nach Erzählungen aus ihrem früheren, nicht leichten Leben noch einmal darauf zurückgekommen, daß sie niemals ohne Irmelas Zustimmung eingezogen wäre. Ich erzählte ihr zum ersten Mal, daß meine Frau in den Jahren der Krankheit zu ihr allein das Vertrauen gehabt habe, daß sie bei einem tragischen Ausgang Pflichtbewußtsein und Liebe genug besitzen werde, um Frank unter Umständen eine zweite Mutter zu werden. Ihre Antwort war die schlichte Feststellung, daß dieses Vertrauen also auch jetzt von uns beiden geehrt werden müsse. Jetzt im Zuge antwortete sie mir unvergeßlich nur, wir beide seien im Augenblick wie die Vöglein, die man aus dem Nest gestoßen hätte, aber auch das

nehmen müssen. Sehr wahrscheinlich hat er auch bei der Einstellung Herzfelds in der Kriegsgeschichtlichen Forschungsanstalt des Heeres mitgewirkt. Vorübergehend hat Herzfeld bei ihm gewohnt, wo er auch einen Teil seiner Bibliothek und Schriften zurückließ. Sie wurden nach dem Kriege von seiner zweiten Frau von dort abgeholt und nach Freiburg geschickt; der größere Teil der Bibliothek verbrannte jedoch auf dem Brauhausberg, dem Sitz der Kriegsgeschichtlichen Forschungsanstalt.

[7] Frau Neise war die Wohnungsvermieterin in der Forststraße 10.

[8] Siehe ERSTES KAPITEL, Jugend und Schulzeit, Anm. 5.

werde sich mit der Zeit wieder zuziehen. Beide waren wir ahnungslos von dem Kommenden, und noch am nächsten Tage ist sie nach dem Bericht von Frau Neise vergnügt und erfrischt zum Dienst aus der Forststraße fortgegangen. Sie war allerdings in den letzten Tagen oder Wochen beunruhigt gewesen, weil eine ihrer untergebenen Mitarbeiterinnen in der Bibliothek wegen Klatschereien fristlos entlassen war. Nach ihrer Aussage hätte sie selbst versucht, diese Entlassung zu verhindern, hätte sich dabei aber bei dem Direktor Gylich[9] nicht durchsetzen können. Nichts in ihren Erzählungen gab aber einen Anhalt, daß die Entlassung mit ihrem persönlichen Verhalten zu der fristlos Gekündigten zusammengehangen hätte. Nur soviel war deutlich, daß ihr der Vorgang höchst unangenehm war und sie stark beunruhigte.

Da meine Möbel noch in der Forststraße standen, kehrte ich am Freitag, dem 12. Februar vormittags, in diese zurück, um den von Herrn Wunderlich – dem aus München eingezogenen Reichsbahnrat – beschafften Spediteur zu erwarten. Ich klingelte bei Frau Neise, um mir den Schlüssel zum Kohlenkeller geben zu lassen, da ich hoffte, in Säcken einige der reichlich gesparten Briketts für mein kaltes neues Heim in Potsdam retten zu können. Das scheiterte, da Frau Grote den Schlüssel schon an Wunderlichs gegeben hatte. Vor allem öffnete mir aber Frau Neise die Tür sofort in heller Bestürzung: Irmgard war am Vormittag des 11. plötzlich in ihrem Büro verhaftet worden.[10] Schon gegen Mittag hatte eine Hausuntersuchung der Gestapo Frau Neises allein in der Wohnng befindlichen Sohn überrascht. Irmgards Sachen waren restlos durchwühlt, aber offenbar nur wenig

[9] Gylich war als Bibliotheksdirektor der Vorgesetzte von Frau Kamlah.

[10] Herzfeld hatte seiner Schülerin Frau Dr. Kamlah die Stelle verschafft. Daß beide in ihren gelegentlichen Unterhaltungen auch über die Zeitereignisse sowie über Hitler, die NSDAP und Krieg und Kriegsaussichten sprachen, war selbstverständlich. Über die persönliche Einstellung beider herrschte kein Zweifel. Frau Kamlah hat hierüber offenbar in ihrer Dienststelle unvorsichtig geplaudert. Ihr Gesprächspartner Dr. Förg, ein jüngerer, sehr karrierebewußter Mitarbeiter, dessen Namen man vergebens in späteren Autoren- und Katalogregistern sucht, hat sie offenbar angeschwärzt. Am 11. Februar 1943 wurde sie vom Staatssicherheitsdienst (Gestapo) festgenommen. In dem sich anschließenden Prozeß, bei dem sie von dem Rechtsanwalt und Justizrat Hercher verteidigt wurde, wurde sie zu einer Haftstrafe von einem Jahr verurteilt. Am 22. Februar 1944 entlassen und mit einem Aufenthaltsverbot für Berlin belegt, nahm sie vorerst Zuflucht bei ihren in Bad Driburg wohnenden Eltern. Herzfelds Festnahme erfolgte einige Tage nach der Verhaftung von Frau Kamlah noch im Februar „auf Grund kritischer Äußerungen zur militärischen und politischen Lage nach dem Fall von Stalingrad" (nach Herzfelds Worten).

mitgenommen worden, da vieles, vor allem Bücher und Korrespondenzen, sich schon in ihrem Büro befunden hatten. Auch in unserer Wohnung im ersten Stock waren die beiden Beamten gewesen, hatten festgestellt, daß sich noch eine Rundfunkantenne im Zimmer befand – wir hatten aber keinen Apparat besessen, und die Anlage stammte zum Glück noch aus der Zeit, in der Woldemar Troebst[11] 1941/42 bei mir gewohnt hatte – und auf Grund meines Namens wenig schöne Fragen an den jungen Neise gerichtet. Trotz oder gerade wegen meiner genauen Kenntnis von Irmgards ganzem Leben in den letzten zwei Monaten ahnte ich nicht, was geschehen war, sondern nahm als Schlimmstes an, daß sie vielleicht eine wenig glückliche Bemerkung im Büro gemacht hatte. So hoffte ich mit Frau Neise, daß die Angelegenheit sich verhältnismäßig leicht lösen würde. Die Beamten hatten eine Anschrift – die Leitstelle der Gestapo in der Burgstraße – hinterlassen. Wir beschlossen auf meinen Rat sofort, die Eltern unter keinen Umständen zu benachrichtigen und mit einem Alarmruf an ihren Bruder in Stettin noch etwas zu warten. Frau Neise besaß persönlich den Mut, sich telephonisch in der Burgstraße zu erkundigen. Sie erfuhr, daß vielleicht im Laufe des Tages eine Entscheidung fallen werde.

Starke Unruhe erfaßte mich, als auch am Sonnabend auf erneute telephonische Anfrage nichts festzustellen war. Wir mußten jetzt damit rechnen, daß sie mindestens bis Montag festgehalten würde. An eine schnelle Entlassung, die die Sache als harmlos gestempelt hätte, war schon kaum mehr zu denken. Ich alarmierte daher noch von der Neiseschen Wohnung aus Hellmuth Kamlah durch ein Telephongespräch nach Stettin. Er entschloß sich sofort zusammen mit seinem älteren Bruder, dem der SS in höherer Stellung angehörigen Adolf Kamlah,[12] telephonisch sein Glück in der Burgstraße zu versuchen und im Falle des Mißerfolges am kommenden Montag nach Berlin zu kommen. So glaubte ich, zunächst das Mögliche getan zu haben und den Montag abwarten zu sollen. Der Sonnabendabend in Potsdam, gemeinsam mit Gieraths und der Sonntag in Nikolassee gemeinsam

[11] Woldemar Troebst war ein Kriegskamerad und Freund Herzfelds aus der Zeit ihrer Gefangenschaft in Boyardville auf der Insel Oléron (vor der Charente-Mündung).

[12] Hellmuth und Adolph waren die Brüder von Irmgard Kamlah. Sie waren Mitglieder der NSDAP, letzterer auch der SS. Bei der Vernehmung von Frau Kamlah bemerkte der Richter, er sei geradezu „entsetzt“, daß sie (Frau Kamlah) „trotz dieser guten (!) Familie so etwas gesagt hatte“.

mit Lore Vogel von Falkenstein und Ria verlief in qualvoll unruhigem Warten.[13] Ich rechnete dauernd mit der Wahrscheinlichkeit, irgendwie als Zeuge in die Angelegenheit verwickelt zu werden, und habe dies andeutend am Montag früh den mir nächststehenden Kollegen mitgeteilt. Immerhin dauerte die Pause seit Irmgards Verhaftung schon zu lange, um die Annahme zu rechtfertigen, daß ich unmittelbar in die Angelegenheit verwickelt sein sollte.

Erst der Nachmittag des 15. Februar brachte die Lösung in einer freilich sehr viel unangenehmeren Weise, als ich bisher je angenommen hatte. Ich war eben mit Thimme[14] vom Essen im „Königstadt" zurückgekehrt, als gegen zwei Uhr der Präsident[15] bei mir anrief, ob ich im Zimmer sei. Nach einem Augenblick des Grübelns, ob er meine Anwesenheit im Büro zu kontrollieren beginne, erfaßte mich eine Unruhe. Ich begann, an Irmela zu schreiben, um ihr die letzten Ereignisse mitzuteilen. Eben war ich bei den Sätzen über den Fall Irmgard angelangt, als sich die Tür öffnete und zwei Männer, ein älterer – wie sich später herausstellte, ruhiger und vernünftiger – und ein nur wenig aristokratischer jüngerer mit starker Intoleranz schon gegen meinen Namen eintraten. Ihr Charakter und ihre Bedeutung waren sofort zu erkennen. Nach einer ganz flüchtigen Durchsuchung des Zimmers, bei der jeder Versuch unterblieb, in amtliche Dinge einzudringen, eröffneten sie mir, daß ich sie begleiten müsse, da auch in der Persiusstraße eine Haussuchung erfolgen solle. Auf dem Wege zur Elektrischen erfuhr ich, daß Gieraths bereits unterrichtet war und seine

[13] Lore von Falkenstein war eine Nichte von Herzfeld. Ihre Mutter ist Clementine Bartens (seit ihrer Kindheit „Maus" genannt), geb. Herzfeld. Herzfeld und Marie Clementine (Ria genannt) waren als Kinder häufig bei der früh verheirateten Clementine Bartens in Nikolassee (Lückhoffstraße 16) zu Besuch. Herzfeld, war mit ihr in der Berliner Zeit jedes Wochenende zusammen. So trafen sie sich auch am Sonnabend vor seiner Verhaftung nachmittags in der Lückhoffstraße, wo zu dieser Zeit nur noch Lore Vogel von Falkenstein anwesend war. Bei diesem Zusammentreffen erzählte Herzfeld von der Verhaftung Frau Kamlahs und daß in diesem Zusammenhang auch sein Name genannt worden sei. Seine Kusine riet ihm, sofort zu Haus evtl. gefährliche Aufzeichnungen zu vernichten, da doch nun auch seine Verhaftung zu befürchten sei. In der Tat erfolgte diese bereits am nächsten Tage.

[14] Friedrich Thimme (1868–1938), Historiker und Bibliothekar, kann es nicht gewesen sein. Er war schon 1938 gestorben, vielleicht handelt es sich um Albrecht Timm, einen aus Halle stammenden früheren Schüler Herzfelds.

[15] Wolfgang Foerster (1875–1963), Historiker, leitete seit 1931 als Direktor am Reichsarchiv die Abfassung des amtlichen Werkes über den Ersten Weltkrieg und wurde 1937 Präsident der Kriegsgeschichtlichen Forschungsanstalt des Heeres in Potsdam.

Zustimmung gegeben, also den am Vortage erwogenen Versuch eines Einspruchs vernünftigerweise unterlassen hatte. Im übrigen beschränkte sich das Gespräch, bei dem ich jedes Fragen unterließ, auf die Feststellung, daß der bereits in der Burgstraße erschienene Hellmuth Kamlah von mir telephonisch unterrichtet war. Die Haussuchung in der Persiusstraße verlief ohne dramatische Vorfälle, wenn auch nicht ohne bezeichnende Schwierigkeiten, die die Peinlichkeit jedes solchen Vorganges bestätigten. (Als erstes stieß der ältere Kommissar auf einige Briefentwürfe an L. S.[16] aus dem Jahre 1939 und fragte anfangs etwas unangenehm, wie solche Schriftstücke bei mir als verheiratetem Mann möglich seien. Durch volle Offenheit und den Hinweis auf Familie und jetzige Stellung als Mutter und Offiziersgattin gelang es, dies sofort abzubiegen.) Bei der Ordnung meiner Briefmappen war es ein Leichtes, eine erste Beschlagnahme durchzuführen. Sie traf die (bereits gesiebten) jüngeren Briefe meiner Frau und die vollständige Briefgruppe der Jahre 1938–1943 – unter bezeichnendem Knurren des älteren Kommissars über den Leichtsinn von Leuten, die Briefe aufhöben und ihm dadurch Arbeit, anderen Leuten Unglück bereiteten. Beide sind mir im übrigen schon nach den ersten Vernehmungen ausnahmslos wieder zurückgestellt worden, die Briefe meiner Frau schon einen Tag vorher. Offenbar war es damals schon das Bestreben des untersuchungleitenden älteren Kommissars, die Angelegenheit zu beschränken und nicht auszudehnen. Dazu wird beigetragen haben, daß ihm, wie ich später erfuhr, sowohl Präsident Foerster, den sie vor dem Erscheinen in meinem Zimmer gesprochen hatten, wie vor allem der während der Haussuchung hinzugekommene Gieraths die beste Auskunft über meine Person gegeben hatten. Foerster hat angeblich gesagt, daß ich vollkommen unentbehrlich sei und er absolutes Vertrauen auf mich gesetzt habe. Gieraths hat seine nähere Kenntnis meiner Person und Entwicklung benutzt, um den Kommissar zu warnen, daß er einen Fehlgriff getan habe. Ich habe nach allen Schicksalsschlägen der letzten Jahre nur das Bestreben gehabt, in Ruhe zu arbeiten. Offenbar hat er damit einen gewissen Eindruck gemacht. Beim Abschied meinte der Kommissar zu ihm, ich würde voraussichtlich in einigen Tagen zurückkehren und zeige ja auch eine vollkommen ruhige Haltung. Noch bei der

[16] Sehr wahrscheinlich ist hier Lieselotte Sommer, die Tochter eines Berliner Ministerialrates, gemeint, eine Freundin von Irmela Herzfeld und damit auch Herzfeld selbst freundschaftlich verbunden.

Entlassung hat er zu mir behauptet, daß er von Anfang an den Verdacht gehabt habe, es handle sich nur um einen „Weibertratsch", wie dies der schließliche Ausgang ja auch bestätigt habe.

Unangenehmer war sein jüngerer Begleiter, der selbst dagegen remonstrierte, daß meine Hausgasmaske vom Umzug her noch unausgepackt im großen Koffer lag. Er fand sehr bald unter dem mir von Herrn Spinckler[17] aus dem Heeresarchiv gegebenen Altpapier für Arbeitszwecke eine Photokopie aus der Times – eine Kriegsnummer –, ließ sich aber überzeugen, daß dies kein Original war, was angesichts des blauen Papiers mit weißem Aufdruck auch nicht gut bestritten werden konnte. Peinlicher berührte ihn, als er bald darauf Spinozas Ethik fand – nur mühsam ließ er sich überzeugen, daß das nicht gerade mein Lieblingsbuch gewesen sei – und anschließend meine ganze sozialistische Lektüre. Obwohl ihn sein älterer Begleiter immer wieder darauf aufmerksam machte, daß der Privatbesitz solcher Bücher, noch dazu zu konkreten Arbeitszwecken keineswegs verboten sei, wollte er sich nicht beruhigen. Diese Bücher müßten sichergestellt werden. Gieraths mußte sich zum Schluß verpflichten, zunächst nichts an meinen Sachen zu ändern. In meiner Abwesenheit hat dann noch einmal eine Durchsuchung der ganzen Bibliothek stattgefunden, bei der alle etwas belastenden Bücher gesondert aufgestellt wurden. Ich habe sie in dieser Anordnung zusammen gelassen, so daß dort noch heute Duff Coopers Talleyrand friedlich neben Hermann Onckens beanstandetem Lassalle, neben der Marx-Engels-Literatur und Heines Reisebildern – ich glaube diese aus der Erbschaft von Irmelas Eltern – stehen. Auch im Verhör kam man auf diese Frage zurück. Sie wurde am zweiten Tage der Vernehmungen durch ein Sonderprotokoll gelöst, in dem ich eingehend darlegte, zu welchen wissenschaftlichen Studien und Arbeiten diese Bücher gedient hatten, sowie versicherte, daß sie niemals ausgeliehen worden seien. Schließlich wies mich der vernehmende Beamte darauf hin, daß er meine Angabe, ich hätte auch dienstlich mit Fragen aus der Geschichte der Sozialdemokratie (1917/18) zu tun gehabt, meiner Behörde zur Bestätigung vorlegen werde. Als ich auch dies mit voller Ruhe hinnahm und erklärte, ich hätte dagegen nichts einzuwenden, ließ man das Problem endlich fallen. Indessen scheint die zweite Haussuchung doch noch nachträglich stattgefunden zu haben, in diesem Zeitpunkt

[17] Vermutlich ein untergeordneter Mitarbeiter des Archivs.

also noch kein endgültiger Verzicht auf eine etwaige Verwendung des Punktes erfolgt zu sein.

Im wesentlichen stumm wie der vorhergehende Weg quer durch Potsdam vollzog sich die zweite Fahrt mit der Elektrischen durch die Stadt und anschließend mit der S-Bahn bis zum Bahnhof Börse. Mit dem Beginn der Dämmerung trafen wir in der Burgstraße ein, wo sich seit vier Tagen, wie ich wußte, das Schicksal Irmgard Kamlahs abspielte. Ich bekam sie nicht zu sehen, sondern wartete einige Zeit auf dem Flur des zweiten Stocks. Durch die halb offene Tür konnte ich hören, wie der verhaftende Kommissar seinen Bericht durch das Telephon erstattete und dabei meinte, der persönliche Eindruck – offenbar der, den ich gemacht hatte – sei eigentlich ganz ordentlich gewesen. Dann wurde ich hereingeführt und sah mich zum ersten Mal dem vernehmungsführenden Beamten, offenbar seinem Untergebenen, gegenüber, einem jüngeren Kriminalinspektor in Zivil mit Parteiabzeichen, wie sich später herausstellte, ohne viel markanten Charakter. Der Bildungsgrad mäßig, die Routine in seinem Handwerk aber nicht unerheblich. Er hat sich als teilweise nicht unbedenklicher Gegner gezeigt, obwohl die Tonart stets gemäßigt und einwandfrei blieb. Wahrscheinlich war dies den Mitteilungen von Foerster und Gieraths zu verdanken. Denn an diesem ersten Abend bei der Aufnahme meiner Personalien war die Tonart doch noch einigermaßen kriegerisch. Nach kurzen Personalfeststellungen kam die Frage, ob ich wisse, worum es sich handle. Ich konnte nur verneinend antworten, wenn ich auch anzunehmen erklärte, daß der Vorgang in Zusammenhang mit der Festnahme von Irmgard stehe. Darauf folgte die überraschende Antwort, die mir für einen Augenblick den Atem leise wegnahm: Ich sei bezichtigt, mit der Kamlah staatsfeindliche öffentliche Erörterungen wehrmachtzersetzenden Charakters geführt zu haben, und werde mir darüber klar sein, daß es sich somit um eine ernste Sache handle. Daran war nicht zu zweifeln. Ich konnte zunächst nur kurz erwidern, daß öffentliche Erörterungen keinesfalls in Frage kamen, da es sich nur um Gespräche unter vier Augen handeln könne. Den staatsfeindlichen Charakter bestreite ich ganz entschieden. Der Beamte erwiderte nur, wir würden uns am folgenden Tage ausgiebig – mindestens vier Stunden lang – über das alles unterhalten müssen.

Dann führte er mich auf der S-Bahn Börse-Alexanderplatz hinüber zum Polizeipräsidium (Alex), wo das eigentliche Drama begann. Durch ein Aufnahmezimmer des dortigen Gestapo-Büros gelangte ich in einen Raum, in dem sich zwei größere Affenkäfige aus Drahtgeflecht gegenüberstanden. Sie waren mit der wenig verlockenden Tagesernte der Berliner Verhaftungen gefüllt: überwiegend Ausländer, zweifelhafte deutsche Gestalten, sitzend, stehend, liegend, gezwungen, bei jedem Bedürfnis einen groben Beamten zu Hilfe zu rufen. Nach längerer Wartezeit wieder im Nachbarraum, Aufstellung in zwei Gliedern und Personenkontrolle, wobei einer der Verhafteten Handschellen angelegt bekam und mit lauter Stimme erklären mußte, er sei ein Mörder und werde erschossen werden. Dann ging es in das Erdgeschoß zur Aufnahme, wo hinter einer Barriere die Abgabe von schneidenden Sachen, Messer, Scheren, Nagelreinigung, Rasierapparat, von Geld- und Wertsachen, die Beschlagnahme der Lebensmittelkarten usw. erfolgte. Spät am Abend wurde die Wanderung nach der Zelle angetreten. Unten im Keller verschwand einer meiner Begleiter nach dem anderen in den berüchtigten Kellergelassen, in denen ein Platz zum Liegen angeblich 20 Mark, eine Zigarette 5 Mark kostete. Noch wußte ich nicht, daß die Verbannung an diesen Aufenthaltsort von Ausländern und Juden ungefähr das Schlimmste bedeutete, was der Gefangene im Alex fürchten konnte. Eine Ahnung, worum es sich handelte, war mir nicht fremd. Ich blieb als letzter übrig. Noch einmal prüfte der Polizeiwachtmeister mit kurzem Betasten, ob alle vorgeschriebenen Dinge abgeliefert und keine wesentlichen harten Gegenstände in der Kleidung versteckt waren. Dann wurde bemerkt, daß ich Reichsdeutscher und auf meinem Zettel Einzelhaft vorgeschrieben war. So wurde ich in den ersten Stock auf die Station II geführt. Da alle Einzelzellen besetzt waren, landete ich nun endlich gegen 11 Uhr in Saal IIa, der mit einem Belegungsraum von etwa 130 Mann im Augenblick meines Eintreffens mit ca. 175 Menschen angefüllt war. Alle Pritschen waren voll belegt, als ich im Halbdunkel bei dem „Büro" der von der Polizei eingesetzten Saalleitung, meistens politischen Gefangenen, wie ich später feststellte, anfragte. Die erste Nacht in diesem vom ungewissen Licht weniger Lampen erhellten Raum verbrachte ich daher auf einem Tisch in der Nähe des Waschraumes. An Schlaf war nicht zu denken. Die Gedanken kreisten. Die Unterlage war hart. Ein Mann der Saalwache schob mir schließlich eine Decke unter, während ich mich notdürftig mit meinem Frackmantel zudeckte. Als früh um fünf Uhr das Aufstehen und Wecken – vor dem eigentlichen Wecken um 1/2 6 Uhr – langsam begann, kam mir zugute, daß der verhaftende Kommissar mich wenigstens auf die Notwendigkeit hingewiesen hatte, Waschsachen mitzunehmen. Ich lernte die eiserne

Regel kennen, daß jeder Gefangene beim Frühwaschen sich bis zum Gürtel entblößen mußte: eine weise Vorschrift, da sie in dem verwanzten und durch Ausländer und unterirdische Elemente jederzeit mit schlimmeren Insekten bedrohten Raum die einzige Möglichkeit gewährte, den Körper der Gefangenen zu inspizieren und im Bedarfsfall sie am nächsten Morgen sofort der Polizei zur Entlausung zu übergeben.

Nach verdrossenem, unruhigem Warten kam um 1/2 acht das luxuriöse Frühstück, eine Schale des sich stets gleichbleibenden Getränkes, das das Gefängnis Kaffee nannte, und eine leidlich starke Scheibe trockenen Brotes. Es war das erste, was ich seit dem Mittagessen des vorhergehenden Tages genoß. Auch meine letzten Zigaretten waren schon in Potsdam draufgegangen. Ich sah mit Neid, daß ein großer Teil der Gefangenen günstiger gestellt war, war aber noch zu erregt, als daß mir der Übergang zum rauchlosen Dasein von 6 1/2 Wochen so schwer gefallen wäre, wie das sonst wohl der Fall gewesen sein würde.

Zunächst kam ich noch nicht dazu, mich mit der neuen Umgebung näher vertraut zu machen. Schon gegen neun Uhr erschien mein Inspektor wieder, um mich persönlich zur Vernehmung in die Burgstraße abzuholen. Dort begann nun an diesem 13. Februar die eigentliche Krise des ganzen Abenteuers – ein Verhör, das mit kurzen Ruhepausen für den vernehmenden Inspektor und seine Schreibmaschinendame, ein älteres, wenig sympathisches hochblondiertes Wesen, bis ungefähr fünf Uhr nachmittags dauerte und schon rein physisch eine nicht unerhebliche Anstrengung darstellte. Die psychische Spannung war jedoch so stark, daß sie ohne Schwierigkeit über etwaige Ermüdungsgefahr siegte. Im ganzen herrschte das Gefühl eines Kampfes vor, der die eigenen Kräfte bis zum letzten in Anspruch nahm und dadurch beinahe wohltätig wirkte. Freilich kamen auch ernste Augenblicke, die eine schwere Belastung darstellten. Diese wurde noch durch die Umgebung gesteigert. Zeitweise wurden in dem großen Raum auch noch andere Parteien verhört: Frauen, die auf der Straße wenig schöne Bemerkungen über den Führer gemacht hatten, zunächst alles bestritten und ihre nicht anwesenden Gegnerinnen mit homerischen Beschimpfungen bedachten, um dann langsam unter einer Drohung des Beamten weich zu werden, sich in Tränenströmen zu ergießen und zu beteuern, wie loyal sie gegen Staat und Regierung eingestellt seien. Zwischendurch eine angetrunkene Frau, die auf der Straße angeblich Männern nachgestellt hatte. Sie war

Kriegerfrau und erhielt eine nicht gerade in zarten Wendungen gehaltene moralische Abreibung. Diese Begleitszenen verstärkten vielleicht noch die Belastung, indem sie zur Verdoppelung der Aufmerksamkeit zwangen, wirkten aber durch ihre groteske Situationskomik doch auch entspannend und änderten im ganzen somit nicht viel an der Grundsituation.

Das Verhör begann zunächst mit einer eingehenden Feststellung der Personalien, die in allen Einzelheiten: Familie, wissenschaftliche Laufbahn, Kriegstod meiner Brüder, Bekanntenkreis mit Görlitzer[18] als ferner Erinnerung und Woldemar Troebst als lebendiger Realität erörtert wurden und eher entlastend wirkten. Schon hier wie am Entlassungstage kam freilich auch die Frage nach meiner Abstammung, um jetzt nur kurz gestreift zu werden. Immerhin traf mich hier schon eine erste Überraschung: die Behauptung, ich hätte im Gespräch mit Irmgard Kamlah offen von jüdischer Herkunft meines Großvaters gesprochen. Zunächst stellte das aber nur eine Episode dar. Die wirkliche Spannung des Verhörs begann erst, als der sachliche Teil angeschnitten wurde.

Der Inspektor begann mit der Frage nach dem allgemeinen Inhalt unserer von mir natürlich nicht bestrittenen Unterredungen während der zwei Monate des Zusammenwohnens in der Forststraße. Ich konnte nur mit einer ebenso allgemeinen Darstellung, Gespräche über Kriegslage, Politik und allgemeine Verhältnisse auf Grund und in Anknüpfung an Zeitung und Wehrmachtsbericht, antworten. Die Lage wandelte sich jedoch mit einem Schlage, als mein Gegner nun erklärte, Irmgard habe bereits ein eingehendes Geständnis abgelegt, und anfing, mir daraus Vorhalte zu machen, über deren grundsätzlichen Charakter nicht ganz leicht eine klare Vorstellung zu gewinnen war: handelte es sich um echte Geständnisse und war Irmgard weitgehend zusammengebrochen? Sie hat das noch im April ihrem Anwalt gegenüber bestritten und behauptet, nur eine allgemein hypothetisch-theoretische Diskussion an dem fraglichen Tage mit mir geführt zu haben. Denn es handelte sich dem Wesen nach um ein einziges Gespräch in den ersten Dezembertagen, das, wie mir allmählich klar wurde, unmittelbar nach der amerikanischen

[18] Görlitzer war stellvertretender Gauleiter von Berlin. Da Goebbels, der nominelle Gauleiter, mit zahlreichen sonstigen Verpflichtungen eingedeckt war, kam seinem Stellvertreter eine besondere Bedeutung zu, wenn es sich um Vorgänge wie die hier genannten handelte.

Landung in Casablanca und nach der Eröffnung der russischen Offensive im Osten – was ich aber so völlig klar erst nach meiner Entlassung erkannte – stattgefunden hatte. Die mir vorgelesenen Teile des Protokolls enthielten zweifellos echte Elemente, ebenso zweifellos aber auch Irrtümer und Übertreibungen. Waren diese wirklich von ihr zugestanden oder handelte es sich um Elemente aus der mir unbekannten Denunziation gegen sie? Soviel wurde mir durch die Angaben des Inspektors und eigenes Nachdenken klar, daß sie jene tatsächlich und unmittelbar nach ihrem Einzug liegende Unterredung der ersten Dezembertage offenbar weitgehend im Amt gegen Kollegen verwendet und sich dabei ausdrücklich auf die Autorität glaubwürdiger Personen berufen hatte. Bei der Geringfügigkeit ihres Umganges war es kein Wunder, daß sie damit in die Enge geraten war, als wahrscheinlich durch jene mit Krach entlassene Person Denunziation und Verhaftung stattgefunden hatten. Da ich ihr trotz wiederholter Drohungen nicht gegenübergestellt wurde, galt es, sich gegen die wirkliche oder vermeintliche Irmgard des Geständnisses zu verteidigen und doch zugleich nicht aus den Augen zu verlieren, daß sie weitgehend unschuldig sein konnte und nicht belastet werden durfte. In der Doppelheit der Aufgabe zwischen eigener Verteidigung und Rücksicht auf die Abwesende lag die eigentliche Schwierigkeit der Situation, die die Anspannung aller Nerven verlangte.[19]

Allmählich kristallisierten sich drei große Gruppen der ursprünglich sehr ernsten Anklage heraus, die nur ganz schrittweise abgewehrt und auf ihr wahres Maß zurückgeführt werden konnten.

Unter dem in den Tagen von Charkow etwas gedämpften Vorwurf

[19] Daß Herzfeld und Frau Kamlah während der kurzen Zeit ihres Zusammenwohnens in dem Hause in der Forststraße sich auch über die allgemeine Kriegslage unterhalten und kritische Bedenken über den weiteren Fortgang des Krieges nicht unterdrückt haben, erscheint selbstverständlich. Daß Frau Kamlah bei der Vernehmung ein „eingehendes Geständnis" abgelegt haben soll, wird nie mit letzter Deutlichkeit zu ermitteln sein. Niemand weiß, wie ein Mensch, so in die Enge getrieben, sich verhalten kann. Vermutlich hat sie sich über ihre Gespräche mit Herzfeld im Kreise ihr angeblich politisch nahestehender Mitarbeiter unvorsichtig geäußert; jeder Zeitzeuge wird bestätigen, daß damit der Weg für jede, meist sehr folgenschwere Denunziation möglich war. Die Geschichte jener Jahre kennt viele Beispiele böswilliger Denunziation. Dr. Förg war kein Einzelfall. Die Schwierigkeit bestand für Herzfeld darin, auf Frau Kamlah keinen Verdacht fallen zu lassen und dabei auch sich selbst zu verteidigen.

eines unzulässigen Pessimismus in der Beurteilung der Kriegslage stand zunächst das zur Erörterung, was ich zur militärischen Lage geäußert haben sollte. Wie ich Anfang Mai durch Justizrat Hercher nach seiner ersten Unterredung mit Irmgard hörte, hat diese als militärischen Gegenstand nur angegeben, ich hätte den Fall von Stalingrad erwartet, sie gehofft, daß er noch vermeidbar sein werde. Nach den Vorhalten, die mir im Verhör angeblich auf Grund ihres Geständnisses gemacht wurden, ging allerdings der Bereich der erörterten Fragen erheblich weiter. Im Hintergrund stand der Verdacht, daß von mir entweder ausländische Rundfunknachrichten oder Materialien nach dienstlichen Geheimnachrichten verwendet worden seien. Der Rundfunkverdacht konnte relativ leicht ausgeschaltet werden. Bei der Haussuchung war zwar festgestellt worden, daß sich in meinem Zimmer noch eine Radioantenne befand. Diese war aber zum Glück durch Woldemar Troebst während seiner Anwesenheit 1941/42 angelegt worden, ein Alibi, das natürlich ausgezeichnete Dienste tat. Wir hatten tatsächlich keinen Radioapparat mehr besessen; belastende Nachweise im einzelnen waren nicht vorhanden. Etwas eingehender wurde die Frage nach der Verwendung von dienstlichem Material erörtert. Angeblich hatte Irmgard gestanden, ich hätte ihr gesagt, uns sei Anfang Dezember ein Befehl mitgeteilt worden, nach dem wir streng die Erregung von Unruhe vermeiden und uns in allen Gesprächen auf die in Presse und deutschem Rundfunk verwendeten Nachrichten beschränken sollten. Ich konnte richtigstellen, daß hier eine Gedächtnisstörung vorlag, da dieser Befehl in die letzten Tage unseres Zusammenwohnens fiel und ich gegen Irmgard nur seine Tatsache – gerade als Schranke meiner Mitteilungen an sie – erwähnt habe. Mit diesen beiden Punkten war eine erste Angriffsgruppe des Verhörs von sehr ernster Natur ausgeschaltet, da bei meinem Charakter als Heeresangestellter jeder Verdacht in dieser Richtung mit Landesverrat gleichbedeutend gewesen wäre. Demgegenüber konnte ich unterstreichen, daß alle meine Ausführungen sich auf ein Bild der Lage gestützt hätten, das durch ruhige Erwägung der Landkarte und durch Mitteilungen aus Feldpostbriefen meiner Schüler und Bekannten, für Afrika besonders durch Gespräche mit Troebst, für Rußland durch Erzählungen von Kollegen, die dort zahlreiche Verwandte und Bekannte in zum Teil höherer Stellung besaßen, entstanden sei.

Wenn ich auf dieser Basis ausgeführt hatte, daß unsere auf Tunis beschränkte Aufstellung in Afrika nicht mehr die nötige Tiefe besitze, um dauernden Widerstand zu ermöglichen, so war das nach der

Landung von Casablanca keine schwierige und problematische Prophezeiung mehr gewesen. Der Zusammenbruch, den ich befürchtet hatte, ist allerdings erst Anfang Mai – etwas später, als ich Anfang Dezember erwartete – eingetreten. Immerhin erregte schon jetzt, Mitte Februar, diese Ausführung keinen übermäßigen Anstoß mehr. – Etwas kritischer war die Vorhaltung, ich hätte in den ersten Dezembertagen bereits behauptet, die deutschen Kaukasusarmeen seien durch russisches Vordringen auf Rostow mit dem Abgeschnittenwerden bedroht oder gar schon abgeschnitten. Tatsächlich konnte ich Anfang Dezember nicht einmal den Fall von Stalingrad in der dann tatsächlich Januar 1943 eingetretenen Form – unter Preisgabe der ganzen es haltenden Heeresgruppe – voraussehen und hatte ihn so nicht vorausgesehen. Im Augenblick war mir im Gegensatz zu I. auch nicht gegenwärtig, daß unser Gespräch über die Ostlage sich bereits um Stalingrad bewegt hatte. Ich wußte nicht einmal chronologisch sicher, ob die russische Winteroffensive damals schon überhaupt begonnen hatte. Wohl aber konnte ich auch in diesem Falle mit Nachdruck geltend machen, daß schon das Kartenbild der Lage nach dem Ausgang der deutschen Sommer- und Herbstoffensive von 1942 bedrohliche Züge aufgewiesen habe. Der riesige Schwenkungsflügel, der sich vom Don über Stalingrad bis zum Kaukasus und zum Schwarzen Meer herausgebildet hatte, mußte zur russischen Gegenoffensive herausfordern, und es war schon militärgeographisch klar, daß ein Vorstoß auf Rostow zwischen Stalingrad und dem Kaukasus uns in eine höchst schwierige Lage bringen mußte. Ich weiß nicht, ob das ganz überzeugend gewirkt hat; jedenfalls wurden aber kaum Einwände dagegen gemacht, und auch dieser Punkt wurde glücklich überstanden.

Anschließend kam dann der ganz allgemeine Vorwurf, ich hätte in meinen Ausführungen jede Siegeszuversicht vermissen lassen. Er war natürlich dem Wesen nach richtig, obwohl ich mir nicht denken konnte, daß I. meine und ihre letzten Überzeugungen in dieser Form wirklich restlos zugestanden hätte, wie behauptet wurde. Jedenfalls begnügte ich mich dagegen mit der Erwiderung, daß ich allerdings nach der ganzen Kriegslage nicht mehr an einen sogenannten totalen Sieg glauben könne, der nicht nur ein Vordringen in Rußland bis östlich des Ural, sondern auch eine Landung auf amerikanischem Boden und entscheidende Siege auf diesem Kontinent verlangt haben würde. Auch halte ich an der Hoffnung auf einen Behauptungssieg auf europäischem Boden fest, der für mich gleichbedeutend mit der Rettung Friedrichs II. im Siebenjährigen Kriege sei. Auch hier verzichtete man auf Einwände, da nach der ganzen Kriegslage wohl auch meine Gesprächspartner kaum anderer Ansicht sein mochten.

Es folgte ein Moment psychologischer Entspannung. Meines Wissens wurde hierbei die Lage meiner Frau erörtert. Ich wurde dabei nach ihrem Bekenntnis gefragt und mußte ihren Übertritt zur katholischen Kirche zugeben, da ich nicht wissen konnte, welche Schritte eventuell in Freiburg erfolgten und bei solchen überhaupt an eine Verschleierung keinesfalls zu denken war. Überraschenderweise stieß ich dabei sogar auf psychologisches Verständnis bei der Schreibhilfe des Kommissars, als ich kurz ausführte, wie das Versagen protestantischer Geistlicher während ihrer Krankheit diesen Schritt meiner Frau vorbereitet habe. – Weiter wurde mir nun vorgehalten, daß Irmgards Verhalten angesichts des Charakters ihrer Familie – besonders ihr SS-Bruder Adolph spielte hierbei eine große Rolle – vollkommen unverständlich sei. Ich wurde direkt gefragt, was ich beibringen könne, um es psychologisch verständlich zu machen. Stillschweigend lag dahinter die Andeutung, daß das alles nur durch meinen Einfluß erklärt werden könne. Mir war klar, daß eine wirksame Entlastung nur erreicht werden konnte, wenn ich zwar nicht zugab, daß mein Vertrauen einer urteilslosen Person geschenkt worden sei, aber auf der anderen Seite für sie entlastende Umstände im besonderen Einzelfall geltend zu machen wußte. So schwer es mir fiel, habe ich daher angeben müssen, daß sie zur Zeit der Unterredung durch Umzug, dauernde Wohnungskalamität, Überarbeitung und den Beginn eines Rückgratleidens mit ernster psychologischer Belastung stark erschöpft gewesen sei. Ich konnte geltend machen, daß die Berufsarbeit sie gerade in diesen Wochen bis auf das letzte angespannt hatte. Ihre Müdigkeit an den Abenden unseres Zusammenwohnens, ihre Neigung zum persönlichen Pessimismus – bis zu der Äußerung kurz vor unserem Auseinanderziehen, daß sie am liebsten nicht weiterleben würde – gaben mir dazu genügende Berechtigung. Auf die heikle Frage nach ihrer politischen Einstellung habe ich nur zugegeben, daß ihr der Übergang zu der neuen Zeit des Nationalsozialismus nach ihrer Herkunft aus einer im wesentlichen deutschnationalen Familie der Oberschicht psychologisch nicht immer leicht gefallen sei. Mit aller Entschiedenheit betonte ich dagegen, daß auch ihre Einstellung in letzter Linie stets staatsloyal gewesen sei. Soweit dies für die Grundfrage der Vaterlandsliebe im großen galt, konnte ich das mit gutem Gewissen sagen. Nachdem der Inspektor aber am gleichen Tage noch ihre Briefe an mich in der beschlagnahmten Mappe durchgesehen hatte, kostete mir das allerdings am nächsten Tage den halb gereizten, halb spöttischen Hinweis, daß auch in diesen Briefen doch mehrere „staatsabträgliche" Stellen enthalten gewesen seien. Immerhin war es also nicht die ihr vorgeworfene „Staatsfeindschaft" gewesen. Doch war an der Episode soviel deutlich, daß meine Entlastungsversuche zu ihren Gunsten keinen sehr überzeugenden Eindruck gemacht hatten.

Nach der kurzen Mittagspause entwickelte sich im Anschluß hieran die ernsteste Krise des Verhörs mit der Frage, ob in unseren Gesprächen die Frage eines Regierungswechsels unter Beseitigung der Kanzlerschaft des Führers erörtert worden sei. Ich war angesichts des Ernstes dieser Anklage so überrascht, daß mein Gedächtnis anfangs versagte und ich mit einem runden Nein antwortete oder vielmehr zu antworten versuchte. Das führte zu der einzigen dramatischen Zuspitzung der bisher stets guten äußeren Form. Der Inspektor erklärte unter Verlesung der entsprechenden Stellen aus I.s angeblichem Geständnis, daß er sich damit nicht benügen könne. Die Angaben der „p. Kamlah" seien viel zu präzis, um mein Nein zulassen zu können. Es sei im einzelnen sogar von der Möglichkeit einer Regierung Rundstedt oder Göring die Rede gewesen. Ich solle mir klar machen, daß es sich um eine mehr als ernste Sache handle. Falls ich meine Aussage – die er, wie sich später herausstellte, gar nicht zu Protokoll genommen hatte – nicht revidieren und näher ausgestalten würde, sei er gezwungen, mich sofort der im Gebäude anwesenden I. gegenüberzustellen. So sehr ich sonst eine solche Konfrontierung begrüßt haben würde, die mich endlich des Kampfes gegen ein schattenhaftes Geständnis enthoben haben würde, so bedrohlich mußte instinktmäßig eine Gegenüberstellung in dieser brennenden Frage erscheinen, wenn I. tatsächlich hierin klein beigegeben haben sollte. Zum Glück stellte mir der Inspektor zehn Minuten zur Verfügung, in denen ich mich auf dem Korridor besinnen sollte, wovon die Rede gewesen sei.

Ich habe die erste Hälfte dieser Zeit mit brennendem Kopf draußen gesessen, da mir allmählich klar wurde, daß das Problem „Friedensschluß und Regierungswechsel" im Gegensatz zu meiner ersten Annahme tatsächlich eine Rolle in unserem Dezembergespräch gespielt hatte. Aber es dauerte fast bis zum Ende der Zeit, ehe mir wenigstens die Richtung klar wurde, in der ich meine Aussage formulieren mußte, um schwerstes Unglück für uns beide zu verhüten. Nur über die Generalrichtung war ich mir klar, als ich wieder hereingerufen wurde und sofort erklären mußte, daß ich bereit sei, meine Aussage zu ergänzen. Ich habe dann ausgeführt, daß der Ursprung dieser „hypothetisch-theoretischen" Diskussion – ein Schlagwort, das später Hercher mit Vorliebe aufnahm, während der Kommissar es wie bei verwandten Partien der Protokollredaktion als zu verwaschen ablehnte; er zwang mich dadurch, Formulierungen ohne Fremdworte zu suchen, die fast stets die unangenehme Eigenschaft größerer Klarheit und Schärfe des deutschen Ausdrucks aufwiesen und daher für jedes Wort schwierige Erörterungen über die Formulierung im einzelnen zwischen ihm und mir notwendig machten – dem Problem von Friedensverhandlungen gegolten habe. Durch meine Berufsarbeit zum Jahre 1918 sei mir nach der damaligen Erörterung Stegemann – Ludendorff vor unserer Frühjahrsoffensive vom März 1918 klar gewesen, daß eine Verhandlung nur vor dem Höhepunkt militärischer Erfolge möglich sei, nicht nachdem dieser überschritten sei. Auch in unserer gegenwärtigen Lage habe es sich Anfang Dezember darum gehandelt, ob ein solcher Augenblick gekommen war, als wir noch in Stalingrad und im Kaukasus standen, die feindlichen Gegenangriffe in Rußland und Afrika aber entweder noch nicht begonnen oder noch nicht in ihrer vollen Tragweite sich entfaltet hätten. Noch am nächsten Tage hat mir der Inspektor mit allem Nachdruck erklärt, er verstehe danach nicht, wie I. dazu gekommen sei, in den nächsten Tagen im Institut für ihre Person geradezu die Forderung nach einer Beseitigung des Führers binnen vier Wochen aufzustellen, falls nicht eine tragische Katastrophe von unübersehbaren Ausmaßen eintreten sollte. Demgegenüber mußte ich nun freilich entschieden leugnen, daß ich an die Durchführbarkeit eines solchen Rezeptes geglaubt hätte. Ich war mir – und das entsprach den Tatsachen – stets klar gewesen, daß die Gegenseite bereits viel zu stark von Siegeszuversicht erfüllt war, um einer im wesentlichen noch immer nationalsozialistischen Regierung eines Militärs oder Politikers wie Göring günstigere Bedingungen als Hitler selbst zu gewähren. Dem entsprechend hatte ich diese geschichtliche Parallele auch I. gegenüber mit der nachdrücklichen Feststellung beendet, daß ein solcher Friedensschluß undenkbar sei und nichts weiter übrig bleibe, als dem Schicksal, das heißt, der Austragung des Krieges seinen Lauf zu lassen. Ich erinnere mich noch heute mit aller Bestimmtheit, daß sie an diesen Schicksalszwang nicht in vollem Umfange glauben wollte und daher auch meiner Auffassung widersprach, daß kein deutscher Offizier Politiker genug sei, um ein solches Unternehmen in die Hand zu nehmen. Wie sie selbst zu Protokoll gegeben hatte, hatte sie daher – und aus diesem Grunde – den

Namen Rundstedt in die Erörterung geworfen. Ich konnte entlastend und bestätigend für meine abschwächende Darstellung anführen, daß ihr Vertrauen auf den Generaloberst begründet war durch eine frühe Begegnung im Hause ihres Onkels in Münster, wo I. zusammen mit dem damaligen Oberst Rundstedt einen Ball eröffnet hatte. Damit erschien die von der Anklage so scharf unterstrichene Episode doch in dem wesentlich harmloseren Lichte einer Tanzstundenreminiszenz nicht ohne Zusammenhang mit der psychologischen Andeutung, die ich früher gegeben hatte, daß I. immerhin eine Frau von 40 Jahren sei – bei aller persönlichen Hochachtung ihr gegenüber, die ich sonst während des Verhörs stets festzuhalten suchte.

In der nächsten Viertelstunde wurde mir klar, daß hier der eigentliche Knotenpunkt des ganzen Verhörs lag. Ich wurde eingehend befragt, ob ich persönliche Verbindungen im Auswärtigen Amt oder dem Oberkommando besitze. Als ich dies glaubhaft und der Wahrheit gemäß bestritten hatte, ließ die bisher herrschende Hochspannung fühlbar nach. Ich wußte damals nicht, daß sich im Auswärtigen Amt – die Fälle von Scheliha und Luther[20] –, in der Abwehr und dem Luftfahrtministerium, schließlich in der Gestalt der Münchener Studentenverschwörung damals eine Reihe von Fällen gedrängt hatte, die die Gestapo im höchsten Grade nervös gemacht hatten. Man hatte uns harmlose Privatleute mit unseren Sorgen und Kümmernissen urspünglich damit in Zusammenhang gebracht. Als man jetzt allmählich zu erkennen begann, daß davon keine Rede sein konnte – meine eingehenden Briefmappen, die keinen wirklich belastenden Korrespondenten aufwiesen, haben wohl in dieser Richtung mitgewirkt –, sank unser Fall allmählich zu seinen wahren Dimensionen herab. Er wurde eine Privatangelegenheit ohne politischen Hintergrund, wie

[20] Rudolf von Scheliha (geboren am 31. März 1897) wurde am 22. Dezember 1942 in Berlin-Plötzensee wegen Spionage hingerichtet. Vgl. zuletzt: Ulrich Sahm, *Rudolf von Scheliha 1897–1942. Ein deutscher Diplomat gegen Hitler,* München 1990. – Martin Luther (geboren 1895), seit 1932 NSDAP-Mitglied, seit 1936 im Außenamt als Hauptreferent, seit 1940 als Ministerialdirigent, seit 1941 als Ministerialdirektor mit der Amtsbezeichnung „Unterstaatssekretär" tätig. Im Januar 1943 versuchte Luther, zusammen mit dem SD den Außenminister von Ribbentrop zu stürzen. Er verlor seine Stellung und kam bis 1945 als privilegierter Häftling in das Konzentrationslager Sachsenhausen. Nach dem 8. Mai 1945 kam er vermutlich in sowjetischer Gefangenschaft um. Vgl. Hans-Jürgen Döscher, *Das Auswärtige Amt im Dritten Reich. Diplomatie im Schatten der „Endlösung"*, Berlin 1987. – Beide Fälle standen in keiner Verbindung zueinander.

ich schon am nächsten Tage deutlich zu spüren begann. Es blieb aus dieser peinlichen Stunde des Verhörs nur der Zwang, im Protokoll zuzugestehen, tatsächlich von einem Regierungswechsel hypothetisch eingehend gesprochen, die Worte „Rücktritt des Führers" und ähnliches tatsächlich gebraucht zu haben. Erschöpft, aber mit dem Gefühl, nicht ganz ungünstig abgeschnitten zu haben, kehrte ich an diesem Tage in den Alex zurück, wo ich zu meiner Erleichterung den Gang der Vernehmung mit älteren und erfahrenen politischen Gefangenen besprechen konnte, die das Ergebnis ebenfalls als nicht ungünstig ansahen.

Am zweiten Verhörtage, Mittwoch, dem 17. Februar, handelte es sich im Grunde nur noch um Nachklänge. Meiner Erinnerung nach wurde noch einmal – wie dann zum dritten Mal am 1. April bei der Entlassung – die Frage der Familienherkunft gestreift. Am ernstesten war, daß mir eine Äußerung vorgehalten wurde, O. K. W. und A. A. seien „kopflos". Ich machte geltend, daß ich nach meiner ganzen Art nicht geneigt sei, mich in apodiktischen Urteilen dieser Art zu ergehen. Ob ich das betreffende Wort gebraucht habe, könne ich nicht sagen. Am ehesten könne zugrunde liegen, daß der Krieg meiner Ansicht nach in ein Stadium eingetreten sei, in dem Einwirkungen politischer und diplomatischer Art kaum mehr möglich seien. Das gelte vor allem für Türkei und Spanien, an deren Intervention zu unseren Gunsten damals noch viele glaubten. Irmgard hatte je ein bezeichnendes Beispiel dieser Art erlebt. Der Kaufmann, bei dem sie in Zehlendorf-Schlachtensee wohnte, hatte auf einen Anschluß der Türkei gehofft und ihr erklärt, daß er dann sofort einen Absatzmarkt größten Stiles für seine Papierwaren erhalten würde. Gegen einen solchen Optimismus hatte ich ausgeführt, daß die Haltung der Türkei ausschließlich von den Kampfereignissen in Südrußland abhängen werde, wie die Haltung Spaniens vom Verlauf des afrikanischen Krieges. Die Diplomatie sei ohnmächtig geworden. Schwieriger und heikler war die angebliche Behauptung des gleichen Urteils über das Oberkommando der Wehrmacht angesichts meiner persönlichen Stellung und der Verknüpfung Hitlers mit der Heeresleitung. Ich konnte zur Erklärung aber darauf hinweisen, daß der angeblich behauptete, von mir in dieser Verbindung bestrittene Ausdruck wahrscheinlich mißverständlich in Verknüpfung mit dem bereits öffentlich bekannten Generalstabswechsel Halder-Zeitzler in die Aussagen gekommen sei.

Damit war die Vernehmung im wesentlichen beendet. Ich konnte an ihrem Abschluß einige Zeilen an meine Frau schreiben, die sie von meiner Verwicklung in eine politische Angelegenheit unterrichteten, aber die Hoffnung ausdrückten, daß nach baldiger Aufklärung alles wieder in Ordnung kommen werde. Der Inspektor äußerte dabei, er rechne damit, daß ich nach einigen Tagen in Freiheit gesetzt werden würde. Alles schien also leidlich zu stehen. Zum Schluß wurde mir verkündet, daß ich in den Keller gebracht werden und nach einiger Zeit I. gegenübergestellt werden würde, die jetzt zu meinen Aussagen vernommen werden solle. Es war wieder ein kritischer Augenblick: würde sie meine Aussagen bestätigen oder in einen Gegensatz zu mir getrieben werden, der die ganze Verteidigung zu erschüttern drohte? Ich wartete vier Stunden in den dieses Mal besonders überfüllten Kellern, in denen sich vor allem Ausländer der verschiedensten Nationen ansammelten: Franzosen und Belgier, einer von ihnen mit Wutschaum vor dem Munde. Sie gerieten untereinander in erbitterten Streit, daneben Deutsche aus den verschiedensten Gefängnissen Berlins. Nach gespanntem Warten blieb die mir angekündigte Gegenüberstellung aus. Es war das erste Zeichen, daß im Gegensatz zu den mir gemachten Vorhalten I. im wesentlichen meine Aussagen bestätigt oder vielleicht erklärt hatte, daß, wenn Differenzen vorhanden seien, auch bei ihr die Möglichkeit einer Täuschung bei der Wiedergabe vorgelegen habe. Jedenfalls wurde ich am Abend in der bis zum Ersticken überfüllten „grünen Minna" zum Alex zurückgebracht. Dort suchte ich vergeblich in den nächsten Tagen Fühlung mit I. zu erhalten, da ich annahm, daß sie sich ebenfalls dort im Frauengefängnis des obersten Stockwerkes befände, mit dessen Insassen man durch Zeichensprache aus den Fenstern anzuknüpfen versuchte. Es gelang nicht. Erst nach der Entlassung habe ich erfahren, daß sie es wohl besser als ich gehabt habe und in Einzelhaft in Charlottenburg festgehalten war, wohin die Crême der Verhafteten gebracht zu werden pflegte. Vermutlich um mich von ihr getrennt zu halten, war ich dann in den überfüllten Alex geraten.

Ganz sollte mir freilich eine psychologisch erregende Begegnung mit ihr nicht erspart bleiben. Sie zerstörte gleichzeitig meine durch die Äußerung des Inspektors begreifliche Hoffnung, auf Grund meiner Verteidigung in den nächsten Tagen entlassen zu werden. Nach drei Tagen gespanntesten Wartens wurde ich am Sonnabendvormittag plötzlich ohne meine Sachen aus der Zelle herausgerufen und in das Erdgeschoß geführt, wo sich vor der „Aufnahme" ein gutes Dutzend Gefangene sammelten. Wie wir erst später feststellten, sollten wir über den Hof zum Vernehmungsrichter geführt werden. Im letzten Augenblick tauchten zwei Frauen auf und wurden an den linken Flügel unserer Gruppe gestellt. Die eine von ihnen war I.: ihre Sachen, ein braunes Kostüm von den Tagen der Haft zerdrückt und unansehnlich geworden, das sonst so sorgfältig gepflegte Haar wirr durcheinander, ganze Büschel ergraut, die sonst vielleicht von ihr versteckt waren. Im Augenblick führte ich es begreiflicherweise auf die Folgen des Schlages zurück. Dazu hatte sie am unteren Kinn einen Ausschlag, der mich vor die qualvolle Frage stellte, ob sie nicht doch unter Umständen Mißhandlungen ausgesetzt gewesen sei. Ich war verzweifelt. Im Vorraum des Vernehmungsrichters, einem schmalen Korridor, wurden die zwei Frauen auf eine Bank gesetzt, wir in einer benachbarten Zelle eingeschlossen, aus der einer nach dem anderen zum Vernehmungsrichter geführt wurde. Wie ich nunmehr erfuhr, handelte es sich in allen einzelnen Fällen darum, daß Haftbefehl zur Einleitung eines gerichtlichen Verfahrens ausgesprochen wurde. Die meisten waren Bagatellverbrecher, denen kleine Diebstähle und ähnliches vorgeworfen wurden. Als letzter der Männer kam ich an die Reihe.

Der Vernehmungsrichter und sein Protokollführer waren beides ältere gebildete Richter, die Tonart dadurch wohltuend und formvoll. Er machte mich darauf aufmerksam, daß ich bereits eingehend zu den mir gemachten Vorwürfen vernommen sei. Ich bejahte seine Frage, ob ich an den Aussagen des Protokolls festhalte, und erfuhr von ihm, daß auch meine hier vertretenen Auffassungen weiter den Vorwurf staatsfeindlicher Erörterungen wehrmachtzersetzenden Charakters rechtfertigten. Nur der Vorwurf der Öffentlichkeit war damit fortgefallen. Ich legte sofort Protest ein: Es habe sich um eine Unterredung zwar ernsten, aber durchaus patriotischen Charakters gehandelt. Der Vernehmungsrichter nahm diesen Einspruch sofort zu Protokoll und verschärfte meine Darlegung dahin, daß es sich um eine streng vertrauliche Unterhaltung gehandelt habe, deren Inhalt unter keinen Umständen hätte weiter verwertet werden dürfen; er war also wohlwollend und versuchte mich noch einmal mit einer Schärfe von I. zu trennen, gegen die ich Einspruch erhob, indem ich noch einmal auf die sie entlastenden Umstände hinwies, ohne daß er dies zu Protokoll nehmen wollte. Dagegen ließ er einen Hinweis auf die politische Richtung meiner Lehrtätigkeit an der Universität und meine schriftstellerische Vergangenheit, vor allem das Sozialdemokratiebuch, zu, um dann freilich zu schließen, daß alles gut gewesen wäre, wenn die von mir vorausgesetzte Vertraulichkeit gewahrt worden wäre. Nachdem durch die Weiterverbreitung der Unterredung einmal „Unruhe" angerichtet worden sei, müsse er Haftbefehl aussprechen. Ich könne in Moabit beim Untersuchungsrichter versuchen, einen Anwalt zu bekommen und durch diesen Haftentlassung beantragen. Er glaube jedoch nicht, daß er Erfolg haben würde. Damit war ich entlassen. Vor seiner Tür wartete ich einen Augenblick auf den Schutzmann, der mich zur Zelle zurückbringen sollte, und konnte nun Irmgard in Ruhe sehen. Sie hatte sich die Haare und nach Möglichkeit die Kleider inzwischen sichtlich einigermaßen geordnet. Das bedrohliche Aussehen des Kinnes und der Eindruck tiefer Qual in ihrem Gesicht blieb. Ich versuchte ihr durch Gesten anzudeuten, daß ich zu ihr halte. Sie hob nur erschreckt die Hand nach oben, ohne daß es mir gelang, die Bedeutung dieser Ausdrucksbewegung zu enträtseln. Als ich dann von dem Schutzmann unmittelbar an ihr vorbeigeführt wurde und ihr ins Auge zu blicken versuchte, barg sie das Gesicht in den Händen. Vergeblich suchte ich durch einen Blick Gewißheit zu erlangen, ob mir die Augen nicht ganz verborgen blieben. Es war der seelisch erschütterndste Augenblick der Haft. Sein Rätsel ist mir bis heute – Mai 43 – noch nicht gelöst und wird Antwort erst finden, wenn ich sie einmal in Freiheit wiedergesehen haben werde. Auf dem Wege stellte mir der Schutzmann die Frage, was ich verbrochen habe. Auf meine in der üblichen Gefangenenmanier gehaltene Antwort meinte er, umsonst sei ich doch nicht unter Anklage gesetzt und Haftbefehl wegen zersetzender Erörterungen erlassen worden. Ich wußte also endgültig, daß die Angelegenheit noch nichts an Schärfe verloren hatte, und wurde nur dadurch beruhigt, daß dann im Alex die älteren Gefangenen die Wendung als überaus günstiges Zeichen ansahen, daß die Gestapo das Interesse an mir verloren habe. Es sei auf jeden Fall zu begrüßen, daß ich den ordentlichen Gerichten überwiesen sei und damit hoffen könne, nicht in ein endloses Untersuchungsverfahren verwickelt zu werden. Sie nannten mir auch erste Namen von Rechtsanwälten, die für die Verteidigung in einem solchen politischen Falle geeignet seien. Ich notierte sie in meinem Notizbuch, das mir aber in der Lehrter Straße sofort abgenommen und trotz entsprechendem Wunschzettel nicht wieder zur Einsicht ausgehändigt wurde. Es ist mir daher nicht geglückt, mit ihnen in Verbindung zu treten. Zwischen Erleichterung und starker Belastung durch die Tatsache, daß das Verfahren nun längere Zeit in Anspruch nehmen mußte, verlebte ich die letzten drei Tage bis zum Montagmorgen auf dem Alex. Die Sorge um

Irmela und Frank wurde mir nur dadurch einigermaßen erleichtert, daß alle meine Schicksalsgenossen an eine Gehaltszahlung bis zum Augenblick des Urteils fest glaubten. Keiner wußte, daß nach dem jetzt üblichen Verfahren in solchen Fällen wie I. so auch ich sofort nach der Verhaftung fristlos gekündigt und die Gehaltszahlungen nicht nur eingestellt waren, sondern auch das bereits gezahlte Februargehalt zur Hälfte wieder zurückgerufen worden war. Hätte ich das gewußt, würde meine seelische Lage noch erheblich mehr belastet gewesen sein.

Als ich am späten Abend des 15. Februar in jenen großen Saal auf dem 2. Stock des Alex geführt wurde, empfing mich dort im Halbdunkel eine schwer zu beschreibende Stickluft. Ungefähr 175 Menschen lagen in einem Raum, der höchstens für 130 Menschen bestimmt war. Alle Pritschen, die zu beiden Seiten eines langen schmalen Ganges aufgebaut waren, waren restlos angefüllt. Ich hatte die erste Nacht kümmerlich auf einem Tisch geschlafen und war froh gewesen, als mir schließlich ein Herr der Nachtwache eine Decke zugeschoben hatte. Der Morgen hatte mir gezeigt, wie kümmerlich die Waschgelegenheiten waren. Am Tage lernte ich dann die Belegschaft näher kennen: sie bestand etwa zur Hälfte aus Deutschen, zur Hälfte aus Ausländern aller europäischen Nationen. Die vordere Hälfte des Saales wurde von den Deutschen eingenommen. Eine strenge Regel verbot allen Ausländern, die nicht germanischen Völkern, also nicht Engländern, Holländern und Skandinaviern angehörten, daß heißt außer Russen, Polen und Balkanvölkern auch die romanischen Nationen einschließlich der Franzosen, den von den Deutschen belegten Vorderteil des Saales zu betreten. Das war eine in den Gefängnissen allgemeine Regel, die aus sanitären und Sauberkeitsgründen leider nicht ungerechtfertigt war, so hart der Einschluß der Franzosen in die „subeuropäischen" kleinen Nationen erscheinen mochte. Überall durften nur die Angehörigen der „germanischen" Völker persönlich mit den gefangenen Deutschen verkehren. Jeder Versuch des Verstoßes durch andere Elemente wurde mit rauher Gewalt abgewehrt. Im Alex war unmittelbar vor meiner Einlieferung ein Typhusfall mit tödlichem Verlauf vorgekommen. Die Folge war eine 17tägige Quarantäne gewesen, in der niemand seine Zelle hatte verlassen dürfen. Alle Vernehmungen, alle Überführungen stockten; Besuch von außen und Auslieferung von Paketen waren gesperrt worden, so daß jeder Vorgang dieser Art für die Häftlinge eine erhebliche Belastung bedeutete, war doch jeder daran interessiert, diese Stätte des Schreckens möglichst bald zu verlassen. Die schon erwähnte Vorschrift über das Kostüm beim Waschen diente vor allem der Kontrolle über Ausschlagkranke und verlauste Elemente, deren Rücken bei der Waschprozedur der aufmerksamen Saalwache das Signal gab, daß sie am nächsten Tage der Polizei zur sofortigen Entlausung übergeben werden mußten. Auch das war aber nur ein Mindestmaß der Kontrolle. Bei längerem Aufenthalt in diesen Räumen war eine Verlausung nur schwer zu vermeiden. Es gab Gefangene, wie den später zu erwähnenden Frankfurter Juden Sonnemann[21] vom „Tagebuch", die seit Jahren ohne jede Verbindung mit der Außenwelt waren und ihre Leibwäsche immer wieder selbst im Waschbecken waschen mußten. Dazu war der ganze Raum hoffnungslos verwanzt. Auf dem Bett, das ich nach einigen Tagen durch das Eingreifen des Saalvorstandes neben Herrn von Halem[22] erhielt, fielen die Wanzen von der oberen Pritsche ständig auf uns nieder. Ich hatte nach einigen Tagen um beide Arme unten von ihren Bissen blutige Ringe. Erst in der Lehrter Straße gelang es mir und meinen Zellengenossen, dieser Pest einigermaßen Herr zu werden. Ohne eine ständige und scharfe Kontrolle der Sauberkeit war also der Alex von hoffnungsloser Überflutung durch Ungeziefer bedroht. In regelmäßigen Abständen fand daher, einmal auch in der Woche meiner Anwesenheit, eine durchgreifende Wäsche- und Körperkontrolle statt. Alle Anwesenden mußten gruppenweise in dem zweiten, nach rückwärts gelegenen

[21] Hier muß es sich um eine Verwechslung handeln. Ulrich Sonnemann, der Sohn des Herausgebers der ***Frankfurter Zeitung,*** emigrierte 1941 in die USA. 1940 war er aus Belgien nach Frankreich geflüchtet, schrieb aber nicht für das ***Tage-Buch.*** Dessen Herausgeber war Leopold Schwarzschild, der aus Frankfurt stammte und 1940 in die USA flüchtete. Die Angaben über die Mitarbeit am ***Tage-Buch,*** die Internierung in Frankreich, Fluchtversuch über Spanien und schließlich Haft im Gefängnis Alexanderplatz 1943 treffen nur auf Berthold Jacob (d. i. Berthold Jacob Salomon) zu, der 1898 in Berlin geboren wurde. Im Februar wurde er in das Jüdische Krankenhaus Berlin überführt, wo er im selben Jahr starb. Siehe ***Biographisches Handbuch der deutschsprachigen Emigration nach 1933,*** Bd. 1, München usw. 1980, 322 f. (Siehe dazu unten S. 180 f.)

[22] Nikolaus von Halem (1905–1944), Berliner Großkaufmann, einer der aktivsten Widerstandskämpfer aus dem „Berliner Kreis"; obwohl er zur Zeit des 20. Juli 1944 schon längst in Haft war, wurde er in den Kreis der Attentäter mit einbezogen, am 16. Juni 1944 zum Tode verurteilt und am 9. Oktober 1944 in Brandenburg hingerichtet. Wenn Herzfeld schreibt, er sei auf der Flucht von Lager zu Lager ermordet worden, so vermittelt diese Formulierung einen nicht ganz zutreffenden Eindruck. V. Halem wurde hingerichtet. (Siehe dazu unten S. 179 f.)

größeren Waschraum erscheinen, sich hier völlig im Adamskostüm präsentieren und der Saalleitung sämtliche Kleidung und Wäsche zur Lausekontrolle vorlegen. Immerhin gelang es auf diese Weise, der Gefahr einigermaßen Herr zu werden, während in dem Transportsaal, dem ich Ende März zugewiesen wurde, die Zustände noch wesentlich schlimmer waren.

Dieses relativ günstige Ergebnis war ganz der Energie unserer Saalleitung auf der Station II zu verdanken. In jedem größeren Gemeinschaftsraum war von der Polizei eine solche aus mehreren Personen bestehende Saalleitung ernannt, die in der Regel aus zuverlässigen politischen Gefangenen zusammengesetzt war, die längere Hafterfahrung und im allgemeinen auch die notwendige Gewandtheit und Energie besaßen. Bei uns war die Spitze ein ehemaliger deutscher Ufa-Direktor in Holland – angeblich war seine Frau Jüdin gewesen –, der sein Amt mit einer fast brutalen Energie verwaltete, die es glaubhaft erscheinen ließ, daß er schon früher Massenaufgebote von Menschen zu leiten verstanden hatte. Er wie seine Helfer waren durchweg gebildete Leute. Überhaupt stellten die politischen Gefangenen eine Art Aristokratie dar, die sich wesentlich vornehmer dünkte als die sehr große Masse der „Kriegswirtschaftsverbrecher", der Kaufleute, die in die Maschen der Zwangswirtschaft während der Kriegsjahre geraten waren, obwohl auch unter diesen durchaus Gentlemen vorhanden waren. Die Saalleitung übte so nicht nur eine elementare Gesundheitskontrolle aus, sondern nahm auch die Disziplin mit der eisernen Härte wahr, die durch das Durcheinander heterogenster Elemente, politischer Angeklagter, Kriegswirtschaftsverbrecher, gewöhnlicher Krimineller vom Homosexuellen bis zum Dieb und Mörder, Ausländer der verschiedensten Art, denen überwiegend Arbeitsverweigerung zur Last gelegt wurde, unbedingt notwendig erschien. Bei ernsten Verstößen gegen den Gemeinschaftsgeist wurde eine durchaus an nationalsozialistische Vorbilder gemahnende Vergeltung geübt. Ich erlebte als ersten Fall, daß bei der Essensausgabe ein armseliger alter Mann einem Kameraden hinter dem Rücken die am Sonnabend verteilte Käsestange gestohlen hatte. Er wurde sofort gefaßt, da er seine eigene Käseportion noch in der Hand hatte, während er mit vollem Munde und schreckensbleich angesichts der sofort einsetzenden Nachforschung das Diebesgut hinterzukauen versuchte. Schon in der Nacht kam der „heilige Geist", ein Tuch, das ihm im Liegen über die Augen geworfen war, ehe er die Angreifer zu erkennen vermochte. Er wurde wehrlos in den hinteren Waschraum geschleppt, dort unbarmherzig mit nassen Handtüchern im Adamskostüm so zerschlagen, daß kaum ein Fleck der Haut heil blieb, und mußte tagelang ein großes Schild mit der Inschrift „Käseklau" – nach der im Krieg volkstümlich gewordenen Figur des Kohlenklau – auf dem Rücken herumschleppen, so daß der Hilflose einem schließlich aufrichtig leid tun konnte. Es muß aber doch bemerkt werden, daß immer wieder in peinlichem Umfange gestohlen wurde und diese eigenmächtige Polizei doch kaum entbehrlich war, um einen solchen Massenmob in Ordnung zu halten.

Noch bedenklicher war, daß gerade die politischen Gefangenen immer wieder mit Spionage und Denunziation aus den Reihen der Gefangenen selbst rechnen mußten. Ich sollte das sehr bald erfahren, als sich schon am ersten Tage ein ehemaliger holländischer Offizier an mich heranmachte – es war ein Jude, der mit seiner Freundin in Haft war, weil er angeblich Rundfunkspionage getrieben und seinen Hals verwirkt hatte. Der Verdacht, daß er seine Lage durch „Verpfeifen" zu bessern suchte, war allgemein und anscheinend gut begründet. Man hatte kaum gesehen, daß er sich an mich herangedrängt hatte, als ich vom Vorstand diskret herangewinkt und unterrichtet wurde, man müsse sich vor ihm in acht nehmen. Ich habe mich danach gerichtet, obwohl es nicht leicht war, ihm zu entfliehen, und er erst nach einigen Tagen merkte, daß ich mich zurückhielt. Kurz nach meiner Entfernung aus dem Alex wurde er dann, wie ich hörte, tatsächlich entlarvt, ward jedenfalls Opfer des „heiligen Geistes" und verschwand dann aus dem Saale. Denn die Polizei, die die Massen der Häftlinge in dem überfüllten Raume ohne Mitwirkung der Gefangenen selbst nicht in Ordnung zu halten vermochte, setzte dieser Exekution keinen Widerstand entgegen. In wenigen Fällen entfernte sie sogar Gefangene auf Wunsch der Saalleitung und verbannte sie in die gefürchteten unteren Keller, wie ich das erlebte, als ein jüngerer deutscher Gefangener durch anmaßendes, flapsiges Auftreten die Aufgabe der Saalleitung erschwert hatte. Er verschwand auf einen Wink an die Polizei sofort im Keller, was bei ähnlich gestimmten unruhigen Gemütern den Eindruck heiligen Schreckens hinterließ.

So unerfreulich die Masse der Mitbewohner war, so psychologisch interessant, wenn auch hier und da psychisch angreifend, war die bunte Mischung der Häftlinge. Da lag ich anfangs neben einem Kaufmann aus Trier, den man zur Konfrontierung mit seinen Komplizen nach Berlin geschafft hatte. Er zeigte einen durchaus unberechtigten Optimismus über sein Schicksal. Wie er mir erzählte, war er mit einer größeren Kaffeesendung im Zug von Holland nach Berlin gefaßt worden. Er war ein gebildeten Schichten angehöriger Herr in meinen Jahren. Seine beiden Töchter besuchten höhere Schule und Universität. Er schien mit einer längeren Gefängnisstrafe zu rechnen, erwartete aber angeblich nichts Schlimmeres für sich und sehnte sich nur dem Tage der Rückreise nach der rheinischen Heimat entgegen, wo die Lage der Gefangenen, ähnlich wie überall in der Provinz, wesentlich besser als in Berlin mit seinem Massenandrang zu sein schien. Zu meiner Überraschung kam ich dann in der Lehrter Straße mit einem Berliner Fleischermeister, einem biederen und angenehmen Geschäftsmann, zusammen, der zu seinen Komplizen gehörte. Ich erfuhr, daß er außer illegalem Handel mit Kaffee und anderen Dingen, der allein schon für eine hohe Haftstrafe von vielen Jahren genügte, auch für die Kartenstelle seiner Heimat in seinem Geschäftsauto die Lebensmittelkarten für den ganzen Kreis ausgefahren und dabei in großem Maßstab unterschlagen habe. Da er über diese Tätigkeit seit Kriegsbeginn gewissenhaft Liste geführt hatte und dies Papier nach seiner Verhaftung in seiner Wohnung entdeckt worden war, hatte er auch alle seine Geschäftsfreunde, darunter meinen Zellengenossen, der auf diesem Wege fünf bis sechs Zentner Fleischwarendefizit seines Betriebes seit Kriegsbeginn gedeckt hatte, ans Messer geliefert. Er war in Berlin einer langen Reihe dieser Unglücklichen gegenübergestellt worden, die sich über seinen Leichtsinn in wenig schmeichelhaften Ausdrücken ergingen. Bei der vorherrschenden Rechtsprechung konnte kein Zweifel sein, daß sein Kopf verwirkt war, so wenig er selbst das zu ahnen schien.

Vielleicht der menschlich dramatischste Fall, den ich kennen lernte, war ein bildhübsch aussehender junger Berliner Verleger aus einem aufstrebenden literarisch feinen und regsamen Verlage. Er stand wegen § 175 unter Anklage. Die Verhaftung war zu seinem Unglück erfolgt, während er als Polizeioffizier in Polen im Dienst war. So war er dem SS-Polizeigericht in der Prinz-Albrecht-Straße zugewiesen und machte seine Fahrt zu den Vernehmungen stets in einer stark bewachten glanzvollen Privatlimousine. Er war so ein weitaus schwererer Fall als ich selber, mußte mit einer Katastrophe rechnen und konnte nur versuchen nachzuweisen, daß es sich nur um Einzelfälle, nicht eine dauernde Disposition handelte. Sein Wesen war von einer tiefen Melancholie geprägt, die erschütternd wirkte, da es sich um einen zweifellos hochwertigen, feingebildeten und sensiblen Menschen handelte, der bei der vorherrschenden Bewertung seines

Vergehens mit einer Zuchthausstrafe von barbarischer Härte rechnen mußte. Es gehörte viel Tapferkeit dazu, um diese Lage auszuhalten. Er hat diese aufgebracht und war vielleicht diejenige Erscheinung des Saales, die mich menschlich am stärksten bewegt hat. Dasselbe galt aber auch für den Bettnachbarn, den ich nach einigen Tagen der Nachtruhe erst auf einem Tisch, dann auf einer Pritsche neben einem Belgier erhielt. Es war ein Mitglied des Saalvorstandes, ein Herr von Halem, Rheinländer von besten Formen und tadelloser Erziehung. Ehemaliger Heidelberger Korpsstudent und Jurist, war er als Leiter eines westdeutschen Industriebetriebes oder einer größeren Landwirtschaft durch deutschnationale Vergangenheit nicht vor der Anklage geschützt worden, daß er einen Mordplan gegen den Führer erörtert habe. Nach seiner durchaus zuverlässig erscheinenden Erzählung (mein damaliger bezeichnender Eindruck; heute weiß ich zu meiner Erschütterung, daß Herr von Halem führend zu dem Kreise von Persönlichkeiten gehört hat, die unter Einsatz der eigenen Existenz die Vorbereitung des 20. Juli 1944 betrieben haben. Er hat noch bis in die letzten Kriegswochen in der Haft gelebt, um erst auf der Flucht von Lager zu Lager ermordet zu werden)[23] hatte er einem bereits bestraften Kommunisten aus Mitleid Beschäftigung gewährt. Dieser hatte das Putschen nicht lassen können und dann, um seinen Hals zu retten, nach links und rechts mit Denunziationen um sich geworfen. Herr von Halem befand sich schon seit über zwei Jahren in Haft und hatte es nach den Angaben seiner Freunde zeitweise so schwer gehabt, daß seine jetzige Lage in dem Alex-Saal dagegen noch als verhältnismäßig erträglich erscheinen konnte. Er war von einer völlig ungebrochenen Tapferkeit und hat mir durch sein Vorbild das Überstehen dieser qualvollen Woche wesentlich erleichtert. Denn als ich zunächst in das Grübeln über die Zukunft von Frau und Kind zu versinken drohte, hat er mir einmal des Nachts nachdrücklich gesagt, daß meiner Familie nur geholfen werden könne, wenn ich mich selbst erhalte – ganz gleich wie lange diese Episode dauern werde. Das Leben jedes Einzelnen stehe ebensogut bei Fliegerangriffen oder im Felde auf dem Spiel. Der Tod sei in dieser Zeit nichts besonderes und nicht das Schlimmste, was den Einzelnen treffen könne. Solche Mahnungen aus dem Munde eines sehr viel schwerer Getroffenen, der ganz im

[23] Hier handelt es sich um eine spätere Hinzufügung zu dem im Frühjahr 1943 niedergeschriebenen Text. Derlei Ergänzungen scheint Herzfeld des öfteren vorgenommen zu haben.

Ungewissen über seine Zukunft schwebte, appellierten an die Tapferkeit und waren vielleicht die beste Medizin, die man in dieser Lage einnehmen konnte. Sie hat mir wesentlich geholfen. Ich konnte mich daher auch an ihn mit der Bitte um einen Liebesdienst wenden. Als ich am letzten Verhörstage meine Korrespondenzmappen zurückerhielt und sie durch Unachtsamkeit der Begleitmannschaften in den Saal hinauf mitnehmen durfte, stand mir fest, daß diese Briefe, Briefe von Irmela, aus denen freilich das Wesentliche schon entfernt worden war, und Briefe von zahlreichen Bekannten und Freunden aus den letzten Jahren, nicht wieder vor unbefugte Augen kommen durften. Ich war entschlossen, aus ihnen nur die zahlreichen Feldpostbriefe meiner Schüler zu behalten, die Korrespondenzen mit Gloël, Lorenz, Schröder und anderen, die für meine Verteidigung von Wert sein konnten, widerlegten sie doch bündig die Anklage, daß die von mir gepflogene Auseinandersetzung über die Kriegslage, die von jenen jungen Soldaten selbst gewünscht und gepflegt worden war, „wehrmachtzersetzend" gewirkt haben sollte. Alle anderen Briefe aber waren vom Überfluß. Herr von Halem übernahm es, als ich sofort nach Moabit und der Lehrter Straße geführt wurde, diese Briefe an sich zu nehmen und sie zu vernichten. Sie sollten zur Entwanzung unserer Ruhestätte dienen, die auf einem allerdings verbotenen und daher nur nachts benutzbaren Wege stattfand, indem nach Entfernung des kümmerlichen Strohs auf unserer harten Holzpritsche das Ungeziefer mit brennendem Papier ausgeräuchert wurde.

Unter den mit mir zusammengeführten Politikern war die wohl interessanteste Erscheinung ein Frankfurter (jüdischer Abstammung) Sonnemann, der Herausgeber des bekannten, lange Jahre in Frankreich erscheinenden antimilitaristischen „Tagebuchs". Man hatte ihn 1940 nach dem Siege über Frankreich festgenommen, als er vergeblich versucht hatte, über die Pyrenäen zu flüchten. Nach langem Aufenthalt in französischen Konzentrationslagern war er im Alex gelandet und seit drei Jahren ohne jede Verbindung mit der Außenwelt, so daß er nicht einmal wußte, ob Frau und Kind noch lebten, die sich damals in Portugal befunden hatten. Gerade er trug sein völlig ungewisses Schicksal mit bewunderungswürdiger Ruhe und Heiterkeit, mit eiserner Energie beschäftigt, aus den wenigen ihm erreichbaren Zeitungen und den Mitteilungen der neu eingelieferten Gefangenen sich das Bild der Kriegslage zu ergänzen und in knappen stichwortartigen Aufzeichnungen für die Zukunft festzulegen. Mit ihm berechnete ich in diesen Tagen, welche zahlenmäßigen Ergebnisse wohl durch die eben beginnende totale Mobilmachung erreicht werden würden. Das Ergebnis war recht bescheiden. Es ließ die Frage mehr als offen, ob auch nur eine Ergänzung der Verluste stattfinden konnte, die eben durch die große zweite Winteroffensive der Russen veranlaßt wurden. Denn gerade in diesen Tagen erreichte mit dem zunächst noch vorübergehenden Fall von Charkow der neue russische Ansturm auf die Ostfront seinen dramatischen Höhepunkt. Gleichzeitig proklamierte eine Rede von Goebbels, der Zeitpunkt sei gekommen, in dem auch im Innern Deutschlands die Köpfe rollen müßten, um die Geschlossenheit der nationalen Abwehr zu gewährleisten. Diese Rede wurde uns von den Wachtmeistern selbst in einem frischen Zeitungsblatt zur Verfügung gestellt und vor einem ausgewählten Chorus laut verlesen. Sie erweckte überwiegend den Eindruck, daß es sehr schlecht stehen müsse, wenn solcher Unsinn gegen so tüchtige Menschen, wie wir waren, zu Tage gefördert wurde. Denn die Hauptmasse der Gefangenen neigte natürlich der Ansicht zu, daß der Krieg bald mit einer Niederlage Deutschlands beendet sein würde, die ihnen die Freiheit wiederzugeben versprach. Auch Sonnemann teilte die Ansicht, daß der Krieg wahrscheinlich schon im Hochsommer 1943 auf diesem Wege beendet sein würde. Wie die anderen Gefängnispolitiker sah er der Krise, die dann allen Gefangenen drohte, mit vollendeter Fassung entgegen. Ich glaube, er hat die Hoffnung keinen Augenblick aufgegeben. Persönlich war es höchst merkwürdig, wie ich als ehemaliger Deutschnationaler und der radikale pazifistische Demokrat sich in Gesprächen über die Kriegslage fanden. Menschlich war es ein Erlebnis, das mir vielleicht am schärfsten die Wendung klarmachte, die in mir selbst durch die Entwicklung der letzten Jahre bewirkt worden war. Denn in dem einen, daß die Entwicklung Deutschlands ganz neue Bahnen werde suchen müssen, waren wir beide einig, so sehr ich das alte Heer bewundert und geliebt hatte, dem ich selbst in blutigen Weltkriegsjahren angehört hatte, während er in seiner ganzen Lebenslaufbahn der schärfste Gegner dieses Heeres gewesen war. Ich verdanke ihm übrigens auch das Leihgeschenk eines Rasierapparates, so daß ich mich am Freitag dieser Woche wenigstens einmal rasieren konnte. Das war bei der Seltenheit dieses Instrumentes ein großer Freundschaftsdienst, an den ich ebenso dankbar zurückdenke wie an die Gespräche, die zum Anregendsten jener Tage gehörten.

Neben solchen erfreulichen Erscheinungen war das Bild freilich durch eine grenzenlos bunte Mischung beherrscht. Da hängte sich im

Anfang mit besonderer Heftigkeit ein Wiener Jurist an mich, der gleichzeitig mit mir eingeliefert worden war. Sein Vater war angeblich österreichischer General gewesen. Er selbst lebte in Berlin in einer etwas schattenhaften Existenzform. Jedenfalls hatte er unberechtigt Offiziersuniform angelegt, war damit ausgegangen und hatte sich auch noch so ungeschickt benommen, daß man ihn gefaßt und bei der Rückkehr nach Hause sofort verhaftet hatte. Dazu war er noch Halbjude und besaß den Leichtsinn, seine „Freundin" zu sich in den Alex zu bestellen. Sie brachte ihm persönlich reichlich Zigaretten und Apfelsinen, von denen auch für mich etwas abfiel, da er im Grunde eine gutmütige Haut war. Freilich war dieser Leichtsinn schwer faßbar, denn unmittelbar nach diesem Besuch hörte er, daß man in einem anderen Falle die Freundin eines solchen Häftlings zwar auch hatte kommen und ihre Schätze abliefern lassen, um sie dann aber sofort wegen Rassenschande zu verhaften. Es war rührend, wie ihm daraufhin das Herz vor Angst in der Brust schlug. Aber er hätte sich in dieser heiklen Lage diese Aufregung besser sparen sollen. – Dann gab es SA- und SS-Leute, Soldaten und Offiziere, Lumpen und brave Leute jeder Art. Alles war so gedrängt, daß nicht einmal die Eßgeschirre reichten. Zur Not konnte man auch als Neuling noch einen Eßnapf erhalten, unter keinen Umständen aber einen Löffel. Dafür boten sich bereitwillig alle prisonniers an, für deren Hunger die Verpflegung nicht reichte. Sie waren gern bereit, den noch appetitlosen Neuling mit ihrem Löffelchen seine Suppe schlürfen zu lassen, wenn ihnen der überschießende Rest zufiel. Denn die Verpflegung war im Alex auf ein sanftes Hungern berechnet, und die älteren Politiker mußten ebenfalls zugestehen, daß man bei dieser Verpflegung ohne Außenpakete nicht bestehen konnte. Es gab zum Frühstück die übliche etwa einen halben Liter große Satte, sogenannten Kaffee und trocken Brot, ob gelegentlich mit Marmelade dazu, ist mir nicht mehr ganz erinnerlich. Mittags gut einen halben Liter Suppe, niemals eigentlich ein wirklich festes Essen. Mir war es zunächst reichlich, auch, wie ich später feststellen mußte, besser abgekostet im Geschmack als das an sich ausgiebigere Essen in der Lehrter Straße, abends dagegen nur Kaffee mit Brot, gar keine Wurst und nur sonnabends mit einem Riegel Harzer Käse. Das war dann auch die Festmahlzeit der Woche. Die Waschgelegenheiten mochten notdürftig genügen, wenn man sich heranhielt. Gelegentlich wurde geduscht. Als ich das bei meinem zweiten Aufenthalt erlebte, waren Zeit und Wasser reichlich vorhanden, eine wirklich durchgreifende Säuberung also möglich. Ausgang in freier Luft habe ich im Alex nicht erlebt. Die Frauen und andere Teile des Gefängnisses waren an einem Tage auf dem Hof zu sehen – mit Schwierigkeiten, denn es war in dieser Zeit streng verboten, an die Fenster zu treten, und die Saalwache suchte Verstöße dagegen im allgemeinen Interesse eifrig zu unterdrücken. Die Mehrzahl der Gefangenen meiner Station hatte auf unberechenbare Zeit die freie Luft nicht gesehen. Besonders drückend waren die langen Stunden vor und nach dem Abendessen. Unterhaltung war zwar vorhanden und in der ersten Woche auch anregend. Alle besseren Elemente suchten sich eifrig Nachrichten über die Kriegslage von Wachmannschaften und Neueingelieferten zu verschaffen. Die letzteren waren sofort von einem dichten Gedränge alter Elemente umgeben, die ihnen Tabak, Zigaretten, aber auch frische Zeitungen abzunehmen suchten. Da mein erster Aufenthalt in die fieberhaften Tage von Charkow[24] fiel, war die Hoffnung auf ein baldiges Kriegsende allgemein und die Stimmung dadurch im ganzen gehoben. Jeder einzelne war aber doch vor allem froh, wenn er diese ungastliche Stätte verlassen konnte.

Am Montag, den 22. Februar, wurde ich, wie nach der Vorführung beim Vernehmungsrichter zu erwarten gewesen war, aus der Zelle gerufen und mußte mich mit allen Sachen zur Umsiedlung in das Untersuchungsgefängnis fertig machen. In der nicht übermäßig gefüllten grünen Minna ging es über die Lehrter Straße nach Moabit, wo man die Mittagszeit in einer Zelle des Dachgeschosses verbrachte. Die Erwartung, Irmgard irgendwie auf dem Wege zu sehen, hatte sich zu meinem Leidwesen nicht erfüllt. Instinktiv aber war ich sicher, daß sie nach Moabit kommen würde, was sich auch bestätigt hat. Ich selbst wurde im Laufe des Nachmittags nach der nahe gelegenen Lehrter Straße herübergebracht und stand dort zum ersten Mal in dem durch alle Stockwerke hindurchlaufenden Zentralturm, von dem nach allen Richtungen der Windrose die vier Seitenflügel mit den in drei Stockwerken angeordneten Zellen und ihren Eisengängen und Eisentreppen abzweigten. Die Aufnahme erfolgte mit der üblichen militärischen Grobheit der Wachmannschaften. Auf die Dauer stellten sie

[24] Nach dem Fall von Stalingrad war es der Heeresgruppe Manstein gelungen, den russischen Offensivvorstoß aufzufangen und damit die Gefahr zu bannen, abgeschnitten zu werden. In einer zweiten Angriffsschlacht gelang es den deutschen Truppen sogar, am 14. März Charkow unter schweren russischen Verlusten zurückzuerobern. Im weiteren Verlauf des Krieges im Osten mußte Charkow erst am 23. August 1943 zum zweiten Mal geräumt werden.

sich als gar nicht so schlimm heraus. Beim ersten Eindruck aber fühlten sie wie alle Unteroffiziere das Bedürfnis, zunächst einmal ihre Autorität durch scharfes Auftreten zu begründen. Weiter mußten alle Sachen abgegeben werden, wobei auch mein Notizbuch mit den kostbaren Rechtsanwaltsadressen verschwand. An diesem Nachmittag oder am nächsten Morgen wurden wir gewogen. Ich war nach dem Einlieferungszettel, der jedem in die Zelle mitgegeben wurde und der mit dem Namen, dem Vergehen und der Altersangabe am Spind angeheftet werden mußte, auf 85 Pfund herabgesunken und nahm mir vor, die Verpflegung möglichst ausgiebig zu mir zu nehmen. Für sechs Wochen sollte ich damit in einer schmalen Zelle dieses ursprünglichen Militärzuchthauses zur Ruhe kommen. Es war ein Raum von etwa dreieinhalb Meter Länge, belegt mit zwei Gefangenen, die sich in das eine Bett teilen mußten. Der eine von uns beiden hat abwechselnd mit seiner Matratze daher auf dem Fußboden kampieren müssen. Da es, abgesehen von den ersten Nächten, nicht mehr kalt war, bedeutete das keine besondere Belastung. Hart war das Lager auf der Holzpritsche ebenso wie auf dem Fußboden, da der abgenutzte alte Strohsack keinen besonderen Komfort vermitteln konnte. Ein Kübel für gewisse Zwecke und das gebrauchte Waschwasser standen in der Zelle und wurden zweimal täglich, am frühen Morgen und nach dem Mittagessen, geleert. Wasser und andere Dinge mußten genau eingeteilt werden, um nicht auf den Unwillen der mit dieser Reinigung beauftragten Gefangenen oder Kalfaktoren wegen Überfüllung zu stoßen. Waschwasser war mehr als knapp, reichte aber zu der gewissenhaft an jedem Vormittag erfolgenden Reinigung des Körpers bis zum Gürtel. Für mich wurde jetzt schnell die Wäschefrage brennend. Durch Irmelas Abwesenheit in Freiburg erhielt ich während der sechseinhalb Wochen Haft weder Besuch noch Sachenpakete, die den meisten Gefangenen durch ihre Frauen schnell geliefert wurden. Ich habe meinen Papierkragen mehrmals zu nähen versucht, mußte aber schließlich ganz auf dies Schmuckstück verzichten und mit dem Binder über dem bloßen Hals zweiter Klasse von Bahnhof Börse nach Nikolassee fahren, als ich schließlich entlassen wurde. In den Tagen, in denen ich bei Wechsel des Zellengenossen allein war, habe ich wenigstens mein Hemd im Waschbecken zweimal notdürftig durchwaschen können. Im übrigen half ich mir mit der Gefängniswäsche. Das Gefühl, sie anzulegen, war unleugbar peinlich. Man hatte die Empfindung, dadurch irgendwie endgültig aus der bürgerlichen Welt auszuscheiden, und ich selbst sah bei aller gefühlsmäßigen Widerstandskraft mit sehr gemischten Gefühlen dem Augenblick einer Verurteilung entgegen, wo ich sie zwangsweise hätte anlegen, meine Zivilsachen abliefern und jede Nacht Anzug und Socken auf einem Schemel vor die Tür hätte hinausstellen müssen. Die groben Socken mit ihrem breiten roten Kreise um die Knöchel, die zum großen Teil wenig sauberen, geflickten und doch zerrissenen Anzüge lockten nicht gerade dazu, mit ihnen Toilette zu machen. Immerhin waren das grobe Hemd und die Socken gut genug, um als Nachtzeug benutzt zu werden und so der eigenen Wäsche eine wenigstens notdürftige Schonung angedeihen zu lassen.

Die Tagesordnung war von militärischer Einförmigkeit. Wecken um einhalb sechs, Frühstück um einhalb acht, dann die halbe Stunde Spaziergang auf den drei konzentrisch angeordneten Kreisen des Hofes, bei dem ich meist den äußersten Kreis mit der lebhaftesten Gangart wählte, obwohl dieser an sich den jüngeren Gefangenen zugedacht war. Mein Zellenwachtmeister, ein brummiger, aber ganz vernünftiger Mann, ließ uns später auf unsere Bitten wenigstens ein paar Minuten Laufschritt machen, um das Maß der Bewegung etwas intensiver zu gestalten. Dazu veranlaßte mich ein zeitweiliger Zellenkollege, der Zuchthäusler Bandemer, durch sein Beispiel, auch einige Freiübungen zu machen, um durch ewiges Sitzen nicht ganz steif zu werden. Das war, wie sich heraustellte, ein sehr weiser Rat. Im übrigen bot der Spaziergang an dem noch sehr kühlen Frühjahrsmorgen wenig Reize. Sprechen war verboten. Kopfumdrehen war verboten. Einer der Wachtmeister, Herr Bretvogel, sonst ein zugänglicher Mann, pflegte mich mit Namen zu rufen, wenn ich gegen eines dieser Gebote verstieß. Ein Kopfdrehen genügte zu der Mahnung: Herzfeld, bist Du verrückt, Dich dauernd umzudrehen! Es war verboten, die Hände in die Taschen zu stecken trotz der Kälte, so daß man die Handschuhe niemals fortlassen konnte, oder sie auf dem Rücken zu falten. Wenn der Inspektor seinen Revisionsgang machte, wurde die Disziplin sofort verschärft. Die Abstände – zwei Meter – zwischen den einzelnen Gefangenen mußten streng eingehalten, militärische Haltung markiert werden. Wachtmeister und Inspektor, der „Gummimann“, wie er nach seinem verknitterten, ältlichen Aussehen hieß, wetteiferten in militärisch straffer Tonart. Die Wachmannschaften suchten vor allem den Austausch von Sachen unter den Gefangenen – beliebt waren Zeitungen und Lebensmittel – zu verhüten. Wer gefaßt wurde, sah sich auch hier zu Arrest im Keller verdonnert, der von dem Gefängnisdirektor, einem Regierungsrat, verhängt wurde, mit dem ich bis auf die erste formale Vorstellung mit dem „Bekenntnis", das heißt der Angabe der Straf- beziehungsweise Untersuchungssache, nichts zu tun gehabt habe. Er trat im normalen Leben vollkommen hinter dem Unterpersonal zurück. Das Verhältnis zu diesem wurde mit der Zeit leidlich. Ein Teil der Wachtmeister kam gelegentlich in die Zelle, um sich zu erkundigen, was der einzelne verbrochen hatte. Dabei mußte man eine gewisse Vorsicht wahren. Der Arbeitswachtmeister, der leidlich entgegenkommend schien und sich in dieser Art bei mir erkundigte, bemerkte dann zu Bandemer, als ich mitten im Gespräch herausgerufen wurde, doch, das sei auch so ein Meckerer; es sei ganz gerecht, daß ich sitze. Ich wurde ihm gegenüber daraufhin sehr vorsichtig. Andere waren menschlicher oder ließen sich mehr gehen und beendeten wohl meine vorsichtig gefärbte Erzählung mit einem klassischen „Was Sie nicht alles machen", das über ihr Urteil immerhin gewisse Rückschlüsse erlaubte.

Hier in der Lehrter Straße wurde wenigstens alle drei bis vier Wochen regelmäßig geduscht, so daß die Sauberheit notdürftig aufrechterhalten werden konnte. Die große Feiertagsunterbrechung war der Gottesdienst, für Protestanten und Katholiken alle 14 Tage. Ich fühlte mich das erste Mal nicht hingetrieben und ließ es gerne geschehen, daß mein krimineller Zellengenosse, merkwürdigerweise ein Gottgläubiger, der eigentlich keinen Anspruch auf Teilnahme hatte, diese Unterbrechung der Monotonie begrüßte, an meiner Stelle ging. Ich war froh, dann wenigstens einmal am Sonntagvormittag für Träumereien und Lektüre allein zu sein. Als ich dann schließlich mitging, war ich doch innerlich erschüttert und gehoben. Es war ein sehr verständiger, phrasenloser und schlichter alter Pfarrer, der uns über die Handwaschung des Pontius Pilatus eine religiös streng sachliche Predigt hielt, die doch an das Innerste griff. Jedenfalls konnte ihr der Gefangene entnehmen, daß nicht immer der Häftling der schlechtere Mensch zu sein brauchte. Man saß dabei mit weiten Abständen in einem Amphitheater, so daß auch hier eine Unterhaltung mit dem Nachbarn unmöglich war. Vor uns und über uns saßen Wachtmannschaften, die jeden Mann mit Leichtigkeit überwachen konnten. Die Ausstattung der Kirche – Orgel und Altar – war aber würdig. Das Ganze stellte unzweifelhaft den erhebendsten Augenblick des Gefangenendaseins dar.

Wenn der Vernehmungsrichter mir im Alex mitgeteilt hatte, daß ich im Untersuchungsgefängnis einen Rechtsanwalt nehmen und Antrag auf Haftentlassung stellen könnte, so sollte das zu einer großen

Enttäuschung führen. Es zeigte sich schnell, daß ich in der Lehrter Straße ebenso energisch von der Außenwelt abgeschnitten war wie bisher. Alle Versuche, mit meiner Frau oder dem Untersuchungsrichter in Verbindung zu kommen, scheiterten bei mir ebenso wie bei I. K., die bis zu meiner Entlassung am 1. April zwar ihren Bruder zweimal gesehen und Sachen empfangen hatte, aber auch ihr Rechtsanwalt hatte keine Sprecherlaubnis erhalten, und noch im Augenblick dieser Niederschrift (22. Mai) hat er noch keine Einsicht in ihre Akten nehmen können. Obwohl der Aufenthalt im Untersuchungsgefängnis formal besser geordnet war als im Polizeigefängnis, blieb es doch auch hier bei dem Grundsatz, daß wenigstens der politische Untersuchungsgefangene bis zur Erhebung der Anklage in der Regel streng isoliert wurde und erst nach Fertigstellung der Anklageschrift, unmittelbar vor dem Termin, ernsthaft an die Vorbereitung seiner Verteidigung herantreten konnte. Die Entrechtung des Einzelnen zugunsten der Strafverfolgung war hier so konsequent durchgeführt wie bei der Gestapo, trotz einer gewissen Erleichterung der individuellen Existenz wurde die Verteidigung rücksichtslos und systematisch erschwert. Die Rechte des Untersuchungsgefangenen waren im Gegensatz zur Vergangenheit mit ihren weitgehenden Vergünstigungen für die Verbindung mit der Außenwelt, für den Verkehr mit dem Verteidiger und die äußere Lebensweise (eigene Verpflegung) jetzt ganz auf das Recht beschränkt, eigene Kleidung zu tragen und sich eine Zeitung zu halten. Dies Recht wurde respektiert, und ich konnte sofort die *DAZ* bestellen, was eine große Wohltat bedeutete. Freilich war manchen Wärtern auch dies schon ein Dorn im Auge; der stets mürrische Wachtmeister Müller, der in der Partei Zellenobmann des Gefängnispersonals war, drohte mir, als ich zum zweiten Male ein Beiblatt für geheimste Zwecke verwendet hatte, er würde mir im Wiederholungsfalle sofort die Zeitung entziehen. Tatsächlich bestand die Vorschrift, daß diese am nächsten Tage wieder abgegeben werden sollte. Aber praktisch wurde das doch nur von ihm mit schikanöser Strenge gehandhabt, denn es war kein Genuß, anstelle der eigenen frischen Zeitung die schmutzigen alten Wische zu benutzen, die man zurechtgeschnitten in der Zelle erhielt.

Von Anfang an bemühte ich mich, durch zwei Briefe mit meiner Frau in Verbindung zu kommen. Den ersten erhielt sie nach über einem Monat Lauffrist in Freiburg unmittelbar vor meiner

Entlassung und konnte ihn gerade so an meine Kusine Maus[25] schicken, daß er am Tage meiner Entlassung in Nikolassee eintraf. Den zweiten Brief empfing sie, als ich bereits in Freiburg eingetroffen war. Auf diese Weise hat sie auch niemals erfahren, daß sie das Recht hatte, an mich zu schreiben. Ich habe infolgedessen ebensowenig von ihr Briefe erhalten, wie sie von mir. Meine Wunschzettel an den Untersuchungsrichter wegen Aushändigung von Rasierapparat, Nagelzeug und Einsicht in das Notizbuch wurden niemals erledigt. So konnte ich auch nicht auf die Rechtsanwaltsadressen zurückgreifen, die ich im Alex erhalten hatte, und sah mich gezwungen, von der Zelle aus zu operieren, so gut es ging. Eile schien mir – etwas laienhaft – geboten, um eine Verteidigung aufzubauen mit Zeugen, für die ich vor allem an Troebst und Schönemann[26] dachte, während die Forschungsanstalt ausgeschlossen bleiben sollte. Ich nahm – wohl mit Recht – an, daß sie, wenn überhaupt, durch ein dienstliches Gutachten zugezogen werden würden. Wie ich später erfahren habe, haben sich diese beiden zuverlässigen Freunde meiner Kusine Maus zur Verfügung gestellt – nicht ganz ohne Seelenschmerz, da auch sie leise fürchteten, ich könnte unter doppeltem weiblichen und religiösen Einfluß, durch meine Frau von katholischer, durch I. von protestantischer Seite, mich doch irgendwie an Unterschriftensammlungen oder etwas Ähnlichem beteiligt haben. Aber Schönemann wäre bereit gewesen, über unseren Verkehr auszusagen. Wolde[27] hat meinen Verwandten und auch mir später noch versichert, daß ich in den Hunderten von Gesprächen über die Kriegslage, die wir seit 1939 geführt hatten, trotz ernster Beurteilung der Kriegslage niemals ein wirklich belastendes Wort geäußert hätte. Er wäre bereit gewesen, das auch als ein – voraussichtlich recht schwerwiegender – Entlastungszeuge vor Gericht zu bekunden. In den ersten Tagen meiner Haft ist er bis zu dem uns gemeinsam aus Bo . . .(?) bekannten Görlitzer, dem stellvertretenden Gauleiter von Berlin, vorgedrungen, um Hilfe für mich zu suchen. Er hat seine Bemühungen erst einstellen müssen, als man ihm sagte, meine Angelegenheit sei geheime Reichssache, und

[25] Herzfelds Kusine Maus: diesen Rufnamen hatte sie von Kindheit an. Sie war eine Kusine ersten Grades, später verheiratet als Clementine Bartens.

[26] Nach Vermutungen aus dem Kreis der Familie dürfte es sich um einen Professor der Wirtschaftswissenschaften handeln, der sich vor allem mit Themen der nordamerikanischen Wirtschaft, insbesondere der strategischen Erdölreserven, befaßte und insofern auch ein für Herzfeld interessanter Gesprächspartner war.

[27] Woldemar Troebst, vgl. Anm. 11.

er würde nur sich und seine Familie gefährden, ohne mir helfen zu können.

Ich sah mich bei dieser Lage gezwungen, zunächst mit der üblichen Bitte um Anwaltsbesuch im Gefängnis an einen 67jährigen Herrn aus Friedenau heranzutreten, der sich von Zelle zu Zelle empfehlen ließ und durch eifrige Besuche bei den Kriegswirtschaftshäftlingen große Beliebtheit besaß. Auf meinen Zettel mit der Besuchsbitte hin erschien er auch binnen weniger Tage, ließ sich eine Vollmacht unterschreiben und versprach wiederzukommen. Das erfolgte nach einiger Zeit. Er nahm mich in die Sprechzelle mit, aber nur um mir mitzuteilen, daß er zum Volksgericht nicht zugelassen sei und auch nicht glaube, auf Zulassung nach einem Gesuch rechnen zu können. Obwohl ihm der Fall sichtlich etwas unheimlich war, äußerte er sich nicht unsympatisch, auch nicht ohne Intelligenz, so daß ich bereit gewesen wäre, an ihm festzuhalten. Praktisch kam das aber nicht in Frage. Dazu kam noch seine ominöse Mitteilung, daß unser Fall dem Volksgericht überwiesen sei. Zwar suchte er die Bedeutung dieser Verfügung abzuschwächen, indem er meinte, das sei wohl wegen Überlastung der Sondergerichte geschehen. Die Volksgerichte hätten immerhin etwas weniger zu tun. Aber ich täuschte mich doch nicht über die damit gegebene Gefahr, da von der Rechtsprechung der Volksgerichte genug zu erfahren war. Nach meiner Entlassung ist mir dann auch von sachkundiger Seite bestätigt worden, daß gewisse Staatsanwälte und Senate des Volksgerichts binnen kürzester Frist in summarischen Verfahren regelmäßig zu schwersten Zuchthausurteilen zu gelangen pflegten. Mein Anlauf, einen Anwalt zu erhalten, war damit gescheitert, denn der Herr versprach mir, einen Kollegen zu besorgen, der als zuverlässig gelten könne und beim Volksgericht zugelassen sei. Dieser Kollege ist aber niemals erschienen. Nach zwei Wochen weiteren Wartens stand ich noch immer dort, wo ich von Anfang an gestanden hatte, und machte mich nun auf alles, von einer überstürzten Vorbereitung der Verteidigung bis zu allen Möglichkeiten des Urteils, gefaßt. So wenig ich an einen Zusammenbruch meiner Verteidigung glaubte und mit einer Landesverratsverurteilung rechnete, suchte ich doch, auch dieses Äußerste nicht aus den Zukunftsträumen auszuschalten, um auf alles gefaßt zu sein.

So war ich fast resigniert, als ich gegen Ende der Haft plötzlich aus der Zelle gerufen wurde und unten einen jungen, energisch aussehenden Herrn fand, der sich mir als Rechtsanwalt Dr. Rabe vorstellte: er sei durch meine Frau mit meiner Verteidigung beauftragt worden, ob ich einverstanden sei. Ich habe selten einen Schein mit größerer Freude unterschrieben als die Vollmachterteilung für ihn. Da wir bei dieser Gelegenheit noch nicht miteinander sprechen durften, bat ich um baldigen Besuch, erhielt ihn zugesagt und wartete nun in den letzten anderthalb Wochen von Tag zu Tag auf diese erste Unterredung, für die ich unendlich vieles überlegt und bereitgelegt hatte. Auch er kam jedoch nicht wieder: erst nach meiner Entlassung erfuhr ich, daß ihm wie Irmgards Anwalt Akteneinsicht und Gesprächserlaubnis nicht erteilt worden waren. Immerhin bedeutete schon sein Auftreten eine wesentliche psychische Entlastung. Ich wußte nun wenigstens, daß meine Frau lebte und sich um den Fall bemühte. Ich konnte mir denken, daß das in Fühlung mit den Berliner Bekannten und Verwandten geschehen war, und sah dem Kommenden doch nicht mehr mit dem peinlichen Gefühl entgegen, daß die Wochen in restloser Passivität ungenützt verstrichen.

Die langen Wochen des Hindämmerns vergingen durch den Wechsel meiner Zellengenossen und durch erzwungene Arbeit schneller, als man hätte annehmen sollen. Alle Untersuchungsgefangenen waren verpflichtet, kriegswirtschaftliche Arbeit zu leisten. Die theoretischen zehn Arbeitsstunden waren nicht ganz so schrecklich, wie es scheinen mochte, da die Kontrolle in der Zelle mäßig und der mit der Aufsicht beauftragte Wachtmeister in meinem Falle durchaus human war, Zeit zur Einarbeitung ließ und auch Ungeschicklichkeit und Langsamkeit zunächst nicht tragisch nahm, so daß keine übermäßigen Anforderungen gestellt wurden. Anfangs wurde ich als Sattler beschäftigt, eine Fähigkeit, von der ich in meinen kühnsten Träumen nicht zu träumen gewagt hätte, nachdem Versuche, uns eine elektrische Nähmaschine in die Zelle zu bringen, von mir energisch als meine Möglichkeiten weitaus übersteigend, abgelehnt waren. Ich fürchtete ehrlich, daß ich mir mit dieser Teufelsmaschine sehr bald die Finger festgenäht haben würde. Einfacher war es, wie mir nun aufgetragen wurde, Rucksackriemen für die Luftwaffe zu nähen. Fünf Löcher mit der Ahle in einen schmalen Riemen und den übergelegten Querriegel (Knubbel) mit gleichmäßigen Abständen zu bohren, war zwar anfangs ebenso schwierig wie die dann folgende Nähprozedur: von zwei Seiten zugleich mit zwei Nadeln in jedes Loch. Riemen und Knubbel wollten tagelang nicht korrekt übereinander liegen, und meine Produkte waren so kümmerlich, daß sie immer wieder aufgetrennt werden mußten. Allmählich funktionierte aber das Kunststück, und ich war ehrlich bekümmert, als diese saubere Arbeit aufhörte und wir statt dessen Uniformhosen ausbessern mußten. Es handelte sich um Hosen von Verwundeten, Toten und Kranken, die, oberflächlich gereinigt, noch die Schußlöcher und vielfach Blutflecke von ihrem früheren Inhaber aufwiesen. Anfangs war ich mit dem untersten Grade beschäftigt und mußte nur die 16 Knöpfe an jedem Stück annähen. Ich brachte es auf über hundert am Tage und wurde nun von zwei Gehilfen des Wachtmeisters „entdeckt", die feststellten, meine Schreiberhände seien fein genug für höhere Nähkunst. So sollte ich schließlich alles reparieren, was nicht für die Nähmaschine vorbehalten war, und lernte in fieberhaftem Tempo mit täglicher Steigerung Nähte ausbessern, Löcher zustopfen, doppelte Ränder überstopfen und schließlich sogar den Faden ziehen, durch den umzulegende Hosensäume für die Maschine gerichtet wurden. Je mehr ich machen mußte, desto tiefer sank der Tagesertrag nach der Anzahl der reparierten Hosen. Schließlich wurde es so viel, daß ich fast einen Tag pro Stück brauchte, aber ich lernte doch immerhin, und meine Lehrmeister waren nicht ganz unzufrieden. Nur blieb es ein Kummer, daß man uns schließlich bis zu 300 Stück Hosen in die Zelle schleppte, eine nette Aussicht für den Fall, daß eine Brandbombe in unserer Behausung landete. Bei den großen Fliegerangriffen des 1. März und der folgenden Tage blieben wir in unserer Zelle eingeschlossen, da das Bewachungspersonal nicht entfernt hinreichte, um uns auch nur in die Flure oder Keller zu führen. Wir sahen, wie dicht uns gegenüber in der Nähe der Großdeutschlandkaserne eine Bombe einschlug, hörten, wie die ganze Nacht die Feuerwehren in der Gegend klingelten, wo ein großer Brand entfacht worden war. Am aufregendsten war die Frage, ob eine Bombe bei uns oder in Moabit einschlagen würde, dessen Türme im bleichen Mondlicht stets zu sehen waren.

Im übrigen verstrichen die Tage im Gleichmaß der Arbeit, die schließlich selbst die leise Freude bereitete, daß man allmählich etwas auf einem Gebiete lernte, wo man es sich selbst sehr wenig zugetraut hatte. Dazu wurde die Verbindung mit meinen Lehrmeistern wichtig dafür, daß ich einigermaßen Kontakt mit den Gefangenen außerhalb der Zelle erhielt. Das war ein wichtiges Lebensproblem, vor allem für die Hungrigen und für diejenigen, die Tabaksqualen litten. So schwer es mir fiel, hatte ich von Anfang an auf Rauchen verzichtet. Mit meinem ersten Zellengenossen habe ich allerdings noch mehr als einmal eine „Kuhle" Brot mit Wurst gespart, um etwas Priem oder Tabak zu erhalten und gemeinsam mit ihm dann den verbotenen Erwerb zu teilen. Als er aus der Zelle fortkam, fiel es mir nicht schwer, auf diesen kümmerlichen – beim Priem nicht ungefährlichen – und seltenen Genuß zu verzichten. Seine Nachfolger haben zum Teil sogar getrocknete Kartoffelschalen geraucht. Es schmeckte und roch so scheußlich, daß Abstinenz in diesem Fall nicht schwer war. Wichtiger als Ablenkung war, daß wir aus der Bücherei an jedem Freitag zwei Bücher erhalten konnten. Sehr wertvoll war nicht, was ich auf diesem Wege erhielt. Die Kriegserinnerungen von Admiral Scheer und Admiral Reuter waren mir nur zu gut bekannt. Ausgesprochene Parteiliteratur über die Stedinger und ähnliches wurde verschlungen, weil nichts Besseres da war. Immerhin erhielt ich einige leidliche Romane, ein Frühwerk der Ina Seidel, eine gute dänische Reiseschilderung über Grönland und anderes mehr. Leider reichte diese Lektüre stets nur vom Freitag abend bis höchstens zum Sonntag. Mein Wunsch, einige Bände Goethe zu erhalten, ging zunächst nicht in Erfüllung. Durch die Arbeitseinweisung lernte ich dann zwei interessante ältere Gefangene kennen. Der eine war Sudetendeutscher, Angestellter der Protektoratsverwaltung gewesen und angeklagt, in Handelsspionsverbindung mit Paris gestanden zu haben. Auch er war schon ungefähr zwei Jahre in Haft und kämpfte sichtlich einen schweren Kampf, da die Zeugen zum großen Teil gegen ihn waren. Stets guter Dinge, gab er aber sichtlich die Hoffnung nicht auf, sich durchzuschlagen, und hat meinen Zellengenossen die stets kaputt gehende elektrische Leitung für ihr Bügeleisen – meine letzten Zellengenossen mußten die genähten Hosen aufbügeln – immer wieder instandgesetzt, bis er das Problem schließlich gelöst hatte. Mein eigentlicher Lehrer in der Schneiderkunst wurde ein volksdeutscher Lehrer, der in Valencia angeblich eine für die dortige deutsche Kolonie wichtige Urkunde verschlampt oder absichtlich beiseite geschafft hatte. Auch er saß seit langer Zeit, auch er hatte sich die ganze Elastizität und Frische des einmal ans Gefängnis Gewöhnten erhalten. Zugleich war er aber Bibliothekshelfer unseres Stockwerkes, kannte die Bücherei genau und stellte mir ernsthafte Bücher, historisch-wissenschaftliche und literarische, in Aussicht. Zur Erfüllung dieses Versprechens, auf das ich große Hoffnungen setzte, ist es dann nicht mehr gekommen, weil ich vorher aus der Lehrter Straße verschwand.

Im übrigen fehlte es in der Lehrter Straße, in der wenig Politiker saßen, etwas an dem besonderen Menschenmaterial des Alex. Die meisten Insassen waren gewöhnliche Kriminelle und Kriegswirtschaftsverbrecher. Einige Juden hatten im Grunde wenig auszustehen, obwohl sie gelegentlich von Wärtern und Kalfaktoren grob angefaßt wurden und sich ihr Wasser selbst in die Zelle holen mußten, da sie von Deutschen nicht bedient werden sollten. Sie erhielten in der Hauptsache unsere Verpflegung mit Ausnahme von Fleisch und Wurst, von denen wir selbst nicht viel sahen. So suchten sie, wie so mancher deutscher Gefangener, vor allem den Termin herauszuziehen und zu verhüten, daß sie aus der Hand der staatlichen Justiz in die Hände der Gestapo fielen. Man gewann den Eindruck, daß der Aufenthalt im Gefängnis für sie zunächst eine Art Lebensversicherung bedeutete, die sie mit vollem Bewußtsein möglichst zu verlängern wünschten.

Da die Gelegenheit zum Umgang und zum Sprechen mit der Mehrzahl der Gefangenen so gut wie nicht vorhanden war, blieb man in der Hauptsache auf die eigenen Zellengenossen angewiesen. Da ich nacheinander fünf solcher Kollegen hatte, blieb mir genügend Gelegenheit, die psychologischen Studien fortzusetzen, die den Aufenthalt im Alex belebt hatten.

Bei meiner Einlieferung am Dienstag, den 23., begrüßte mich der Zellengenosse, ein Herr König, fast mit stürmischem Enthusiasmus. Er war durch diesen Wechsel von einem Ukrainer befreit worden, dessen hervorragendste Eigenschaft die Eßfähigkeit gewesen war – bis zu den rohen Kartoffelschalen mit unangenehmen Verdauungsfolgen für den Zellengefährten, was ein nicht seltener Fall war, während man im übrigen kein Wort mit ihm hatte reden können. So war ich willkommen und fand mich schnell mit dieser Partnerschaft ab. Denn König war ein Stehaufmännchen, durch nichts in seinem Humor, in der zuversichtlichen Lebensauffassung zu stören. Geschieden und zum zweiten Mal jung verheiratet, genoß er es, daß seine junge Frau sofort die Verbindung mit ihm aufgenommen hatte, ihm alles Nötige und Mögliche zukommen ließ und außerdem in der Lage zu sein schien, sein Geschäft, einen Füllfederhaltervertrieb, in Altmoabit weiterzuführen. Er hatte einen Gartenschlauch beziehen wollen. Man hatte ihm angeblich statt des für sein Haus nötigen Quantums vier Ballen Schlauch gebracht, alles verbotene Ware. Im Augenblick, wo er ans Telephon stürzen wollte, um den Irrtum zu klären, war bereits die Kriminalpolizei erschienen und hatte festgestellt, daß es sich um Diebesgut handelte. Obwohl er weder als Komplize noch als Hehler an dem Diebstahl beteiligt gewesen sei, mußte er wegen eines unerlaubten Kaufes einer Verurteilung entgegensehen, die er wie die meisten Kaufleute hier mit großer Ruhe erwartete. – Sein Nachfolger Krause war bereits eine etwas dunklere Erscheinung, Sohn eines ungarischen

Vaters und einer deutschen Mutter. Er war staatenlos und konnte vor allem auch keine rechte Auskunft geben, welche berufliche Tätigkeit er zuletzt ausgeübt hatte. Nach seinen Erzählungen hatte er gut gelebt: auch er war von seiner Frau getrennt und war noch nicht wieder verheiratet, aber wenigstens intensiv gebunden. Man hatte ihn in seiner Kneipe unter dem Verdacht verhaftet, an einem schweren Kaninchendiebstahl mit gewaltsamem Einbruch bei Verdunkelung beteiligt zu sein. Dementsprechend war die erste Verhandlung auf dem Alex offenbar nichts weniger als sanft gewesen. Aber er hatte nachweisen können, daß der Dieb nur versucht hatte, den Verdacht auf ihn abzulenken, und war angeblich zu seinem Pech nur in Haft geblieben, weil bei der Haussuchung in seiner Wohnung verbotene Lebensmittel, vor allem „etwas" Butter und einige hundert Zigaretten aufgetaucht waren, die der untersuchende Kommissar freilich bei sich behalten hatte. Auch er sah so einer unvermeidlichen Verurteilung entgegen. Während mit König immerhin eine ganz nette Unterhaltung möglich gewesen war, hörte hier schon jedes Interesse außer der leidigen Essensfrage auf. Zwar war ich ganz außerstande, meine Portion zu bewältigen, und schon daher ein gern gesehener Zellengenosse, nur kam ich dabei leider selber kaum auf meine Rechnung, obwohl auch er gutmütig war. Schon dieser Fall war einmal wegen Untreue im Geschäft mit einer leichten Gefängnisstrafe belegt gewesen und schilderte sehnsüchtig die Verpflegung, wie sie vor Kriegsausbruch in Moabit gewesen war.

In wesentlich höhere Weihegrade gelangte ich, als auch er wieder verschwand, denn jetzt erschien für die Tagesarbeit, wenn auch nicht als Zellengenosse in der Nacht, ein Herr Bandemer, der mir mit Stolz den *DAZ*-Ausschnitt vorlegte, nachdem er soeben dreieinhalb Jahre Zuchthaus wegen eines Manteldiebstahls im Café Vaterland erhalten hatte. Er war bereits fünfmal vorbestraft, zuerst 1909. 1918/19 hatte er gesessen und konnte Schauergeschichten über den Hunger erzählen, den man damals im Gefängnis ausgestanden hatte. Im Vergleich zu dieser ersten Revolutionszeit wäre unser Schicksal jetzt noch immer geradezu goldig zu nennen. Nachdem er auch die Friedenszeiten immer wieder durch Straftaten unterbrochen hatte, hatte er jetzt ernsthafte Sorge vor einer Verurteilung zu lebenslänglicher Sicherheitsverwahrung als Gewohnheitsverbrecher. Da ihn Staatsanwalt und Gericht als Volksschädling bezeichnet hatten, hatte er während des soeben abgeschlossenen Prozesses stark damit rechnen müssen. Wie er behauptete, war er in der Fabrik ein musterhaft guter Arbeiter gewesen, der nur nebenbei offenbar reichlich und fast überwiegend von verbotenen Lebensmitteln gelebt hatte. Möglicherweise – er selbst behauptete das – hatte ihn diese Arbeitereigenschaft vor der gefürchteten lebenslänglichen Einschließung gerettet. Er war darüber selig und ertrug die dreieinhalb Jahre Zuchthaus um so mehr mit Würde, als die Verpflegung im Zuchthaus und im KZ zur Zeit nach den Angaben kundiger Thebaner nicht schlechter gewesen wäre als im Gefängnis. Sehr instruktiv war sein Bericht über seine letzte Straftat. Er war eines Abends im Café Vaterland gelandet und hatte eben die notwendigsten Verabredungen mit einer „Dame" getroffen, die sich dort regelmäßig und berufsmäßig aufhielt. Während sie voranging und ihn an der U-Bahn-Treppe auf dem Potsdamer Platz „vergeblich" erwartete, hatte er seinen Mantel anziehen wollen und dabei gemerkt, daß er soeben gestohlen war. Noch halb in Gedanken, hätte er den nächsten Mantel gegriffen, angezogen und das Pech gehabt, daß der Besitzer dieses sofort merkte, ihn noch im Kaffee mit einigen Soldaten stellte und der Polizei überlieferte. Das sei in seiner Weise sein Glück gewesen, weil er gegen die Übermacht keinen Widerstand hatte versuchen können und verhindert war, das Dunkel der Straße, die berühmte strafverschärfende Verdunkelung, zum Versuch des Entkommens zu benützen. Leider waren weder sein Wirt noch seine Freundin in der Lage gewesen, sich an den angeblich in seinem Besitz befindlichen eleganten Frühjahrsmantel zu erinnern. Der böse Staatsanwalt hatte daher auch nicht geglaubt, daß es sich nur um eine Ersatzbeschaffung aus begreiflichen Gründen der Verwechselung gehandelt habe. So war er wieder einmal wegen gemeinen Diebstahls verurteilt worden. Er tröstete sich aber damit, daß er noch in guten Jahren stand; 59 Jahre alt, konnte er hoffen, mit 62 bis 63 Jahren in besseren Friedenszeiten entlassen zu werden, da er realistisch genug war, auch im Falle eines baldigen Kriegsendes nicht so sicher wie die meisten anderen Gefangenen auf eine in seinem Fall schwierige politische Begnadigung zu rechnen. Er betrachtete das Leben mit abgeklärter Philosophie und mahnte mich, mich realistisch auf eine längere Haftdauer einzurichten. Von ihm lernte ich rechtzeitig Freiübungen zu machen, um nicht steif zu werden. Er lehrte mich, die Bettdecken kunstgerecht in den Überzug einzunähen, um das Bettmachen zu erleichtern, dessen technische Kunstgriffe er mir auch sonst beibrachte. Er war unerreicht in der Kunst des Fensterputzens, die nur mit Papier nicht ganz leicht war. Von ihm lernte ich, daß der Kübeldeckel mit unten zu stehlendem Sand geputzt werden mußte. Kurz, von ihm konnte man erfahren, was der Gefangene tun mußte, um das Wohlwollen seiner Wärter zu erwerben, für einen Gelehrten mit unzureichender Lebenserfahrung auf diesem Gebiete alles Dinge von größerer Wichtigkeit, als der Laie annehmen möchte. Dazu hatte man das Gefühl absoluter Sicherheit gegen die Gefahr des Verpfiffenwerdens, da ihm der Ehrenkodex des Strafgefangenen in ausgeprägtem Maße zu eigen war. So habe ich auch an ihn eine durchaus freundliche Erinnerung bewahrt.

Das Gegenteil war der Fall bei seinem Nachfolger, dem Herrn Schirrmacher. Erst 22 Jahre alt, war er in offenbar etwas blamabler Weise in den Anlagen beim Schloß gefaßt worden, als er sich mit einem ähnlich angelegten Subjekt gegen den § 175 vergehen wollte oder vergangen hatte. Es handelte sich um einen absolut degenerierten, durchaus weibischen Jüngling, der mit Tränen erzählte, seine Mutter habe ihn immer wieder vergeblich vor dieser heute besonders gefährlichen Neigung gewarnt, ohne daß er Widerstand zu leisten vermocht hätte. Sohn eines Schriftleiters vom Lokalanzeiger, stammte er aus besserer Familie und war von der Mutter erzogen worden, die sich nach dem frühen Tode des Mannes selbst um Brot und Arbeit hatte mühen müssen. Vor langen Jahren war ihm nach einer Operation der Halsdrüsen die rechte Seite des Halses mit Röntgenstrahlen derartig verbrannt worden, daß sich noch immer ein großes Loch an dieser Seite befand. Außerdem waren die Stimmbänder so beschädigt worden, daß er nur im Flüsterton zu sprechen vermochte. Völlig fassungslos gegenüber dem Schicksal, das ihn ereilt hatte, war er immer in Tränen aufgelöst und so schämig, daß man ihm fast die Hosen herunterziehen mußte, ehe er sich entschloß, zur Verhinderung schlimmeren Unheils den gemeinsamen Kübel zu benutzen. Jedes halbwegs ernsthafte Gespräch war ausgeschlossen. Seine ganze Neigung war es, Decken zu sticken. Die Mutter hatte ihn dann auch in einem halbweiblichen Beruf untergebracht. Er war mit Feinverpakkungen in einem Heilmittelbetrieb beschäftigt gewesen. Seine eigentliche Liebe ging aber auf Näh- und Schneiderarbeit. In der Zelle wurde er anfangs mit Bügeln beschäftigt, verschwand dann aber zu meiner Erleichterung nach einigen Tagen, um an eine Nähmaschine gesetzt zu werden, weil er körperlich der Anstrengung des Bügelns mit schweren Eisen und primitiven Hilfsmitteln nicht gewachsen war.

Nun endlich kam ich mit meinem letzten Zellengenossen wieder auf einen erträglichen Lebensstandard. Dieser, ein Fleischermeister M. aus Charlottenburg (Mommsenstraße), war Kaufmann von Jugend auf, der sich schon mit neunzehn Jahren selbständig gemacht hatte, offenbar ein vermögender Mann mit eigenem Hausbesitz in Berlin und einem Landhaus in Gatow. Von seinem Garten, von Frau und Kind wußte er reizend zu erzählen. Er war ins Gefängnis geraten, weil er fünf bis sechs Zentner Fleischdefizit, die durch Diebstahl seiner Angestellten, aber wohl auch eigenen Verbrauch und Verkauf an begünstigte Kunden entstanden waren, durch den früher erwähnten illegalen Ankauf gedeckt hatte. Da der Fall von der Gestapo aufgedeckt worden war, hatte man sein Geschäft sofort geschlossen. Obwohl das zunächst den kaufmännischen Ruin bedeutete, besaß er genug Vermögen, um diesen Schlag mit Würde und ohne allzu große Sorgen für seine Familie hinzunehmen, falls das Urteil nicht eine allzu drakonische Vermögensstrafe enthalten würde. Falls ihm nur die Gewerbeberechtigung blieb, konnte er hoffen, als gelernter und auf sich selbst gestellter Fleischermeister nach dem Kriege schlimmstenfalls an anderer Stelle in Berlin sofort wieder ein Geschäft aufzumachen. So blieb er gefaßt, obwohl er mit einer nicht leichten Strafe rechnen mußte. Er war jedenfalls gegen seine Vorgänger geradezu ein Gentleman und auch im Essen wohltuend mäßig. Dazu besaß er die große Kunst, zeitweise auch schweigen zu können. Das Zusammenleben mit ihm gestaltete sich durchweg sehr angenehm, und ich ließ ihn mit wirklichem Bedauern zurück, als er meine Entlassung mit ehrlichem und bereitwilligem Anteil begleitete.

Der Personenwechsel, den ich so erlebte, war nicht nur an sich wohltuend. Er kam mir auch insofern zugute, als ich in den Übergangsaugenblicken immer wieder einige Tage in der Zelle allein blieb. Durch einen Zufall war das vor allem mehrmals am Wochenende der Fall. Ich genoß die Tage, in denen ich einmal allein lesen und arbeiten, vor allem aber meinen Betrachtungen nachgehen konnte. Denn so sehr die Einsamkeit zur Last werden konnte, ging es mir zunächst wie in Frankreich, daß der stete Zwang des Zusammenlebens fast ebenso drückend wirkte. Es war eine Wohltat, einmal für sich aufatmen und die Bilanz des Schicksals ziehen zu können. In diesen Tagen konnten die Gedanken ungestört nach Freiburg zu Irmela und Frank hinübergehen, von denen ich so wenig oder vielmehr gar nichts wußte, konnten sie aber auch über die paar hundert Meter zu den Türmen von Moabit hinüberschweifen, wo ich Irmgard gefangen wußte und ich mir ihr Schicksal und ihre Gefühle vorzustellen versuchte. Die Luftangriffe nach dem 1. März erlebte ich gemeinsam mit König. Es war das großartigste Feuerwerk meines Lebens, dessen spannende Aufregung das unleugbar vorhandene Gefühl der Gefahr gar nicht recht aufkommen ließ. Nur daß mir gegenüber Irmgard der gleichen Bedrohung ausgesetzt war, packte mich fast bis zur Atemlosigkeit. Zum Glück konnten wir aber schon von unserem Fenster aus feststellen, daß drüben nichts passierte, so daß man nach dem Ende des Alarms sich jedesmal wieder aufatmend zur Ruhe begeben konnte.

Es ist aus dem Vorhergehenden schon klar geworden, daß den meisten von uns die Verpflegungsfrage den größeren Teil des Interesses am Leben bedeutete. Die Verpflegung war besser als im Alex, bewegte sich aber doch stets auf der unteren Grenze dessen, was für die leidliche gesunde Erhaltung des Körpers unentbehrlich war. Früh gab es die übliche Kaffeelorke, an drei Tagen mit Marmeladenbrot, an den übrigen Tagen mit trockenem Brot. Der schwächste Punkt war das Mittagessen. Zwar genügte die Menge ziemlich oder war für Neulinge wie mich sogar nicht zu bewältigen. Es gab ein bis anderthalb Liter flüssige Nahrung, an einzelnen Tagen auch einen Sonderschlag aus dem Überschuß der Mahlzeit, der stets für einige wenige Zellen reichte. Ich habe Häftlinge gesehen, die volle zwei Liter Erbsenbrei aßen. Die Folgen waren freilich entsprechend für Verdauung und Atmosphäre in der Zelle. Dies Erbsenessen – einmal in der Woche – war freilich die einzige nachhaltig sättigende Mahlzeit. Im übrigen gab es im Grunde nur Wassersuppen ohne jedes Fett: Kartoffeln, Heringskartoffeln, die wenigstens etwas pikant schmeckten, am schlimmsten Weißkohl und sogenanntes Sauerkraut. Nur am Sonntag gab es eine Sauce mit völlig zu Fasern zerkochtem Fleisch und dazu sehr reichlich Pellkartoffeln, zwei bis drei Pfund für den Einzelnen, so daß man sich den Bauch vollschlagen konnte, um aber nach kurzer Zeit zu merken, daß die Mahlzeit in keiner Weise vorhielt. Am besten war das Abendessen. Als ich in der Lehrter Straße eingeliefert wurde, gab es noch dreimal in der Woche warmes Essen: ein Liter Griesbrei oder Haferflocken, beides mit Sacharin leicht gesüßt und für den Magen eine entschiedene Wohltat. Ob in Zusammenhang mit der Goebbelsrede oder abhängig von der Verschlechterung der allgemeinen Verpflegungslage, jedenfalls wurden wir schon in der nächsten Woche auf eine warme Mahlzeit beschränkt und erinnerten uns sehnsüchtig des verlorenen Paradieses. Außerdem gab es an zwei Tagen etwas Wurst, angeblich 50 Gramm, tatsächlich vielleicht 30 bis 40 zum Brot und an den übrigen Tagen Margarinebrot. Bei sorgfältigem „Fletschern" war diese Brotmahlzeit am Abend auf jeden Fall das beste und solideste, was wir erhielten. Wenn man auch nicht satt wurde, brauchte man sich den Bauch doch nicht in ekelerregender Weise mit schlecht bereiteter flüssiger Nahrung vollzuschlagen.

Das Leben blieb so monoton genug. Früh das Wecken, bei dem sofort nach dem Waschen der Kübel abgeholt wurde. Dabei mußten Wunschzettel und Briefformulare angefordert werden, die am nächsten Tage sofort beim ersten Öffnen der Zelle abzugeben waren. Mit dem üblichen Geist der Schikane konnten es Neulinge erleben, daß sie tagelang bei dem Bemühen scheiterten, ihre Briefsachen abzugeben, weil die Wachtmeister bei einem späteren Öffnen der Zelle nichts mehr annahmen, während man beim ersten Öffnen höchst energisch vorstoßen mußte, um sie wirklich zu fassen. Nach dem kargen Frühstück folgte der Spaziergang auf dem Hofe. Gänsemarsch in drei konzentrischen Kreisen, die Hände weder in der Tasche, noch auf dem Rücken, jedes Gespräch verboten, scharfe Kontrolle, ob wir uns untereinander etwas zuflüsterten. Natürlich hing in praxi alles davon ab, wie der aufsichtsführende Wachtmeister persönlich eingestellt oder gelaunt war. Es folgte die nicht allzu lange Arbeitszeit bis zum Mittagessen um 12 Uhr, an Sonntagen schon um 1/2 12 Uhr. Nach dem Mittagessen zweite Kübelentleerung, bis zu der größere Bedürfnisse erledigt sein mußten, wenn man sich nicht mit anderen unangenehmen Folgen in der Zelle abfinden wollte. Vor dem Essen hatte es die Zeitung gegeben, die während der Mittagspause ausgiebig gelesen werden konnte. Ließ man ein Blatt während der Arbeit in seiner Nähe liegen, so konnte es passieren, daß der Wachtmeister Verdacht schöpfte, man lese statt zu arbeiten. Die Vorstellung, daß man etwas schneller lesen könnte als sie selbst, ist nie in den Bewußtseinskreis dieses Aufsichtspersonals gekommen. Die Arbeitszeit bis zum Feierabend um 6 Uhr war dann freilich außerordentlich lang. Sie wurde stets nur mühsam überwunden, weil auch der Hunger nach dem inhaltlosen Mittagessen sich stets viel zu früh wieder anmeldete. Die Zeit verging regelmäßig unendlich langsam. Man beobachtete, wie die Sonne durch die Gitterfenster in die Zelle hereinschlich, und wußte allmählich genau, wie sie in den einzelnen Stunden stand. Aber immer wieder schritt sie nur allzu langsam für unsere Ungeduld voran. Selbst wenn nach Feierabend die Küchenmannschaften und selbst die Essenholer in das Haus gekommen waren, pflegte es doch noch recht lange zu dauern, bis die Mahlzeit wirklich verteilt wurde. Nach dem Abendessen konnte man in den ersten beiden Wochen noch eine Weile bei Licht sitzen und lesen. Mit dem Fortschritt des

Frühjahrs wurde uns aber bald das Licht entzogen, so daß nur noch eine Plauderstunde übrigblieb. Meist machte sie sehr schnell dem Übergang zur Ruhe Platz, nachdem das zweite Bett auf dem Fußboden aufgeschlagen war. Es begann die lange Nacht. Man schlief in der Regel noch leidlich ein, aber nach Mitternacht, wenn die „verkehrslose" Zeit auf der Straße und der Eisenbahn begann, wachte man durch die völlig ungewohnte Stille auf und lauschte nach draußen, bis das Wiederanrollen der Züge das Herannahen des Tages verkündete. Das war die Zeit, in denen die Gedanken rastlos zu wandern drohten – nach Freiburg, nach Moabit, in die Zukunft. Ob diese Unrast der Nächte nach einer Verurteilung jemals ganz der Resignation gewichen wäre? Jedenfalls war es eine große Erleichterung, als ich am Dienstag der letzten Märzwoche plötzlich aus meiner Zelle gerufen und aus der Lehrter Straße entlassen wurde. Das mir überreichte Schreiben des Generalstaatsanwalts stellte fest, daß der gegen mich schwebende Haftbefehl aufgehoben, das Verfahren wegen Mangels an Beweisen eingestellt sei. Das war nicht viel, aber doch genug, um auf die Freiheit zu hoffen. Ob die Gestapo sich freilich dieser Maßnahme auch so vorbehaltlos anschließen würde? Wußte ich doch jetzt zur Genüge, daß ich wie alle von der Gestapo verhafteten Personen nur wieder über diese den Weg zur Freiheit finden konnte.

Ich saß gerade mit meinem wackeren Fleischermeister bei der ersten Morgenarbeit, als ich „mit allen Sachen" aus der Zelle herausgerufen wurde, um bald zu merken, daß es sich um meine Entlassung aus der Lehrter Straße handelte. Im Büro wurde mir die Bescheinigung des Generalstaatsanwalts überreicht. Schon bei der Ausgabe meiner Sachen meinte der Hausvater auf meine vorsichtig angedeutete Frage, daß es auch bei der Gestapo mit einer bloßen Verwarnung abgehen werde. Ich habe keine Ahnung, ob er Bescheid gewußt hat oder seine Behauptung auf ähnliche Fälle gründete. Jedenfalls nahm mich die grüne Minna auf, nachdem ich bis zum Mittagessen noch einige Stunden in einer Einzelzelle gewartet hatte. Die Fahrt ging nach Moabit. Ich fuhr mit klopfendem Herzen in den mir bekannten Torweg ein, hoffte ich doch, daß mit Irmgard das gleiche geschehen wäre, obwohl mir die Unwahrscheinlichkeit dieser Hoffnung natürlich klar war. Wir saßen im Hauptraum der grünen Minna zu dreien, außer mir zwei Frauen, von denen die eine nachher in das Krankenhaus Wittenau gebracht wurde. Sie sah auch danach aus. Trotzdem hatte ich versucht, ein Gespräch anzuknüpfen. Aber bei der Einfahrt in Moabit erklärte mir der alte uns begleitende Polizeiwachtmeister, ich solle mich vollkommen zurückhalten, damit ich keine Torheiten in letzter Stunde beginge. Er schloß mich in eine der hinter dem Chauffeursitz angebrachten Einzelzellen ein, aus der ich mit heißem Atem starrte, um einigermaßen zu erkennen, wohin wir fuhren. Denn nun folgte eine Rundfahrt durch das ganze nördliche und östliche Berlin mit dem äußersten Punkt im Krankenhaus Wittenau, gar nicht so weit von den Troebstens entfernt, so daß ich fast daran denken konnte, sie vielleicht auf der Straße zu erblicken. Von dort aus ging es weiter über zahllose Polizeiwachen. Überall fast wurden Weiblichkeiten geladen; scheinbar hatte eine große Razzia stattgefunden. Es waren Wesen, die zum Teil wohl Arbeitsverweigerung begangen, zum Teil wohl zuviel in bestimmter Richtung gearbeitet hatten, kein sehr gutes Publikum. Am Spätnachmittag landeten wir in den bekannten Räumen des Alex, und bald saß ich wieder in der Aufnahme, in der heute wenig Menschen waren, alles Ausländer: Holländer, Franzosen und Balkannationen. Nachdem meine Hoffnung gescheitert war, daß man mich gleich in der Burgstraße vorführen werde, machte ich mich seufzend auf eine längere Dauer des unerwünschten Zwischenaufenthaltes im Alex gefaßt. Immerhin mußten wir in der Aufnahme diesmal nicht bis zum Tagesende warten, sondern wurden schon nach einiger Zeit wieder in Bewegung gesetzt und nach erneuter Abgabe der eben wieder ausgehändigten Sachen in die Zelle geführt. Zu meiner Enttäuschung kam ich nicht in den mir bekannten Saal des ersten Stockes, sondern in den sogenannten Transportsaal des Erdgeschosses. Damit geriet ich vom Regen in die Traufe. Denn hier waren volle 230 Menschen anwesend. Davon gut hundert Ausländer in einem unglaublich gedrängten Nebensaal, dessen Luftverhältnisse an schlimmste Beispiele aus der Geschichte erinnerten. Auch hier war mit Ausnahme der germanischen Nachbarvölker, der Holländer und Skandinavier, das Betreten des Raumes der Deutschen streng untersagt und wurde mit Brachialgewalt durchgeführt. Gelegentliche Verstöße beim Waschen zeigten deutlich die relative Berechtigung dieser gegen die Franzosen freilich bedauerlichen Härte.

Die Saalleitung hatte nicht das Format wie früher im ersten Stock. Auffällig war, daß die wichtigste Rolle ein Jude spielte, der stark theatralisch mit wunderbar gepflegtem Vollbart durch eine sehr bezeichnende eitle Empfindlichkeit wie ein Schauspieler nicht gerade angenehm wirkte. Die Überfüllung war grauenhaft. Wir haben teilweise auf einer schmalen Pritsche zu dreien geschlafen. Ich lag zwischen einem Neueingelieferten, der die ganze Nacht erschreckend hustete: Mitglied der NS-Lichtbildstelle, der nach einem halben Jahr KZ hierher gekommen war, weil er sich mit einer Ostarbeiterin eingelassen hatte. Mein aus dem Zuchthaus stammender Nachbar zur anderen Seite war gutmütig, kratzte sich aber die ganze Nacht in furchtbarster Weise. Er hatte bereits derartig starken Ausschlag, daß er sich nicht mehr zu waschen wagte. Wenn ich diesmal ohne Läuse davonkam, so nur deshalb, weil mein Aufenthalt in dieser Hölle auf nur vier Tage von Montagabend bis Freitag früh beschränkt blieb.

Auch hier fehlte freilich nicht das psychologische Interesse. Der Transportsaal hatte seinen Namen davon, daß im allgemeinen nur Elemente auf kurzfristigem Durchgang in ihn gebracht wurden. Dadurch war auch ich wohl dorthin geraten, obwohl sonst fast nur Verurteilte, die ihre gerichtliche Strafe bereits abgesessen hatten, und sonst sehr viel jüdische und halbjüdische Elemente dort anwesend waren. Nachträglich hat sich der Gestapo-Kommissar bei mir leichthin entschuldigt; es sei ein Irrtum gewesen, wenn ich in diesen Raum geraten sei. Ob die Polizisten diesen Irrtum auf Grund meines Namens eigenmächtig begangen haben sollten? Oder lag doch Absicht zugrunde? Ich war nach manchen Anzeichen etwas mißtrauisch, kann aber nichts Bestimmtes behaupten. In der Hauptsache teilte ich somit diese „Wohnung" mit Gefängnisinsassen und Zuchthäuslern, die entweder auf dem Durchmarsch zu Straflagern der Wehrmacht waren oder warteten, auf wielange Zeit sie nach Abbüßen ihrer gerichtlichen Strafe als Zusatzstrafe zu Konzentrationslagern verdammt werden würden. Damit kam in das Ganze eine nervös gespannte Atmosphäre. Denn hierbei befand man sich im Bereich der absoluten Ungewißheit. Man konnte Wochen warten, besonders wenn die Gestapo noch eine Entscheidung über Arbeitslager und Sicherheitsverwahrung fällen wollte. Man konnte aber auch sein Schicksal binnen weniger Tage erfahren. Es kam vor, daß Leute mit schweren Zuchthausstrafen, aber guter Führung und Empfehlung durch Gericht oder Gefängnisdirektion ohne jeden Zusatz nach Hause entlassen wurden. Dann stiegen die Hoffnungen aller hoch empor. Aber auch das Gegenteil konnte enttäuschend der Fall sein. Dazu wimmelten dann – in der letzten Nacht einmal sechs – junge Holländer herum, mit denen ich viele Stunden zusammen saß. Sie waren aus der Heimat und von ihrer Arbeitsstelle entflohen, bis nach Dänemark gekommen und erst bei der Fahrt durch das Skagerrak im Segelboot von einem deutschen Wachtfahrzeug gefaßt worden. Noch hatten sie englische Bücher –

Geographie Mittelenglands –, die merkwürdigerweise vor dem Betreten der Zelle ihnen nicht abgenommen worden waren. Die Harmonie zwischen reichsdeutschen Gefangenen und diesen Ausländern ließ nichts zu wünschen übrig. Aber auch unter ehemaligen Gefängnisinsassen und Zuchthäuslern war mehr als einer, der durch Ruhe und entgegenkommendes Wesen das Dasein erleichterte. Da mein armseliger Papierkragen jetzt endgültig das Zeitliche segnete, wurde mir von einem solchen ein neuer weicher Kragen als Geschenk versprochen, sobald er nur an sein Wäschepaket wieder herankäme. Es ist nicht mehr dazu gekommen, aber wahrscheinlich wäre ich so immerhin schneller aus der Verlegenheit gekommen, als mit allen bisherigen Versuchen, die Verbindung nach außen aufzunehmen.

An einzelnen Wochentagen stieg die Belegung des Raumes auf das äußerste. Das war, wenn um die Mitte der Woche die großen Gefangenentransporte an bestimmten Tagen durch Berlin kamen. Dann gab es auch nachts keine Ruhe. Immer wieder kamen neue Schübe, die für einige Stunden oder einen Tag zu uns hineingepreßt wurden, bis schließlich nicht nur alle Pritschenlager hoffnungslos überfüllt waren, sondern auch auf dem Steinboden des schmalen Ganges zwischen ihnen kein einziger Fleck mehr frei war. Dantes Inferno hätte sich ein Muster daran nehmen können. Besonders unter den Juden, die in den letzten Tagen aus München eingeliefert wurden, tauchten dabei einige interessante Gestalten auf. Da war ein 69jähriger Herr, Gutsbesitzer in Schlesien, der sein Schicksal mit vollkommener Tapferkeit und Würde hinnahm, obwohl es bei seinem Alter schon gesundheitlich eine Katastrophe bedeutete. Er hatte sich mit seiner Frau unter falschem Namen in Bayern verborgen und war gefaßt worden, weil seine Frau einer adligen Berliner Dame zuviel Vertrauen geschenkt hatte. Nachdem sie anfangs einen Teil ihrer Sachen bei dieser untergebracht hatte, hatte sie sich mit ihr verzankt und war von ihr angezeigt worden. Jetzt saß das Ehepaar und sah einer völlig ungewissen Zukunft entgegen. – Im Gegensatz zu seiner heiteren Tapferkeit stand ein völlig gebrochener Jude aus Waldshut im Schwarzwald. In vielleicht nicht unberechtigtem Pessimismus hatte er nach seiner Verhaftung versucht, sich wie Gandhi durch Verweigerung jeder Nahrungsaufnahme aus der Welt zu bringen. Nach fünfzehn Tagen hatte er aber diese Operation als zu langwierig und zu schmerzlich aufgegeben. Nun waren seine Nerven völlig ruiniert. Er weinte bei jeder Gelegenheit und war in einer schwer zu schildernden Weise hoffnungslos und gebrochen, obwohl gerade seine jüdischen

Schicksalsgenossen ihm zum Teil sehr drastisch vorhielten, daß er, vorher in großem Reichtum lebend, stets ein zu bequemes und sattes Leben geführt habe. Jetzt sei die einzige Stunde seines Daseins gekommen, in der er sich bewähren müsse. Der gute Wille war wohl vorhanden, aber die Kraft gebrochen.

Am interessantesten war der Sohn eines angesehenen Berliner Arztes, ein Herr Markuse,[28] eine braungebrannte Sportfigur, Halbjude, aber verwandt mit einem General und wie ich dem Jahrgang 1892 angehörend, sowie Reserveoffizier des Ersten Weltkrieges. Als Kaufmann in Bayern am Chiemsee lebend, war er dort mit einer Freundin zusammen verhaftet worden – angeblich wegen politischer Äußerungen. Er war ein glänzender, hochgebildeter Herr, mit der jede Unterhaltung Freude bereitete, obwohl er es nicht gerade an Selbstbewußtsein fehlen ließ. Wie so viele sah er mit ungebrochenem Mute in die Zukunft, fest entschlossen, sich so zäh wie möglich zu behaupten. Da die Arrestanten in München sehr viel besser behandelt worden waren als in allen anderen Orten, hatte er es allerdings auch noch nicht besonders schwer gehabt. Durch ihn zuerst erfuhr ich Näheres von der Münchener Studentenverschwörung und den ihr folgenden Hinrichtungen. Ebenso konnte man nach langer Pause wenigstens notdürftig erfahren, was in Afrika und Rußland vor sich gegangen war. Allerdings war die Zeit meiner Haft nach dem Falle von Charkow im ganzen eine stille Periode gewesen. Die Kriegführung hatte keine besonderen Ergebnisse gezeigt. Aber über die Stimmung in Süddeutschland – Bayern und Österreich – erfuhr ich von ihm doch mancherlei, das zeigte, daß die Entwicklung nicht stillstand, sondern schnell weitertrieb. Die Verschwörung idealistischer Studenten war dafür nur das tragischste und bezeichnendste Symptom.

Ich wartete auch hier wieder von Tag zu Tag auf Vernehmung und Mitteilungen, was aus mir werden sollte. Mein Optimismus war natürlich durch die Entscheidung des Generalstaatsanwalts erheblich gestiegen. Aber die Frage blieb ja offen, ob die Gestapo diesen Standpunkt der gerichtlichen Untersuchungsstelle anerkennen würde; gegen das Wochenende begann ich dann langsam zu resignieren. Am Freitag vormittag erwartete ich nach meinen bisherigen Erfahrungen mit den Geschäftsusancen der Burgstraße kaum mehr, daß ich vor

[28] Es konnten nicht geklärt werden, ob Markuse in einem Verwandtschaftsverhältnis zu dem Sozialphilosophen Herbert Marcuse stand. Ersterer wurde 1892, letzterer 1898 in Berlin geboren.

dem Wochenende dorthin gerufen werden würde. Ich begann mich damit abzufinden, daß ich das Wochenende in dieser Massenherberge würde zubringen müssen. Das war sicher unerwünscht, denn hier war keine Möglichkeit zu lesen oder sich tagsüber im Liegen auszuruhen. Man saß qualvoll gedrängt im Gang herum, und der Tag ging mit unendlicher Langsamkeit vorüber. Da öffnete sich am Freitag vormittag plötzlich die Tür: ich wurde „mit allen Sachen" herausgerufen. Danach konnte kaum mehr fraglich sein, daß ich in irgendeiner Form entlassen werden sollte. Am Vortage waren wir geduscht worden. Ich war sauber, nur der Kragen fehlte, und der Bart war binnen acht Tagen unwahrscheinlich gewachsen. So schnell wie möglich raffte ich meine wenigen Lumpen zusammen, die nach dieser letzten Gewaltkur nicht gerade mehr in schönem Zustande waren, und eilte zur Tür. Der Inspektor, der meine früheren Vernehmungen vorgenommen hatte, erwartete mich.

Der Abschied vom Alex vollzog sich unter halb komischen, halb tragischen Vorzeichen. Der Inspektor empfing mich angesichts meines bloßen Halses mit der leicht süffisanten Frage, wo mein Kragen geblieben sei. Ich konnte nur antworten, daß der beste Papierkragen keine sechseinhalb Wochen ausdauern könne. Da er sich doch genierte, mit meinem Acht-Tage-Bart auf der S-Bahn zu paradieren, wurde mir fast ohne Schaum und mit einem ausgedienten Messer unter qualvollen Begleiterscheinungen der Bart abgenommen. Ich wurde dann zum Wachtmeister geführt, der mir die beschlagnahmten Sachen aushändigte. Als ich dabei meine Nachtsachen auf seinen Tisch legte, kam die grobe Bemerkung, ich solle die verlausten Kleider schleunigst wieder wegnehmen. Als dann die Quittung erledigt war, entließ er mich mit der Bemerkung: Geh mit Gott, mein Junge, wenn's ihm recht ist. Unten im Erdgeschoß erhielt ich meine Mappe wieder. Als mir das beschlagnahmte Geld übergeben wurde, war ich doch zahm genug geworden, fünf Reichsmark für die Winterspende zu opfern, da man im Kassenraum auf diese Möglichkeit aufmerksam gemacht wurde. Wir standen wieder auf dem Alexanderplatz, und der Inspektor eröffnete die Unterhaltung mit der jovialen Frage, ob es heute nicht besser sei als das letzte Mal. Es folgte ein kurzer Austausch von Eindrücken über die Zwischenzeit, der mich zu der Frage ermutigte, ob Fräulein Kamlah auch freigelassen würde. Die Antwort war kurz: Sie habe sich strafbar gemacht und müsse weiter „brummen". Das war die erste und an diesem Vormittag schwerste Enttäuschung.

Drüben in der Burgstraße folgte noch eine unangenehme halbe Stunde. Der Inspektor erklärte mir, er sei beauftragt, noch einmal die Frage meiner Familienherkunft anzuschneiden. Es folgte ein zähes Ringen, in dem ich auf dem Standpunkt des non liquet stehen blieb, obwohl er mir immer wieder entgegenhielt, daß eine zweifellos so gebildete Familie über diese Tatsache nicht in Unkenntnis sein könne. Warum ich mich nicht wie Hunderte seiner Parteikameraden an das Rassenamt gewendet habe. Auch mit der Antwort, daß bei der Unsicherheit des Ergebnisses das Verantwortungsgefühl für den weiteren Familienkreis mich zurückhalte, wollte er sich lange nicht zufrieden geben und verstieg sich bis zu der Bemerkung, es sei bedauerlich, daß so viele Elemente aus Sorge vor momentanem Nachteil die wahre Lage zu verschleiern suchten. Es schien noch einmal so, als ob alles hieran scheitern könne. Ich mußte fest bleiben und zog mich schließlich in ein Schweigen zurück, das bedeutete, daß ich nichts mehr zum Thema sagen könne oder wolle. Ungern genug und sichtlich unzufrieden stellte er das aussichtslos gewordene Verhör ein und entfernte sich mit dem Protokoll zu einem seiner Vorgesetzten, während ich noch einmal in ziemlicher Spannung auf dem Flur wartete. Im Grunde war ich abgestumpft und entschlossen, es darauf ankommen zu lassen. Nach einer Weile wurde ich in ein Wartezimmer geführt; eine Frau kam herein, die sichtlich mit ähnlichen Kümmernissen beschäftigt war. Es kam nur zu ein paar ganz flüchtigen, zurückhaltenden Worten. Ich war vorsichtig geworden. Schließlich wurde ich zu dem Kommissar geführt, der mich seinerzeit verhaftet hatte. Ich sah ihn zum ersten Mal wieder und konnte aufatmen; die Tonart war wie vor sechseinhalb Wochen sehr viel höflicher und entgegenkommender. Er stellte fest, ich wisse wohl, worum es sich handle. Vor meiner Entlassung müsse ich aber noch ein Protokoll über eine Verwarnung unterzeichnen, nach der ich ohne weiteres zu mindestens einem halben Jahr Konzentrationslager verdammt sei, wenn wieder das Geringste vorfalle. Die mündliche Verwarnung, mit der er beauftragt war, war milde genug. Er stellte fest, daß Adam noch im Paradiese sein würde, wenn Eva nicht gewesen wäre. Das Ganze war eine große Warnung vor der armen Irmgard, die jetzt als die Alleinschuldige abgestempelt wurde. Wie er gleich vermutet habe, sei das Ganze nur „Weibertratsch" gewesen. Der Versuch, aus Ehrgefühl noch einmal eine Lanze für Irmgard zu brechen und ihre langjährige erprobte Zuverlässigkeit geltend zu machen, scheiterte ebenso wie bei dem Inspektor an der Feststellung, daß sie sich nun einmal strafbar gemacht habe. Aber es bedeutete im Augenblick doch eine Erleichterung, als der Kommissar sagte, man habe sich auch in ihrem Falle überzeugt, daß es sich im Wesen nur um eine allerdings „abgrundtiefe Dummheit" gehandelt habe. Damit schien Schweigen der klügere Teil, auf den ich mich zurückzog.

In den nächsten Minuten war ich frei und taumelte mehr, als daß ich ging, zum Bahnhof Börse hinüber. In der II. Klasse fuhr ich nach Nikolassee hinaus, wobei ich vorsichtig den Mantelkragen zusammenhielt, um das Publikum meine Blöße nicht allzusehr sehen zu lassen. Da es jetzt Mittag geworden war, ich seit dem Vormittag nichts mehr genossen, aber allerhand Aufregung überstanden hatte, war ich gründlich fertig, als ich die Treppe an der Rehwiese glücklich erstiegen hatte und schließlich vor dem Hause in der Lückhoffstraße stand. Die Kräfte fingen an zu versagen. Ich klingelte; meine Kusine Maus erschien und fiel mir in tiefster Bewegung um den Hals – etwas, was ich so in unserer Verwandtschaft niemals erlebt und erwartet hatte. Sie hat mich in den nächsten Tagen für das erste rührend aufgepäppelt und Küche und Keller nicht gespart, jeden Alkohol allerdings zu meiner großen Erleichterung ferngehalten. Am Nachmittag folgte der Gang zur Polizeiwache und dem Lebensmittelamt in Zehlendorf zur Abmeldung. Überall traf ich auf glatte und ausgesprochene Höflichkeit, nachdem ich den Ursprung meiner Haft angedeutet hatte. Aber die Gegend von Nikolassee hatte sich verändert. War ich am Morgen glücklich gewesen, daß das Bartenssche Haus nicht unter dem Fliegerangriff gelitten hatte, so mußte ich jetzt feststellen, daß die Wohnung meiner Aufwartung in der Zehlendorfer Deuckestraße bis zu den Fundamenten zerstört war. Ich habe bis heute ihre Anschrift noch nicht wiedergefunden, obwohl ich weiß, daß Menschenleben in ihrer Familie nicht zu Schaden gekommen sind. Als ich am nächsten Vormittag in Nikolassee wieder erste Gartenarbeit versuchte, spürte ich doch, wie schlapp ich geworden war. Hilde fragte mich, ob ich nun ein besseres Gefühl habe; ich konnte nur antworten, daß ich etwas freier sprechen und im Garten herumgehen dürfe, ohne die Hände aus den Taschen nehmen zu müssen. Am Nachmittag kam ihr Schwager Vogel von Falkenstein. Sie bewirtete uns mit einer Tasse kostbarem echten Kaffee, und es stellte sich heraus, daß er schon 1933/34 ähnliche Erfahrungen gemacht hatte, als die Behandlung noch weniger mit Samthandschuhen erfolgte. Das war meine erste Erfahrung in der Freimaurerei der Gestapo-Zöglinge. Einige Tage später, bei Buchholtz, stellte ich fest, daß das Gleiche dem aus Halle stammenden mir bekannten Verkäufer zugestoßen war und ich fortan eine glänzende Quelle für meine Büchereinkäufe besitzen würde. Die Aufnahme bei Gieraths in Potsdam war rührend, obwohl er noch durch lange Zeit für mich tief besorgt war. Als ich am Montag dann beim Präsidenten Foerster anrief, ließ er mich sofort zu sich kommen, stellte fest, daß er die ganze Zeit nichts außer meiner Überweisung in Untersuchungshaft erfahren hatte und ebenso ohnmächtig gewesen sei wie Wolde, dessen Bemühungen bei Görlitzer an dem energischen Hinweis auf den Charakter meiner Angelegenheit als Geheime Reichssache gescheitert waren. Auch meine besten Freunde wie er und Schönemann hatten schließlich befürchtet, daß ich mich vielleicht doch in irreligiöse, kirchliche Machenschaften hätte verstricken lassen. Beide atmeten auf, als ich erklärte, daß das nicht der Fall gewesen war. Foerster hatte mir erklärt, daß er sofort meine Wiedereinstellung beantragen würde. Da längere Zeit vergehen würde, könnte ich ohne weiteres nach Freiburg fahren. Tatsächlich sollte es bis zum 1. Mai dauern, ehe diese Entscheidung über die Wiederaufnahme meiner Arbeit fiel.[29]

Ich verdanke diesem Umstand vier kostbare Wochen der Ruhe in Berlin und dann in Freiburg vierzehn einzig schöne Frühlingstage in Kappel zusammen mit Frank. Mit Frau Kück aus Baden-Baden machten wir einen Ausflug nach dem anderen, vor allem in strahlender Sonne auf den Feldberg und das Herzogenhorn, nachdem ich die Fahrt nach Freiburg zusammen mit Fritz und Theo gemacht hatte und mit ihnen bereits auf dem Schauinsland zum ersten Mal die

[29] Zur Erläuterung: Am 15. Juni 1938 war Herzfeld mit Ende des Sommersemesters 1938 die Lehrbefugnis entzogen worden und expressis verbis damit auch die „Berechtigung zur Führung der Dienstbezeichnung nichtbeamteter Professor". Gegen die Führung des akademischen Grades eines Dr. phil. habil. bestanden keine Bedenken. (Der Reichs- und Preußische Minister für Wissenschaft, Erziehung und Volksbildung, P. Herzfeld 3 h, ZIId, (b) an Herzfeld vom 15. Juni 1938.) Noch während seiner Haft wurde Foerster gezwungen, Herzfeld auf höhere Weisung zu entlassen und die Auszahlung seiner Gebührnisse mit rückwirkender Kraft vom 16. Februar 1943 an zu sperren (Foerster an Frau Irmela Herzfeld, 16. März 1943). Die erneute Einstellung bei der Kriegsgeschichtlichen Forschungsanstalt war nicht von langer Dauer. Schon im Juli 1943 erzwang die Gestapo seine sofortige Entlassung. Fortan ohne jede dienstliche Stellung bis zum Kriegsende, war Herzfeld gezwungen, seine Existenz als freier wissenschaftlicher Schriftsteller zu fristen. Lt. Entlassungsschein der Untersuchungshaftanstalt Lehrter Straße war Herzfeld vom 22. Februar bis 30. März 1943 in Untersuchungshaft. Mit Datum vom 25. März hatte der Generalstaatsanwalt beim Kammergericht das gegen ihn eingeleitete Ermittlungsverfahren wegen staatsfeindlicher Äußerungen mangels Beweises eingestellt und die Aufhebung des Haftbefehls veranlaßt.

Bergpracht des Schwarzwaldes genossen hatte. Noch vor der Abreise hatte ich Irmgards Anwalt aufgesucht, dessen Namen (Hercher) mir Frau Heise hatte angeben können. Durch einen Zufall traf ich ihn gerade im Gespräch mit dem in Berlin weilenden Hellmuth Kamlah. Auch Familie und Rechtsanwalt Irmgards hatten noch keine Akteneinsicht und wußten im Grunde nicht das Geringste über den Zusammenhang der Katastrophe. Sie konnten von mir zum ersten Mal ein Bild von dem erhalten, was geschehen war, und einige Hoffnung schöpfen. Denn abgesehen von meiner Entlassung, war ihre Angelegenheit soeben dem Kammergericht überwiesen, ein deutliches Zeichen, daß auch ihr Fall als leichterer Art angesehen wurde. Freilich ist jetzt nach vier Monaten Haft die Anklageschrift noch immer nicht bekannt und die Unwissenheit über die Dauer ihrer Haft ebenso groß, wie sie jemals gewesen war. Das blieb der Schatten, der über dem glücklichen Ausgang meiner Angelegenheit lasten sollte. Aber ich konnte doch mit neuen und frischen Kräften am 1. Mai nach Potsdam zurückkehren, nachdem im letzten Augenblick ein Telegramm Foersters mir die Wiederanstellung an der Forschungsanstalt mitgeteilt hatte. Ich hatte nach den Ostertagen allmählich die Hoffnung aufgegeben, daß ich schon im Mai wieder an die Rampe kommen würde, und begonnen, mich auf längeren Aufenthalt in Kappel mit privater Arbeit einzustellen und mich auf Irmelas 40. Geburtstag in der nächsten Woche zu freuen. Statt dessen kam die Rückkehr zu einer Arbeitsexistenz, die jetzt freilich notwendig noch stiller werden mußte als vorher. Denn unter dem wachsenden Druck der Kriegslage zog sich, wie ich bald spürte, alles, auch meine Bekannten, immer stärker und resignierter auf sich selbst zurück. Es galt, sich innerlich auf ein Durchhalten bis zur Entscheidung umzustellen. Wenn das schwerfiel, mußte die Erinnerung an Irmgard mit ihrer noch stärkeren Einsamkeit das erleichtern. Zum Glück konnte mir Hellmuth immer wieder mitteilen, daß sie es verhältnismäßig noch leidlich getroffen hatte. Sie war stets in Einzelhaft gewesen und jetzt in Moabit mit einer „Politikerin" in der Zelle zusammen. Beide mit Nähmaschinenarbeit beschäftigt, beide gebildet, so daß ihre Existenz so leidlich war, wie sie es den Umständen nach sein konnte. Dazu schien sie sich innerlich gefaßt zu haben, seitdem sie wußte, daß ihre Eltern den Schlag überstanden hatten, wie mir auch ein rührender Brief des Vaters zeigte, den zu schreiben ich Hellmuth ermutigt hatte. Die Familie im ganzen dachte nicht daran, mich für das Unglück der einzigen Tochter des Hauses verantwortlich zu machen. Hellmuth versicherte mir immer wieder, daß seiner Schwester nichts eine größere und rührendere Freude bereitet hätte, als seine persönliche Mitteilung, daß ich den Hals hätte aus der Schlinge ziehen können und sie nicht, wie sie wohl gefürchtet hatte, für eine Katastrophe in meiner Familie verantwortlich geworden war. Hatte sie ihm doch schon Weisung gegeben, Irmela sofort in ihrem Namen Hilfe anzubieten. Ich wußte jetzt, daß auch sie persönlich mich nicht für das Unglück verantwortlich machte, und konnte für die Zukunft hoffen, daß die Verbindung, die sich in langen schweren Jahren bewährt hatte, nicht durch äußere Umstände reißen würde. Irmela hat mich darin großzügig unterstützt, was ich ihr nicht vergessen werde, auch wenn meine Berliner Verwandten und Bekannten klagten, daß sie unter dem Eindruck der ersten Nachricht scheinbar den Kopf verloren und nur an die ihr drohende wirtschaftliche Notlage gedacht habe. Die Episode Gestapo war damit äußerlich zunächst abgeschlossen. (Niederschrift Mai 1943)

ANHANG

Erinnerung an Hans Herzfeld

von

Marie Clementine Herzfeld

Diese Zeilen schreibe ich nieder als Beitrag zu den „Erinnerungen" meines Mannes. Wir verbrachten unsere Kindheit in derselben Umgebung, in derselben Atmosphäre und in derselben Familie. Und wieviele Erinnerungen kommen mir selbst noch jetzt bei der Lektüre seiner Memoiren! Als Cousin und Cousine ersten Grades wuchsen wir in einer großen Familie auf. Unser Großvater und vier seiner Söhne wohnten in Halle an der Saale. Alle fühlten sich untereinander sehr verbunden, und wir alle trafen uns regelmäßig. Es lebte sich sehr behaglich in dieser Stadt mit ihren mittelalterlichen Vierteln, mit ihren späteren klassizistischen Bauten, mit der schönen Umgebung an der Saale, mit ihren alten Burgen, dem guten Theater und den ebenso guten Konzerten. Fest in der Erinnerung erscheint mir, daß wir damals – in den Jahren nach 1900 bis vor dem Ersten Weltkrieg – im tiefsten Frieden und im Gefühl völliger Geborgenheit sowohl in der Familie wie auch in einem wohlgeordneten Gemeinwesen lebten.

Da wir – meine Familie – am Rande der Stadt ein Haus mit einem größeren Garten, auch mit einem schönen Sandhaufen, hatten, besuchte die Familie meines Mannes uns oft, und wir Kinder spielten im Garten. Mein Mann, da er doch der Älteste war, wurde freilich oft zur Aufsicht über uns verurteilt. Und das waren wir damals: seine Schwester Ilse, die heute noch in England lebt und mit der er zeitlebens ein herzliches Verhältnis hatte, seine Brüder Eberhard und Werner (beide im Ersten Weltkrieg gefallen) sowie seine Stiefgeschwister – die beiden „Kleinen" – Karl und Edda. Mein Mann hat sich auch schon damals rührend und fürsorglich um seine Stiefschwester Edda gekümmert. Auch mit den anderen Verwandten trafen wir uns alle an vielen Sonntagen nachmittags im Haus des Großvaters auf dem Martinsberg, wo man sich im Sommer auf einer großen Terrasse zum Garten versammelte und die Väter uns Kindern selbsterdachte und phantasiereiche Märchen erzählten. Mein Cousin Hans (später mein Mann) wurde von mir sehr bewundert; er war ja schon Gymnasiast, und er führte mich dann manchmal im Garten herum.

Er und alle seine Geschwister waren übrigens sehr artig und fleißig in der Schule, so daß sie uns anderen immer als Vorbild hingestellt wurden. Diesen eisernen Fleiß hat mein Mann immer beibehalten. Wenn unsere Nachbarn auf der Straße bei uns vorübergingen, sprachen sie stets von der „Ewigen Lampe". Das war geradezu typisch. Das Fenster seines Arbeitszimmers wies zur Straße, und dicht am Fenster stand seine Schreibtischlampe.

Einer der Höhepunkte für Groß und Klein waren die Weihnachtsfeiern beim Großvater. Jeder durfte hier einen Wunsch äußern. Verbunden war die große Bescherung dann mit einem festlichen Essen, wobei zuweilen die seltsamsten Gerüche umgingen, wenn z. B. der Koch in der Küche, wenn das Brennmaterial ausgegangen war, hin und wieder einfach ein Stück Butter ins Feuer warf. Wir kochten damals noch auf Herden mit offenem Feuer. –

Nicht vergessen möchte ich, daß Halle recht schöne, teils romantische Anlagen hatte. Zwischen Hauptpost und Theater – einander zugewandt – lag eine reich mit Blumen bepflanzte Promenade, die auch bis hinter das Theater verlief. Dort befanden sich seitwärts die Universitätsgebäude. Weiterhin ging es dann zur Moritzburg mit ihrem Burggraben, gegenüber auf einer Anhöhe ein klassizistischer Bau, damals die „Loge zu den drei Degen". Rand und Abhang dieser Anhöhe waren mit Flieder bepflanzt, der im Frühjahr herrlich blühte. Es war ein Genuß, diese zur Saale hinunterführende Straße um diese Zeit entlang zu gehen.

Der Urgroßvater des Großvaters, also der Ururgroßvater meines Mannes, war Rabbiner in Ostpreußen. Zwei seiner Söhne verließen das Land, als der Teil, in dem sie wohnten, an Polen fiel. Der eine Sohn ließ sich nach mehreren Zwischenstufen (Hauslehrer, Tuchhändler) in Berlin nieder. Sein Sohn Ludwig – unser Großvater – trat mit siebzehn Jahren zum Christentum über und studierte Rechtswissenschaft. Seine Schwester Alwine ging nach Florenz als Sprachlehrerin. Ihr angesammeltes Vermögen schmolz in der Inflation nach dem Ersten Weltkrieg völlig zusammen. Der Großvater wurde Rechtsanwalt, zuerst in der Nähe von Sprottau in Schlesien. Er heiratete die Großmutter Clementine Wuesthoff, die mit ihm zwölf Kinder (zehn Knaben und zwei Mädchen) großzog. Sie bewohnten dort ein schönes Haus mit Garten und Wiesenland. Die Kinder genossen eine herrliche Jugend, von der uns die Väter die schönsten Geschichten erzählten. Die Großmutter schrieb reizende Gedichte, worin die Kinder ihr nacheiferten. Leider starb sie, noch bevor ich geboren wurde. Sie soll sehr, sehr gütig gewesen sein. Der Großvater siedelte später nach Halle über – vielleicht weil es leichter war, seine Söhne dort studieren zu lassen. Das alles mag den Hintergrund etwas erhellen, vor dem wir aufgewachsen sind. Mein Mann war sehr großzügig, sehr gutmütig, immer tätig. Wenn er nicht am Schreibtisch saß, arbeitete er gern im Garten. Er war von einem unwahrscheinlichen Optimismus. Nach den schweren Schicksalsschlägen in seinem Leben fand er immer wieder neue Arbeitskraft und Auftrieb. Eine seiner größten Sorgen galt seinen Schülern, denen er – soweit es ihm möglich war – immer nach abgeschlossenem Studium weiterzuhelfen suchte. Das galt auch, wenn sie aus irgendwelchen Gründen ihr Studium nicht haben abschließen können. Wie glücklich wäre er wohl gewesen, wenn er die Briefe hätte lesen können, die einige seiner dankbaren Schüler mir nach seinem Tode geschrieben haben!

PERSONENVERZEICHNIS

In das Personenverzeichnis wurden nur die wichtigsten Namen aufgenommen

Der Reichsminister und Chef
der Reichskanzlei
Rk.18159 B

Berlin, den 16.Dezember 1937

An
die Herren Reichsminister
- außer Reichsminister der Finanzen -

Nachstehende Abschriften übersende ich ergebenst zur Kenntnis mit der Bitte, in der gleichen Weise zu verfahren, falls Professor Dr.Herzfeld aus den dortigen Akten ebenfalls Material zur Verwertung erhalten hat.

Dr.Lammers

Abschrift.

Der Reichsminister und Chef
der Reichskanzlei
Rk.18159 B

Berlin, den 16.Dezember 1937

An Herrn Professor Dr.H. Herzfeld
D ö l a u b.Halle a.S.
Parkstr.29

Das mit Schreiben vom 15.Oktober d.J. eingereichte Teilmanuskript Ihrer Miquelbiographie sende ich anbei mit dem Bemerken zurück, daß ich, soweit ihm Aktenmaterial der Reichskanzlei zugrunde liegt, gegen seine Veröffentlichung keine Bedenken habe. Ich muß hierbei das Ersuchen stellen, in Ihrer Arbeit von der Bezugnahme auf die Akten der Reichskanzlei abzusehen und weder im Text der Biographie noch in einer etwaigen Vorrede oder in Prospekten zu erwähnen, daß Ihnen für die Arbeit amtliches Material der Reichskanzlei zur Verfügung gestellt worden ist.

gez. Dr.Lammers.

Der Reichsminister und Chef
der Reichskanzlei
Rk.18159 B

Berlin, ~~den 16. Dezember 1937~~

Reichsminister u. Chef d. Reichskanzlei
Eing.: 18.DEZ.1937

An
a)den Herrn Reichsminister der Finanzen
b)den Herrn Preußischen Ministerpräsidenten
c)den Herrn Preußischen Finanzminister

Sammeladresse. Einzeln-

Betrifft: Biographie des früheren Preußischen Finanzministers von Miquel von Professor Dr.Herzfeld.

Unter Bezugnahme auf das Schreiben
zu a) vom 12.November 1937 - F 1003 - 71 I -
zu b) vom 12.November 1937 - StM I 11196 -
zu c) vom 16.November 1937 - I B 1037/25.10 -
5

Das in Abschrift anliegende Schreiben an Professor Dr.Herzfeld von heute übersende ich ergebenst zur Kenntnis. Nach einer mir vom Herrn Preußischen Minister für Wissenschaft, Erziehung und Volksbildung im September 1933 zugegangenen Mitteilung ist Professor Dr.Herzfeld nicht arischer Abstammung. Der Führer, dem ich in der Angelegenheit Vortrag gehalten habe, hält es aus diesem Grunde nicht für richtig, daß Dr.Herzfeld in der Miquelbiographie die Quellenangabe mit Bezeichnung der benutzten Akten gestattet wird und wünscht, daß alle in Frage kommenden Ressorts gleichmäßig verfahren. Ich bitte, entsprechende Anordnung ergehen zu lassen und eine bereits erteilte Erlaubnis zur Angabe der Quelle und der Aktenbenutzung zu widerrufen.

gez. Dr.Lammers.

Fundort: Bundesarchiv, Abteilungen Potsdam.
Rep. 51.01 Reichskirchenministerium (RKM), Fol. 23 905.
[Akte Reichskanzlei; n. b.: Der Bestand wird zur Zeit archivalisch bearbeitet und ist zum Teil noch nicht foliiert.]

HISTORISCHE KOMMISSION ZU BERLIN

Vorstand

WOLFRAM FISCHER (Vorsitzender)

PETER BAUMGART/OTTO BÜSCH

PETER CZADA/HELMUT ENGEL

GERD HEINRICH/STEFI JERSCH-WENZEL

PETER LÖSCHE/ ILJA MIECK

HORST MÖLLER/WOLFGANG RIBBE

HENRYK SKRZYPCZAK/PETER STEINBACH

WILHELM TREUE/WERNER VOGEL

KLAUS ZERNACK

Kirchweg 33 („Mittelhof"). 1000 Berlin 38 (Nikolassee)

Walter de Gruyter
Berlin · New York

HANS HERZFELD

Ausgewählte Aufsätze

Dargebracht als Festgabe zum 70. Geburtstag von seinen Freunden und Schülern

Groß-Oktav. XII, 460 Seiten. 1962.
Ganzleinen DM 136,- ISBN 3 11 000109 8

Berlin in der Weltpolitik 1945-1970

Mit einem Geleitwort von Klaus Schütz

Groß-Oktav. XXIV, 666 Seiten. 1973. Ganzleinen DM 175,- ISBN 3 11 003890 0 (Veröffentlichungen der Historischen Kommission zu Berlin, Band 38)

Aus Theorie und Praxis der Geschichtswissenschaft

Festschrift für Hans Herzfeld zum 80. Geburtstag

Im Auftrage des Friedrich-Meinecke-Instituts herausgegeben von Dietrich Kurze

Groß-Oktav. XII, 445 Seiten. 1972. Ganzleinen DM 225,- ISBN 3 11 003813 7 (Veröffentlichungen der Historischen Kommission zu Berlin, Band 37)

Preisänderungen vorbehalten

Walter de Gruyter
Berlin · New York

BERLIN
Zehn Kapitel seiner Geschichte

Herausgegeben von Richard Dietrich

Oktav. XII, 330 Seiten, zahlreiche Abbildungen und 22 Tafeln, darunter 4 Ausfalttafeln.
1981. Gebunden DM 28,- ISBN 3 11 003418 2

Die mehr oder weniger locker aneinandergereihten Kapitel aus der Geschichte Berlins geben einen Gesamteindruck vom Werden und Wesen dieser Stadt. Die Verfasser sind hervorragende Kenner der jeweiligen Epoche Berliner Geschichte.

Berlin im Europa der Neuzeit
Ein Tagungsbericht

Herausgegeben von
Wolfgang Ribbe und Jürgen Schmädeke

Groß-Oktav. 604 Seiten, 2 Abbildungen, 8 Karten.
1990. Ganzleinen DM 198,-
ISBN 3 11 011663 4 (Veröffentlichungen der Historischen Kommission zu Berlin, Band 75)

Sammelband mit Referaten, die 1987 auf einer wissenschaftlichen Konferenz im Deutschen Reichstag gehalten und für den Druck bearbeitet worden sind.

Preisänderungen vorbehalten

FSC
www.fsc.org
MIX
Papier | Fördert gute Waldnutzung
FSC® C083411

Kolibri 360 GmbH
Ferdinand-Jühlke-Straße 7
99095 Erfurt, Deutschland
produktsicherheit@kolibri360.de